U0794345

"十三五"职业教育国家规划教材

城市轨道交通职业教育系列教材——城轨供电技术

城市轨道交通
电气设备测试
（第2版）

主编 ◎ 何发武

微信扫描二维码
免费下载课件

西南交通大学出版社
·成 都·

图书在版编目（C I P）数据

城市轨道交通电气设备测试 / 何发武主编. —2 版
. —成都：西南交通大学出版社，2022.4
ISBN 978-7-5643-8662-7

Ⅰ. ①城… Ⅱ. ①何… Ⅲ. ①城市铁路－电气设备－测试－职业教育－教材 Ⅳ. ①U239.5

中国版本图书馆 CIP 数据核字（2022）第 069155 号

Chengshi Guidao Jiaotong Dianqi Shebei Ceshi

城市轨道交通电气设备测试

（第 2 版）

主　编 / 何发武

责任编辑 / 李芳芳
封面设计 / 曹天擎

西南交通大学出版社出版发行
（四川省成都市金牛区二环路北一段 111 号西南交通大学创新大厦 21 楼　610031）
发行部电话：028-87600564　　028-87600533
网址：http://www.xnjdcbs.com
印刷：四川森林印务有限责任公司

成品尺寸　185 mm × 260 mm
印张　17　　字数　367 千
版次　2017 年 8 月第 1 版　　2022 年 4 月第 2 版
印次　2022 年 4 月第 2 次

书号　ISBN 978-7-5643-8662-7
定价　49.00 元

课件咨询电话：028-81435775
图书如有印装质量问题　本社负责退换

出版说明

城市轨道交通凭借快捷、准时、舒适、运量大、能耗低、污染小、占地少等优点，日益成为城市现代化建设进程中重要的公益性基础设施项目。城市轨道交通涉及面广、综合性很强，其发展状况已被当成一个城市综合实力和现代化程度的重要评判指标。由此，城市轨道交通建设正在我国兴起一个新的浪潮，社会对城市轨道交通专业人才的需求巨大，给城市轨道交通类专业的职业教育发展带来了良好契机。

西南交通大学出版社与国内诸多交通院校一直保持友好往来，并整合它们在轨道交通领域的尖端科技优势和人才集成优势，致力于为国家轨道交通教育事业做出贡献，形成了以“轨道交通”为核心的出版特色，在教育界、学界都拥有良好的口碑和较高的品牌知名度。

本套丛书从满足快速增长的城市轨道交通专业实用型人才培养需求出发，从校企结合教学直接面向岗位需求这一特点出发，精心组织国内相关专业优秀教育工作者或优秀教育工作高校，分“运营管理”“工程技术”“车辆”“控制”“供电技术”五大类系统地为读者呈现城市轨道交通教育课程全景。在编写时，力求体现如下特点：

◎ **适用性**

理论知识够用即可，在讲述专业知识的基础上，突出实际操作技能的训练，注重岗位关键能力的培养。

◎ **专业性**

图书的顶层设计从国家高职高专专业目录规范出发，内容编排紧密结合岗位应用实际，体现专业性和主流设备前沿特征，体现教学实际需求。同时，在编写或修改时，尽可能地让一线用人单位参与进来，根据生产现场实际提出建议。

◎ **生动性**

在架构设计和版式设计上，力求简洁生动，图文并茂；努力体现二维码技术等移动互联网时代元素在图书中的应用，尽可能把生产实际和研究成果，用立体生动的形式予以表达，便于读者理解掌握。

这套书可作为高等职业院校、中等职业学校城市轨道交通相关专业的教学用书，也可作为城市轨道交通企业新职工的培训教材。有关教材的课件资料等，可以联系我社使用。

联系电话：028-87600533

邮箱：swjtucbsfx@163.com

西南交通大学出版社

第 2 版前言

本书是“十三五”职业教育国家规划教材，也是国家级铁道供电专业教学资源库、教育部现代学徒制、广东省级精品在线开放课程“高电压设备测试”配套教材，全书配套智慧职教慕课“高电压设备测试”核心课程（中文和全英文版 2 门），服务国家“一带一路”海外培训（埃塞俄比亚亚吉铁路、埃及开罗地铁）。校企合作共同制定教材标准，采用符合高职学生技能培养的新形态教材，针对人才短缺的特有工种高压试验工，将试验安全、岗位技能素养融入课程思政，适合“教学做一体化”教学模式。

教材改版主要体现在以下方面：

1. 大幅增加全书数字资源，增强课程可操作性和直观性。全书新增 83 个视频资源和 100 多张彩图，扉页位置增加全书资源列表，内含 83 个视频说明及二维码，通过微信“扫一扫”二维码，可获 1 500 多个课程素材，将教材理论、数字资源、现场操作及国家特有工种要求立体化呈现，一键打通教材资源与企业岗位“任督二脉”，实现线上线下资源全共享。

2. 修改并增加城轨高压试验装置内容。根据《高低压配电装置维护检修规程》，增加了部分高压设备试验原理和操作过程，完善了试验接线图及试验标准等，增加了大量的复习思考题，调整了部分试验内容，由易到难，循序渐进，更适合教学讲授。

3. 紧扣标准，更实用。教材对标国家标准《电气设备交接试验标准》和《电力行业：电气试验工职业技能鉴定规范》，依据铁道供电专业人才培养要求，紧扣电气试验工核心技能要求，以中、高级电气试验工种技能为主，将输配电高压试验技术标准融入教材，理实一体，突出实践性，同时注重将专业技能与职业素质培养相融。

再版修订过程中，得到杨波琳、何安洋、黄文靖、骆世忠、曾庆洪等专家大力支持，无尽感谢。

本书是广州铁路职业技术学院“双高计划”成果之一。

编　者

2022 年 1 月改版于广州

前　言

本书系参照国家标准、行业标准、国家电网标准及相关的技术规范、规定编写，涵盖主要一次设备的相关试验项目，规范相应的试验方法和程序，规范试验仪器和设备，主要用于高压电气设备检修工岗位的能力培训。

本书既有高电压技术方面的基础理论知识，也涵盖电气设备测试方法的介绍，特别详细阐述了轨道交通中的电气设备试验，包括变压器试验（主变、整流变及动力变）、断路器试验、GIS 设备检测（110 kV 和 35 kV）互感器试验、电缆检测（110 kV 和 35 kV、DC 1 500V）、避雷器试验及整流变压器和直流开关等相关知识，并对试验中的操作步骤、技术要点、安全注意事项、危险点分析等进行了详细的规范，同时配合视频教学，方便读者快速理解和掌握，用于更好地指导轨道设备的预防性试验工作。

本书也介绍了轨道交通变电所（站）的运行和检修工作，并对运行和检修作业制度、高压设备停电作业、电力电缆作业及 GIS 作业、试验和测量及其他相关作业等进行了规范性介绍。

本书由广州铁路职业技术学院何发武编写，北京市轨道交通运营管理有限公司白青林主审。在编写过程中，得到广州地铁王国思、广州铁路职业技术学院王亚妮、刘让雄、王吉峰、谭慧铭、赵华军、陈建鑫、黄鉴标、陈海军等人的大力支持，还得到何泽南、冼明珍、杨波琳、何安洋、何发文、何发贤、何凤华、李俊、李逸捷、何月华、李雅、李玮琦、李卓、李宝秀等人的热心帮助，在此一一鸣谢。

本书是“广东省一流高职院校建设计划”成果之一。

编　者

2017 年 4 月

本书配套数字资源列表

序号	资源编号	资源名称	页码
1	视频 1.2.1	绝缘手套和绝缘鞋耐压试验	012
2	视频 1.2.2	断线抢修中如何正确接地与拆除	012
3	视频 1.2.3	请指出视频中放电过程有哪些不规范的操作	012
4	视频 2.2.1	接触网热滑试验中气体拉弧	035
5	视频 2.2.2	气体放电试验	035
6	视频 2.3.1	绝缘油耐压试验	042
7	视频 2.4.1	绝缘子污闪放电引致高铁事故	048
8	视频 3.1.1	兆欧表使用	063
9	视频 3.1.2	绝缘电阻、吸收比、极化指数测量	063
10	视频 3.2.1	直流高压发生装置及使用	069
11	视频 3.2.2	泄漏电流测量	069
12	视频 3.3.1	介质损耗仪使用	080
13	视频 3.3.2	介质损耗电气试验	080
14	视频 3.4.1	手持局放仪使用	084
15	视频 3.4.2	局部放电试验	084
16	视频 3.5.1	直流耐压试验	092
17	视频 3.6.1	交流耐压试验	101
18	视频 3.6.2	变频谐振耐压试验装置及使用	101
19	视频 3.8.1	油色谱分析试验	116
20	视频 3.9.1	微水试验	122
21	视频 4.1.1.1	变压器绝缘电阻现场测量	149
22	视频 4.1.1.2	变压器绝缘电阻学生实训测量	149
23	视频 4.1.1.3	绝缘电阻测量（理论讲授）	149
24	视频 4.1.2.1	三回路电阻测试仪装置及使用	151

续表

序号	资源编号	资源名称	页码
25	视频 4.1.2.2	变压器直流电阻测量	151
26	视频 4.1.2.3	变压器绕组直流电阻测试（理论讲授）	151
27	视频 4.1.3.1	变压器变比现场测量	153
28	视频 4.1.3.2	变压器变比、极性和连接组别测量	153
29	视频 4.1.3.3	变压器变比及连接组别测量（理论讲授）	153
30	视频 4.1.4.1	泄漏电流现场试验	154
31	视频 4.1.4.2	泄漏电流测量	154
32	视频 4.1.4.3	泄漏电流测量实训	154
33	视频 4.1.4.4	泄漏电流测量（理论讲授）	154
34	视频 4.1.5.1	变压器介质损耗 tanδ 现场测量	156
35	视频 4.1.5.2	变压器介质损耗 tanδ试验	156
36	视频 4.1.5.3	变压器介质损耗 tanδ测量实训	156
37	视频 4.1.5.4	变压器介质损耗 tanδ（理论讲授）	156
38	视频 4.1.6.1	变压器工频耐压试验	157
39	视频 4.1.6.2	变压器工频耐压试验（实训)	157
40	视频 4.1.6.3	工频耐压试验（理论讲授）	157
41	视频 4.1.9.1	变压器绕组变形试验	168
42	视频 4.2.1	GIS 绝缘电阻测试	178
43	视频 4.2.2	GIS 避雷器直流泄漏电流及直流耐压试验	178
44	视频 4.2.3	GIS 导电回路电阻试验	178
45	视频 4.2.4	GIS 气密性试验	178
46	视频 4.2.5	GIS 分合闸线圈直流电阻	178
47	视频 4.2.6	GIS 断路器分、合闸同期性测试	178
48	视频 4.2.7	GIS 主回路耐压试验	178
49	视频 4.3.2.1	互感器认知	180
50	视频 4.3.2.2	电压互感器极性试验	180
51	视频 4.3.2.3	电流互感器变比试验	180
52	视频 4.3.2.4	电压互感器变比试验	180
53	视频 4.3.2.5	电流互感器励磁特性试验	182
54	视频 4.3.2.6	电压互感器励磁特性试验	182

续表

序号	资源编号	资源名称	页码
55	视频 4.3.2.7	电流互感器一次绕组绝缘电阻测试	183
56	视频 4.3.2.8	电流互感器末屏绝缘电阻测试	183
57	视频 4.3.2.9	电流互感器二次绕组对地及末屏之间的绝缘电阻测试	183
58	视频 4.3.2.10	电流互感器一次绕组段间的绝缘电阻测试	183
59	视频 4.4.1	电力电缆绝缘电阻测试	193
60	视频 4.4.2	电缆局放试验	194
61	视频 4.4.3	电缆核相	195
62	视频 4.4.4	电力电缆检修	195
63	视频 4.4.5	电缆路径查找	195
64	视频 4.4.6	电缆故障查找	195
65	视频 4.5.1	氧化锌避雷器认知	198
66	视频 4.5.2	避雷器绝缘电阻测量	203
67	视频 4.5.3	氧化锌避雷器测量仪及使用	203
68	视频 4.5.4	避雷器泄漏电流试验	203
69	视频 4.5.5	避雷器泄漏电流试验（理论讲授）	203
70	视频 4.5.6	避雷器计数器测量	203
71	视频 4.6.1	断路器绝缘电阻测试	216
72	视频 4.6.2	断路器导电回路电阻试验	216
73	视频 4.6.3	断路器动作电压测定	216
74	视频 4.6.4	断路器动作线圈电阻测量	216
75	视频 4.6.5	断路器分合闸时间测试	216
76	视频 4.6.6	断路器同期性测定	216
77	视频 4.6.7	断路器机械参数分合闸速度测定	216
78	视频 4.6.8	真空断路器真空度测量	216
79	视频 4.6.9	隔离开关绝缘电阻测试	217
80	视频 4.6.10	隔离开关导电回路电阻试验	217
81	视频 5.1.1	雷击津秦高铁	238
82	视频 5.2.1	雷击高铁变电所	243
83	视频 5.3.1	避雷针地网测试	251

目　录

第一章　高压电气试验安全防范 …… 001

第一节　高压危险点分析及预控措施 …… 001

第二节　高压电气试验工具 …… 004

第三节　城轨电气设备试验安全规程 …… 013

第二章　绝缘材料特性 …… 024

第一节　电介质的极化、电导和损耗 …… 024

第二节　气体电介质绝缘及应用 …… 029

第三节　液体电介质绝缘及应用 …… 035

第四节　固体电介质绝缘及应用 …… 042

第五节　组合绝缘及应用 …… 048

第三章　高电压检测项目 …… 055

第一节　绝缘电阻及吸收比的测量 …… 056

第二节　泄漏电流的测量 …… 063

第三节　介质损耗角正切值的测量 …… 070

第四节　局部放电测量 …… 081

第五节　直流耐压试验 …… 084

第六节　交流耐压试验和变频串联谐振试验 …… 093

第七节　冲击耐压试验 …… 102

第八节　油色谱分析 …… 107

第九节　微水检测 …… 117

第十节　在线监测 …… 122

第四章　城轨高压设备检测……136

第一节　电力变压器试验……141

第二节　GIS 试验……168

第三节　互感器试验……179

第四节　电力电缆检测……192

第五节　避雷器试验……197

第六节　直流开关柜……204

第七节　城轨低压设备试验检测……217

第五章　城轨防雷接地……231

第一节　雷电种类及城轨避雷保护……233

第二节　城轨避雷器设备……238

第三节　城轨综合接地……243

第一章 高压电气试验安全防范

内容导读

在轨道交通电气设备测试操作中，人员和设备的安全是最重要的。如何才能做好防护？

知识要点

1. 掌握高压电气试验安全规范，能正确认识并使用安全用具。
2. 能认清高压过程中的危险点，并能有效防范安全风险。

第一节 高压危险点分析及预控措施

电气试验是确保电力系统稳定运行的重要环节。高压试验是电气试验中危险性较大的工作，在高压试验过程中，应遵循国家相关安全规定，确保人身安全和电力系统安全。

电气设备试验就是试验电气设备绝缘性能的好坏和电气设备的运行情况等。电气设备试验一般分为出厂试验、交接验收试验、大修试验、预防性试验。

出厂试验是指厂家根据国家相关的标准和产品技术条件规定的试验项目，对每一台产品都进行检查试验。

交接验收试验是指安装部门、检修部门对新购进的电气设备和大修设备按照有关规章制度进行试验。交接试验指电气设备安装完毕后现场进行的一种试验标准，合格后设备方能投入使用，因施工现场的环境、温湿度与出厂时不同，故交接试验标准不同于出厂试验标准，一般略低于出厂试验标准。“交接”也就是在试验合格后交付使用。

大修试验是指对于设备检修故障，协同厂家进行维修后，为确保电气设备，按照有关规章制度进行试验合格后，方可重新投入使用。

预防性试验是指电气设备投入使用后，到达一定的使用周期时由运行部门、试验部门进行的试验。预防性试验工作专业性强、工作面广、工作量大、试验项目多，其工作质量的好坏直接影响着电气设备的运行情况，也直接关系着电气设备试验工作人员的生命安全。

上述试验都需要按照表 1-1 所列电气试验标准及规程进行。

一、规范性引用文件

表 1-1 是本书中规范性引用的部分文件和标准，这些标准如有新版本，按最新版本执行。

表 1-1　电气试验标准及规范

序号	标准及规程名称	颁发机构
1	《电气装置安装工程电气设备交接试验标准》（GB 50150—2016）	中华人民共和国建设部，中华人民共和国国家质量监督检验检疫总局
2	《电力设备预防性试验规程》（DL/T 596—2021）	中华人民共和国电力工业部
3	《现场绝缘试验实施导则》（DL/T 474.4—2018）	国家发展和改革委员会
4	《电力安全工作规程》（发电厂及变电站电气部分）（GB 26860—2011）	国家电网
5	《高电压试验技术第一部分　一般试验要求》（GB/T 16927.1—2011）	国家技术监督局
6	《城轨设计规范》（GB 50517—2013）	中华人民共和国建设部
7	《地下铁道工程施工及验收规范》（GB 50299—2018）	中华人民共和国建设部
8	《城市轨道交通技术规范》（GB 50490—2016）	中华人民共和国建设部

二、危险点及预控措施

电力系统运行中为了确保高压电力设备的正常运行、保证电力系统的运行质量安全，常常需要对电气设备的运行状态进行检测和考核，减少电力系统中的安全隐患，所以要对试验过程中的危险点采取预控措施。

危险点及预控措施的目的重在预防，变“事后分析”为“事前预防”，是安全管理的必要手段。表 1-2 所示的危险点及预控措施是电气设备试验实施过程中的注意事项和预控措施。

表 1-2　危险点及预控措施

序号	工作内容	危险点	预控措施
1	试验前准备	把有故障的试验设备带到现场或遗漏设备	出发工作前应检查试验设备是否齐备、完好，是否在有效期内，对所需工器具应逐一清点核对
		（1）现场安全措施不能满足要求 （2）工作负责人对工作任务和安全措施交代不详尽、不清晰 （3）走错间隔	（1）工作负责人应在值班人员的带领下核实工作地点、任务，确定现场安全措施满足工作要求 （2）工作负责人应在开始工作前向全体工作成员交代清楚工作地点、工作任务、已拉开的隔离开关和已合上的接地开关的情况，检查安全围栏和标示牌等安全措施，特别注意与邻近带电设备的安全距离，防止走错间隔

续表

序号	工作内容	危险点	预控措施
1	试验前准备	装设试验专用警示围栏，搬运仪器、工具、材料时，与带电设备安全距离不够	（1）工作人员应注意现场环境，严禁跨越安全围栏 （2）搬运仪器、工具、材料时与带电设备应保持足够的安全距离
		（1）误接非检修电源 （2）放置电源线时触及带电设备 （3）电源电压过高	（1）检查电源是否为独立检修电源，防止误跳运行设备 （2）放置电源线时严禁将电源线抛起、甩动，放置完成后电源线必须固定 （3）在接上检修电源前用万用表测量电源电压是否符合试验要求 （4）接、拆电源，必须2人进行
		高空坠落	登高人员必须使用安全带，必要时使用高空作业车
		主变压器或试验设备起火	试验现场放置适当的消防器材，变压器的消防水喷淋装置尽可能投入
		无关人员可能误入试验场地	安全围栏设置，不要有缺口，安全围栏周围派人监护，防止无关人员进入
2	试验过程	触电	试验范围有带电部位时，应采取装设隔离挡板等安全措施
		人员误触碰带电的高压试验引线	（1）在加压之前清理无关人员，同时对工作组成员交代安全注意事项 （2）加压过程中设专人监护，并呼唱 （3）试验结束后，确认试验品已降压、放电、接地后，再进行更换接线工作
		高压试验引线松脱或对接地体距离不够	（1）绝缘杆应挂牢。高压试验引线必须与被试品连接牢固，对接地体保持足够的安全距离，必要时采用绝缘胶带固定，防止松脱掉下 （2）移动绝缘杆和试验引线时，必须加强监护，注意与邻近带电体保持足够的安全距离
		感应电伤人、高压触电	试验中断、更改接线或结束后，必须切断主回路的电源，挂上接地线后才可更换试验接线
3	试验现场清理	（1）试验引线和临时接地线未拆除 （2）现场遗留工具	工作负责人在试验工作结束后进行认真检查，确认试验引线和临时接地线已拆除，现场无遗留工具和杂物

在试验的过程中应该做好记录，现场试验记录一般应包括以下内容：试验时间，温度，湿度，被试设备铭牌，运行编号，试验部位，试验项目，试验数据以及对试验数据进行比较、判断的结果，被试设备能否投运的评语以及主要试验人员姓名等，必要时还应记录关键性仪器设备的编号。

复习与思考

1. 在试验过程中，应如何防范高空和触电危险？
2. 如果试验结束后，没有拆除地线，会出现什么问题？
3. 轨道交通行业中，感应电对安全影响有多大？

第二节　高压电气试验工具

在电气设备周围要设置遮栏或围栏，遮栏或围栏与试验设备的高压部分还要有足够的安全距离，并悬挂警示牌，还要派人专门进行看守。若被试验的电气设备两端不在同一地点，另外一端也要派人进行看守。

有的电气设备安装在离地面较高的空中，检修人员就必须爬上扶梯进行试验工作，此时安全带、扶梯等辅助设备就是确保检修人员人身安全的重要保证。如果在电气设备试验前检修人员没有对安全带、扶梯等辅助设备进行安全检测，当检修人员在高空进行试验时，若出现安全带断裂、挂钩变形、裂缝、扶梯倒塌等现象，就有可能发生试验人员高空坠落等严重事故。

高压安全工具是用来直接保护电工人身安全的基本用具。高压安全用具分绝缘安全用具和一般防护安全用具，绝缘安全用具又可以分为基本安全用具和辅助安全用具。

基本安全用具：绝缘强度应能长期承受工作电压，并能在本工作电压等级产生过电压时，保证工作人员的人身安全。

辅助安全用具：若绝缘强度不能承受电气设备或线路的工作电压，则只能加强基本安全用具的保护作用，以防止接触电压、跨步电压、电弧灼伤等对操作人员的危害。

高压绝缘安全用具中，基本安全用具有绝缘棒、绝缘钳和验电笔等；辅助安全用具一般有绝缘手套、绝缘靴、绝缘垫、绝缘站台和绝缘毯等。低压绝缘安全用具中，基本安全用具有绝缘手套、装有绝缘柄的工具和低压验电器。辅助安全用具有绝缘台、绝缘垫、绝缘鞋和绝缘靴等。所以，同样是绝缘手套，在高压和低压中，分类也是不一样的，关键在于应用的电压不同。

携带型接地线、临时遮拦、标示牌、警告牌、防护目镜、安全带、竹梯、木梯和脚扣等，这些都是防止工作人员触电、电弧灼伤、高空坠落的一般安全用具，其本身不是绝缘物，如图 1-1 所示。

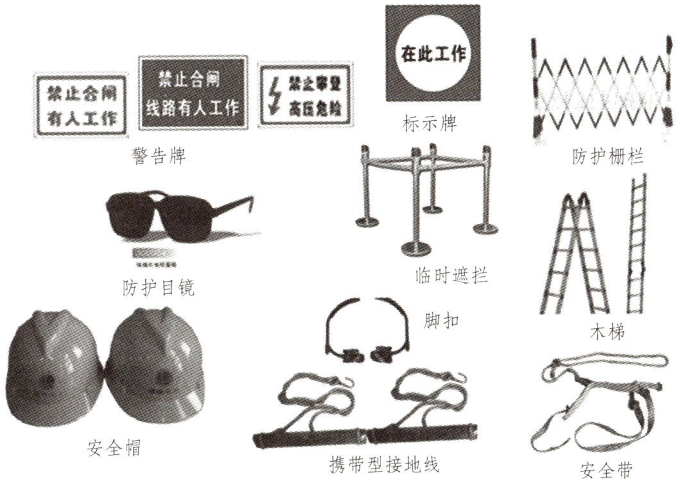

图 1-1 一般防护安全用具

一、常用绝缘安全用具

1. 绝缘棒

绝缘棒也称操作棒或绝缘拉杆，它主要用于断开或闭合高压隔离开关、跌落式熔断器、安装和拆除携带型接地线、进行带电测量和试验工作等。绝缘棒由工作部分、绝缘部分和握手三部分组成。工作部分一般用金属制成，也可以用玻璃钢或具有较大机械强度的绝缘材料制成；绝缘和握手两部分用护环隔开，它们由浸过绝缘漆的木材、硬塑料、胶木或玻璃钢制成。如图 1-2 所示为高压绝缘棒。

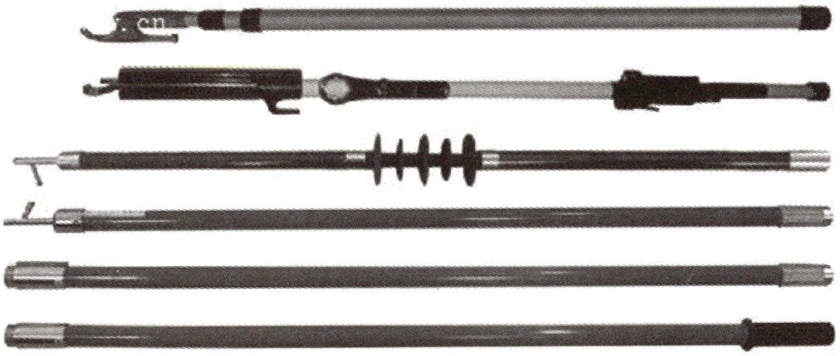

图 1-2 高压绝缘棒

绝缘棒操作前，棒面用清洁的干布擦净，操作时应戴绝缘手套、穿绝缘靴或站在绝缘台（垫）上，并注意防止碰伤表面绝缘层。按规定进行定期试验，应存放在干燥处，不得与墙面地面接触，以保护绝缘表面。

2. 验电器

验电器分为高压和低压两类。低压验电器又称为试电笔，其主要作用是检查电气设备或线路是否带有电压；高压验电器还可用于检测是否存在高频电场。验电器是由绝缘材料制成一根空心管子，管子上端有金属制的工作触头，管内装有氖光灯和电容器。另外，绝缘和握手部分用胶木或硬橡胶制成。如图 1-3 所示。

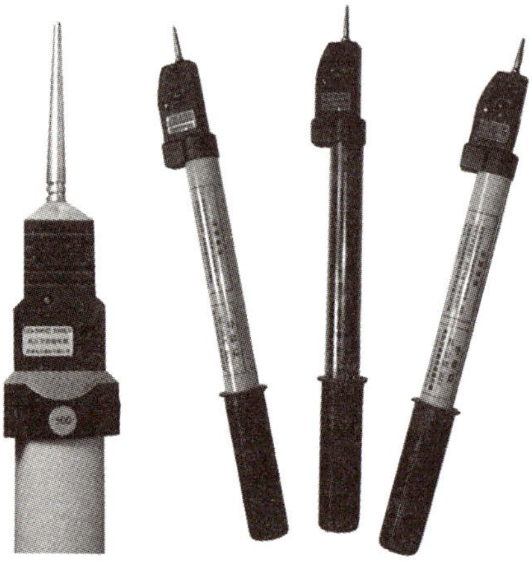

图 1-3 验电器

高压验电前应先检查验电器外观有无损坏，再在带电设备上进行试验，确认验电器完好后方可使用。验电时，不要用验电器直接触及设备的带电部分，应逐渐靠近带电体，至灯亮或风轮转动或语音提示为止，应注意验电器是否受邻近带电体影响。验电时，必须三相逐一验电，不可贪图省事。如图 1-4 所示为地铁验电操作。

图 1-4 地铁验电操作

低压验电器除可以用于判断电气设备或线路是否带电外，还可以区分相线（火线）和地线（零线）。氖光灯泡发亮是相线，不亮的是地线。此外，还能区分交流电和直流电。交流电通过氖光灯泡时，两电极都发亮；而直流电流通过时仅一个电极发亮。

低压试电笔使用前，应检查试电笔里有无安全电阻，再直观检查试电笔是否有损坏、有无受潮或进水。使用试电笔时，不能用手触及试电笔前端的金属探头，否则会造成人身触电事故。使用试电笔时，一定要用手触及试电笔尾端的金属部分，否则，因带电体、试电笔、人体与大地没有形成回路，试电笔中的氖泡不会发光，从而造成误判，认为带电体不带电。在测量电气设备是否带电之前，先要找一个已知电源测试电笔的氖泡能否正常发光，能正常发光的才能使用。在明亮的光线下测试带电体时，应特别注意氖泡是否真的发光（或不发光），必要时可用另一只手遮挡光线仔细判别。千万不要造成误判，将氖泡发光判断为不发光，而将有电判断为无电。

3. 核相器

电力系统核对相位是经常性的工作。传统的定相方法多数采用电压互感器或高压验电器，前者设备笨重，后者依靠微弱的辉光指示容易出现误判断。核相器使高压定相这项危险性较大而又必不可少的工作变得安全可靠，指针显示一目了然，重量只有互感器的 1/10 ~ 1/20，携带方便。

高压语音核相器主要应用于电力线路、变电所的相位校验和相序校验，具有核相、测相序、验电等功能，具备很强的抗干扰性，符合 EMC 标准要求，适用于各种电磁干扰场合。将被测高电压相位信号由采集器取出，经过处理后直接发射出去。由核相仪接收并进行相位比较，对核相后的结果定性。本产品采用无线传输，真正达到安全可靠、快速准确，适用于各种核相场合。如图 1-5 所示是核相器。

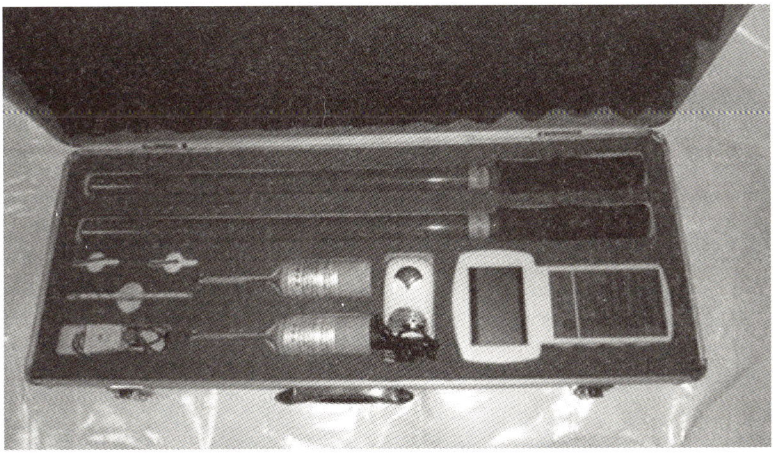

图 1-5　核相器

4. 绝缘手套和绝缘靴

绝缘手套和绝缘靴均由特种橡胶制成，一般作为辅助安全用具。但绝缘手套只可以在低压带电设备或线路等工作中作为基本安全用具使用，而绝缘靴可作为防护跨步电压的基本安全用具。图 1-6 是绝缘手套和绝缘靴。

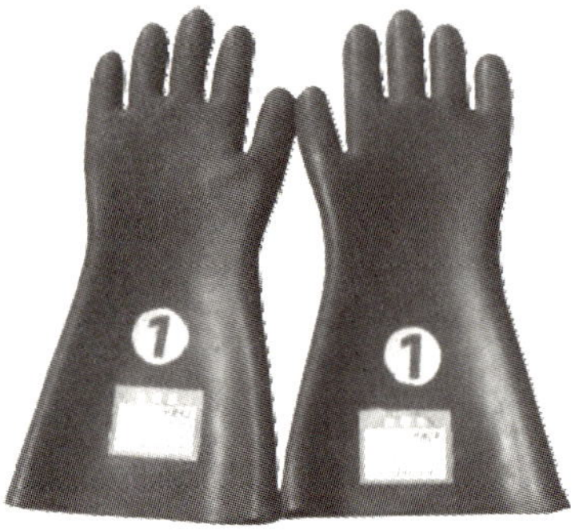

（a）绝缘手套

（b）绝缘靴

图 1-6 绝缘手套和绝缘靴

绝缘手套可以使人的双手与带电体绝缘，是用特种橡胶（或乳胶）制成的，分 12 kV（试验电压）和 5 kV 两种电压等级。绝缘手套是不能用医疗手套或化工手套代替使用的。绝缘手套一般作为辅助安全用具，在 1 kV 以下电气设备上使用时可以作为基本安全用具。

绝缘靴又称高压绝缘靴、矿山靴。所谓绝缘，是指用绝缘材料把带电体封闭起来，借以隔离带电体或不同电位的导体，使电流能按一定的通路流通。良好的绝缘是保证设备和线路正常运行的必要条件，也是防止触电事故的重要措施。绝缘材料往往还起着其他作用：散热冷却、机械支撑和固定、储能、灭弧、防潮、防霉以及保护导体等。绝缘靴采用特种橡胶制成，其作用是使人体与大地绝缘，防止跨步电压。绝缘靴按电压等级一般可以分为：6 kV、20 kV、25 kV 和 35 kV，适用于不同电压等级的环境。它的高度不小于 15 cm，而且上部另加高边 5 cm。绝缘靴必须按规定进行定期试验。

5. 绝缘垫

绝缘胶垫又称为绝缘毯、绝缘垫、绝缘胶板、绝缘橡胶垫、绝缘地胶等，是具有较大体积电阻率和耐电击穿的胶垫，用于配电等工作场合的台面或铺地绝缘材料。按照电压等级可分 5 kV，10 kV，15 kV，20 kV，25 kV，30 kV，35 kV，绝缘橡胶垫主要采用胶类绝缘材料制作，用 NR、SBR 和 IIR 等绝缘性能优良的非极性橡胶制造。

绝缘垫按厚度可分为：2 mm，3 mm，4 mm，5 mm，6 mm，8 mm，10 mm，12 mm。按宽度可分为：1 m，1.2 m，1.5 m，长度依需要而定。它们一般铺设在高、低压开关柜前，作固定的辅助安全用具。如表 1-3 所示为绝缘垫常规配置。

表 1-3 绝缘垫常规配置

序号	电压/kV	规格/mm	比重/（kg/m^2）
1	5	3	5.8
2	10	5	9.2
3	15	5	9.2
4	20	6	11
5	25	8	14.8
6	30 ~ 35	10/12	18.4/22

图 1-7 是绝缘胶垫及其在变电所中的应用。

（a）

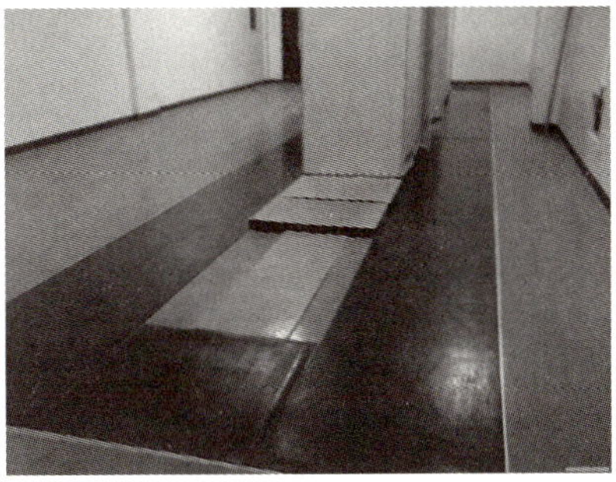

（b）

图 1-7　绝缘胶垫及其在变电所中的应用

绝缘垫试验时先将绝缘胶垫上下铺上湿布或金属箔，并应比被测绝缘胶垫四周小 200 mm，连续均匀升压至规定的电压值，保持 1 min，观察有无击穿现象。若无击穿，则试验通过。试样分段试验时，两段试样边缘要重合。

6. 接地线

高压接地线是用于线路和变电施工，为防止临近带电体产生静电感应触电或在误合闸时保证安全之用。携带型高压接地线由绝缘操作杆、导线夹、短路线、接地线、接地端子、汇流夹、接地夹构成。携带型接地线由短路各相和接地用的多股软铜线、将多股软铜裸线固定在各相导电部分和接地极上的专用线夹组成，一般要求多股软铜线的截面面积不小于 25 mm^2。如图 1-8 所示是高压接地线。

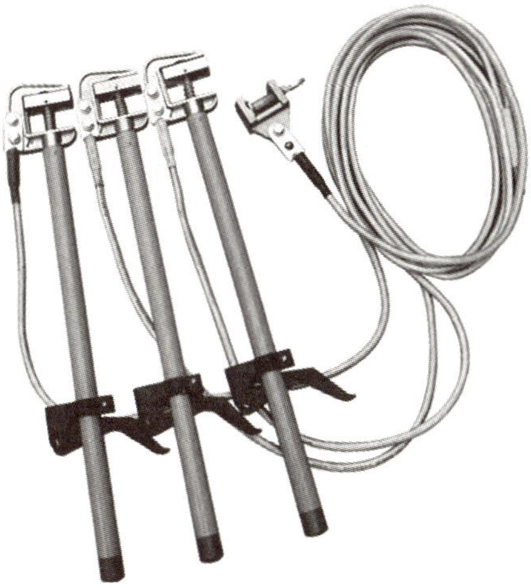

图 1-8　高压接地线

接地操作步骤为：将接地引下线的地轧可靠地夹在良好的接地轨或地极上。将接地线上端的挂钩可靠地挂接在要短路的线路上。用力拉拽操作杆，保证充分接触。装设接地线必须由两人进行，装、拆接地线均应使用绝缘棒和戴绝缘手套。挂接地线时，先连接接地夹，后接接电夹；拆除接地线时，必须按程序先拆接电夹，后拆接地夹。安装时将接地软铜线分相上双眼铜鼻子固定在接地棒上的接电夹相应位置上，将接地线合相上的单眼铜鼻子固定在接地夹或地针上，构成一套完整的接地线，严禁用缠绕的方法进行接地或短路。

接地操作前应对接地线进行外观检验，方法是：查看接地线的各连接部位是否连接紧固，并保证所有部件均可正常使用。

工作之前必须核实接地棒的电压等级与操作设备的电压等级是否一致，检查接地线、软铜线是否断头，螺丝连接处有无松动，线钩的弹力是否正常，对于不符合要求的应及时调换或修好后再使用。

挂接地线前必须先验电，未验电挂接地线是现场中较普遍的习惯性违章行为，在悬挂时接地线导体不能和身体接触。对于可能送电至停电设备的各方面或停电设备可能产生感应电压的都要装设接地线，在工作地点两端悬挂接地线，以免出现用户倒送电、产生感应电的可能，使用中深受其害的例子不少。接地线在使用过程中不得扭花，不用时应将软铜线盘好；接地线在拆除后，不得从空中丢下或随地乱摔，要用绳索传递，注意接地线的清洁工作。

7. 安全帽

安全帽是电气作业人员必备的安全防护用品，凡有可能发生物体坠落的工作场所，或有可能发生头部碰撞、劳动者自身有坠落危险的场所，都要求佩戴安全帽。安全帽在规定期限须进行冲击性能试验和耐穿刺性能试验，检测安全帽耐冲击吸收性能和穿刺性能。冲击性能试验测试方法以 5 kg 冲击落锤自 1 m 高度自由落体，若冲击力小于 4 900 N 则合格。耐穿刺性能试验测试方法以 3 kg 钢锥自 1 m 高度自由落体于帽顶中心薄弱部分，无破损为通过。戴安全帽时必须系好带子。如图 1-9 所示是安全帽。

图 1-9　安全帽

报警安全帽是用于防止工作人员误登带电杆塔用的无源近电报警安全帽，属于音响提示型辅助安全用具。工作人员佩戴此安全帽登杆工作中，若误登带电杆塔，当对高压设备距离小于《电业安全工作规程》规定的安全距离时，安全帽内部的近电报警装置会立即发出报警音响，提醒工作人员注意，防止误触带电设备造成人员伤亡事故。

8. 安全带

安全带多采用锦纶、维纶、涤纶等材料，是根据人体特点设计的用于防止高空坠落的安全用具。《电业安全工作规程》中规定，凡在离地面 2 m 以上的地点进行的工作为高处作业，高处作业时，应使用安全带。

每次使用安全带时，必须做一次外观检查，使用过程中也要注意查看，半年至一年内要试验一次，以主部件不损坏为准。如发现有破损变质情况应及时反映并停止使用，以确保操作安全。安全带如图 1-10 所示。

图 1-10 安全带

二、电气安全用具检验和试验周期

1. 检查范围

（1）检查的安全绝缘工器具应在有效试验周期内，且合格。

（2）检查验电器的绝缘杆是否完好，有无裂纹、断裂、脱节情况，按试验按钮检查验电器发光及声响是否完好，电池电量是否充足，电池接触是否完好，如有时断时续的情况，应立即查明原因，不能修复的应立即更换，严禁使用不合格的验电器进行验电。

（3）检查接地线接地端、导体端是否完好，接地线是否有断裂，螺栓是否紧固；带有绝缘杆的接地线，检查绝缘杆有无裂纹、断裂等情况。

（4）检查绝缘手套有无裂纹、漏气，表面应清洁、无发黏等现象。

（5）检查绝缘靴靴底部无断裂，靴面无裂纹，并清洁。

（6）检查绝缘棒无裂纹、断裂现象。

（7）检查安全帽无裂纹，系带完好无损。

2. 试　验

安全用具根据不同绝缘材料、使用特性都有相应的试验周期。如表 1-4 所示为安全用具的试验周期。

※※具体测试方法见《高压设备测试实训指导书》试验十 绝缘靴手套耐压测试。

表 1-4　安全用具的试验周期

序号	名　称	电压等级/kV	周　期	交流耐压/kV	时间/min	泄漏电流/mA	附　注
1	绝缘棒	6～10	每年一次	44			
		35～154		四倍相电压			
		220		三倍线电压			
2	绝缘挡板	6～10	每年一次	30	5		
		35（20～44）		80	5		
3	绝缘罩	35（20～44）	每年一次	80	5		
4	绝缘夹钳	35 及以下	每年一次	三倍线电压	5		
		110		260			
		220		440			
5	绝缘笔	6～10	每六个月一次	40	5		发光电压不高于额定电压的 20%
		20～35		105			
6	绝缘手套	高压	每六个月一次	8	1	≤9	
		低压		2.51		≤2.5	
7	橡胶绝缘靴	高压	每六个月一次	15	1	≤7.5	
8	核相器电阻管	6	每六个月一次	6	1	1.7～2.4	
		10		10		1.4～1.7	
9	绝缘绳	高压	每六个月一次	105/0.5 m	5		

先验电，然后接好地线接地端，再挂接地线，拆线顺序则相反。

配套数字资源

视频 1.2.1　绝缘手套和绝缘鞋耐压试验

视频 1.2.2　断线抢修中如何正确接地与拆除

视频 1.2.3　请指出视频中放电过程有哪些不规范的操作

复习与思考

1. 城轨供电系统中，对于 35 kV 交流和 1 500 V 直流，绝缘棒的规格有何不同？能否通用？
2. 核相器使用时，是否需要停电操作？
3. 在地面作业时，作业人员是否需要戴安全帽？

第三节　城轨电气设备试验安全规程

为了保证轨道交通供电运行检修作业的安全，所有从事变电所运行和维修工作的相关人员，必须经过考试评定安全等级，取得安全合格证之后，方可准许参加相应的运行和检修工作。对从事供电运行和检修工作的人员，要每年进行一次安全考试并达到合格要求。对于地铁开通与运营都要求制定详细试验方案。

以地铁开通送电为例，为保证送电安全，要求制定详细、周密的送电实施方案，由地铁方、供电工程施工方和监理方对接触轨送电、绝缘测试及验电、故障抢修和后勤保障等送电工作的各个环节进行严格管控，地铁施工单位、监理单位对作业人员进行详细的安全交底以及送电操作演示，同时进行冷滑试验、送电前绝缘电阻测试、送电前现场大检查等准备工作，要求细致检查、规范操作、通力合作，确保送电万无一失。

为了确保电气设备试验安全，要求作业时遵守以下规程。

一、安全及预控措施

试验负责人应由有经验的试验人员担任，开始试验前，试验负责人应对全体试验人员详细说明试验中的安全注意事项。

试验需要拆线时，拆前应做好标记，拆后应进行检查。试验装置的金属外壳应可靠接地；高压引线应尽量缩短，必要时用绝缘物支撑牢固。试验现场应装设遮栏或围栏，向外悬挂“止步，高压危险!”的标示牌，并派人看守。试验需加高压时，加压前必须认真检查试验接线与仪表的开始状态，确保正确无误后，通知有关人员撤离到安全区域，并取得试验负责人许可，方可加压。加压过程中应有人监护并呼唱。高压试验工作人员应穿绝缘鞋，在全部加压过程中，应集中精力，不得与他人闲谈，随时警戒异常现象发生。

变更接线或试验结束时，应首先断开试验电源、放电，并将升压设备的高压部分短路接地。试验结束时，试验人员应拆除自装的试验引线和接地短路线，并对被试设备进行检查和清理现场。

雷电时禁止在室外设备以及与其有电气连接的室内设备上作业。城轨一般不进行高压带电作业。

电压为 1 500 V 及以下者与接地点的距离不得小于 0.7 m；电压为 1 500 V 以上者不得小于 1 m。变电所发生高压接地故障时，在切断电源之前，任何人与接地点的距离：室内不得小于 2 m，室外不得小于 4 m。特殊情况下，确需进入上述范围的人员，作业人员要穿绝缘靴，接触设备外壳和构架时要戴绝缘手套。

二、倒闸作业流程

根据作业性质不同，工作票分为两种。

（1）第一种工作票用于高压设备停电作业及低压 380 V 电源主母线的停电作业。

（2）第二种工作票用于高压设备不停电的作业，低压设备上的停电与不停电作业，以及在二次回路上进行的不需高压设备停电的作业。

第一种工作票的有效时间，一般不超过一周（168 小时），遇抢修、大中修时，不超过 30 天，若在规定的工作时间内作业不能完成，应提前半小时向电调办理准许延时手续。第二种工作票有效时间最长为 24 小时，不得延长。工作票要填写 1 式 2 份：1 份交工作领导人（蓝色），1 份交变电所值班员（工作许可人）（粉红色），值班员（工作许可人）据此办理准许作业手续，做好安全措施。

事故抢修：情况紧急时可不开工作票，但应向电调报告事故概况，听从电调的指挥，在作业前必须按规定做好安全措施，并将作业时间、地点、内容及批准人的姓名记入值班日志中。

试验应填写变电第一种工作票。由电调管辖的设备，倒闸由电调发布命令，值班员（巡检人员、工作许可人）受令复诵，电调确认无误后，方可给予命令编号和批准时间，每个倒闸命令发令人和受令人双方均要填写倒闸作业命令记录并录音。电力调度员对 1 个变电所 1 次只能下达 1 个倒闸作业命令，对不需要电调下令倒闸的开关，倒闸完毕要将倒闸时间、原因和操作人的姓名记入值班日志或有关记录中。所有倒闸作业均必须有两人同时进行，值班员（巡检员、工作许可人）操作，检修负责人（值班员）监护。

倒闸操作要遵守下列基本原则：

（1）停电时的操作程序：先断开负荷侧后断开电源侧，先断开断路器后断开隔离开关。送电时，与上述操作程序相反。

（2）利用 35 kV 三位隔离开关接地时，先断开主刀闸后再闭合接地刀闸。合闸时，先分接地刀闸后再合主刀闸。

（3）禁止带负荷拉合隔离开关。为防止误操作，所有投运的闭锁装置未经电调同意，不得退出或解锁。

可用隔离开关进行投切电压互感器或者投切空载母线。

35 kV 的断路器，禁止用机械按钮合闸送电。对所有断路器，一般情况下，不允许用机械按钮合闸送电或分闸停电。特殊情况下，必须穿绝缘靴、戴绝缘手套，同时站在断路器的侧边，方可允许用机械按钮合闸送电或分闸停电。

对由电调管辖的设备，遇有危及人身和设备安全的紧急情况，值班人员（巡检人员）可先行断开有关的断路器和隔离开关，再报告电调，但再合闸时，必须有电调的命令。

高压设备的停电作业是指在停电的高压设备上进行的作业及在低压设备和二次回路上和照明回路、消防等设备上进行的需要高压设备停电的作业。高压设备不停电作业是当作业人员与高压设备的带电部分之间保持规定的安全距离和没有偶然触及导电部分的危险时，许可在带电设备外壳和附近进行的工作。

三、高压停电与验电

当进行停电作业时，设备的带电部分距作业人员小于停电范围表（见表 1-5）规定者必须停电。

表 1-5 停电范围表

电压等级	无防护栅/mm	有防护栅/mm
110 kV	1 500	1 000
35 kV	1 000	600
DC1 500 V 及以下	700	350

在二次回路上进行作业，可能引起一次设备中断供电或影响其安全运行者，其有关的设备均须停电。对停电作业的设备，必须从可能来电的各方面切断电源（运用中的星形接线设备，其中性点应视为带电部分），并要有明显的断开点且分别接挂地线。断路器和隔离开关开断后，应采取防误分误合措施。

高压设备验电及装设或拆除接地线时，必须 2 人同时进行作业，操作人和监护人安全等级分别不低于 2 级和 3 级，并均必须穿绝缘靴和戴安全帽，操作人还要戴绝缘手套。验电时，必须用电压等级合适且合格的验电器，验电前要先将验电器在有电的设备上试验确认良好，然后在停电的设备上验电，最后在有电的设备上复验一次，验电时对被检验设备的所有引入、引出线均要检验。35 kV 的 GIS 组合电器必须用专用的验电氖灯插入电容式感应设备插座进行测试。断路器、开关分闸的信号以及常设的测量仪表显示无电时，仍应通过验电器检验设备是否已停电。若验明有电则禁止在该设备上作业。110 kV 进线用万用表测量进线单相 PT 的电压确认。

对于有可能送电至停电作业设备上的有关部分均要分别装设接地线或合接地刀闸。在停电作业的设备上，如可能产生感应电压且危及人身安全时，应增设接地线。所有装设的临时接地线均应装在作业人员可见到的地方，并与带电部分应保持规定的安全距离。

当变电所停电时，对可能来电的各路进出线均要分别验电并分别装设接地线或合接地刀闸。当部分线路停电时，若作业地点分布在电气设备不相连的几个部分时，则各作业地点应分别验电接地。室内配电装置的接地线应装在该装置导电部分画有标志的固定接地端子上。配电装置的接地端子要与接地网相连，其接地电阻须符合规定。

当验明设备确实已经停电后，则要及时装设接地线。顺序如下：

（1）对于 35 kV 的 GIS 组合电器应先合接地刀闸，然后合断路器予以接地，并加机械锁；在变压器本体进行停电作业时，还必须在变压器本体的电源进线桩头上加挂地线。

（2）对于临时接地线，应先接接地端再将另一端通过接地杆接在停电设备裸露的导电部分上。拆除接地线时，其顺序与装设时相反。

接地线须用专用线夹，连接牢固，接触良好，严禁缠绕。接地线要采用截面面积不小于 25 mm^2（直流系统用不小于 95 mm^2）的裸铜软绞线，且不得有断股、散股和接头。

根据作业的需要（如测量绝缘电阻时）必须短时拆除接地线时，工作领导人可以将妨碍工作的接地线短时拆除，该作业完毕后，要立即恢复。进行需拆除接地线的作业时，必须设专人监护，其安全等级：作业人员不低于二级，监护人不低于三级。

在合闸即可送电到工作地点的断路器和隔离开关的操作把手上均应悬挂“禁止合闸（操作），有人工作”的标示牌。若线路上有人作业，要在有关断路器和隔离开关操作手柄上悬挂“线路有人工作，禁止合闸”的标示牌。

在室内设备上作业时，应在工作地点四周的相邻设备和禁止通过的过道上装设遮栏并悬挂“止步，高压危险！”的标示牌（标示带），且须在检修的设备上和作业地点悬挂“在此工作”的标示牌。

部分停电的工作，当作业人员可能触及带电部分时，要装设遮栏，在邻近可能误登的带电构架上应悬挂“禁止攀登，高压危险！”的标示牌。在结束作业之前，任何人不得拆除或移动防护栅和标示牌。

四、高压试验与测量

当进行电气设备的高压试验时，工作领导人的安全等级不得低于三级，在作业地点的周围要设围栅，围栅上悬挂“止步，高压危险！”的标示牌，并派专人看守。当被试设备较长时（如电缆），在距离操作人较远的另一端还应派专人看守。因试验需要临时拆除设备相关引接线时，在拆线前应做好标志，试验完毕恢复后要仔细检查，确认连接正确，方可投入运行。

在一个电气连接部分内，同时只允许 1 个作业组且在一项设备上进行高压试验。必要时，在同一连接部分内检修和试验工作可以同时进行，作业时必须遵守下列规定：在高压试验与检修作业之间要有明显的断开点，且要根据试验电压大小和被检修设备的电压等级保证足够的安全距离。在断开点的检修作业侧装设接地线，高压试验侧悬挂“止步，高压危险！”的标示牌。标示牌要面向检修作业地点。试验装置的金属外壳要装设接地线，高压引线应尽量缩短，必要时用绝缘物支持牢固，试验装置的电源开关应使用有明显断开点的双极开关。试验装置的操作回路中，除电源开关外还应串联零位开关，并应有过负荷自动跳闸装置。

（1）在施加试验电压（简称加压下同）前，操作人、监护人要共同仔细检查试验装置的接线、调压器零位、仪表的起始状态和表计的倍率等，确认无误且被试设备周围的人员均处在安全地带后，经工作领导人许可方准加压。

（2）加压作业要专人操作，专人监护，其安全等级：操作人不低于二级，监护人不低于三级。加压时操作人要戴绝缘手套、穿绝缘靴，操作人和监护人呼唤应答。在整个加压过程中，全体人员均要精神集中，随时注意有无异常现象。

（3）对于未装接地线且具有较大电容的设备，应先放电后加压。当进行直流高压试验时，每告一段落或结束时应将设备对地放电数次并进行短路接地。放电时，操作人要使用放电棒并戴绝缘手套和穿绝缘靴。在被试设备上装设的接地线，只允许在加压过程中短时拆除，试验结束后要立即恢复原状。

（4）试验结束时，作业人员要拆除自装的接地线、短路线，检查被试设备，清理作业地点。

（5）测量工作前，使用兆欧表测量绝缘电阻前后，必须将被测设备对地放电，放电时，作业人员要戴绝缘手套、穿绝缘靴。

在有感应危险电压的线路上测量绝缘电阻时，连同将造成感应电压的设备一并停电后进行。使用兆欧表测量绝缘电阻前，必须将被测设备从各方面断开电源，经验明无电且确认无人作业时，方可进行测量。

测量时，作业人员站的位置、仪表安设的位置及设备的接线点均要适当选择，使人员、仪表及测量导线与带电部分保持足够的安全距离。作业地点附近不得有其他人停留。测量用的导线要使用相应电压等级的绝缘线。

作业人员不得少于 2 人。在高压设备上作业时，其中 1 人安全等级不低于三级。

除专门测量高压的仪表外，其余仪表均不得直接测量高压。测量用的连接电流回路的导线截面面积不得少于 1.5 mm^2。使用携带型仪表，仪器是金属外壳时，其外壳必须接地。

在高压回路进行测量时，要在作业地点周围设围栅，悬挂标示牌。人员与带电部分之间须保持足够的安全距离。

禁止任何人在高压分间、高压柜内、容器设备内单独停留作业。

当工作全部完成时，由作业组负责清理作业地点，工作领导人会同值班员（工作许可人）检查作业中涉及的所有设备，交代所检修项目、发现的问题和缺陷、处理的结果、是否具备投运条件等。工作领导人在工作票中填写工作结束时间并签字。然后拆除所有临时接地线，点清数量，拆除临时防护栅和标示牌，恢复常设的防护栅和标志，必要时测试设备、试验合格，值班员（工作许可人）办理工作票终结手续。

在完成上述工作后，值班员（工作许可人）在工作票中填写工作票结束并签字，工作票方可视为结束，之后值班员（工作许可人）须立即汇报电调。若由于需要，暂不拆除某组临时接地线时，由值班员（工作许可人）在工作票备注栏注明不能拆除的原因后，也可终结工作票。

五、电缆及 GIS 作业

电力电缆检修作业应办理第一种工作票。轨道交通行业 35 kV 及 1 500 V 电缆用城轨变电所第一种工作票，由城轨电力调度办理准许手续。110 kV 供电局管辖调度的设备（含电缆作业）应根据电业安全的有关规定和供电局的有关规定执行，用电力（线路）工作票，由 110 kV 线路工作领导人向电力公司电力调度办理准许作业手续，同时线路工作领导人知会城轨电力调度。工作前除办理安全措施外还必须将电缆两端接地，工作前必须详细核对电缆的名称、标志是否与工作票相符，确保安全措施正确可靠。

进电缆层（井）时，应排除浊气，穿绝缘靴，戴安全帽，作业人员不得少于 2 人，其安全等级均不低于三级。在作业中注意防火，防止高空落物。

气体绝缘金属封闭开关设备（简称 GIS）作业时，GIS 设备外壳必须可靠接地。在 GIS 上进行检修作业时应办理第一种工作票。工作前确保母线必须可靠接地，设备上作业人员不能多于二人，且不得触及用于测量气压的导气管。使用锋利、硬金属物件工作时，时刻注意防止损坏外壳，严禁在带电状态下擅自攀登外壳。

工作人员进入 SF_6 配电装置室间，必须确认通风良好，必要时并用检漏仪测量室内 SF_6 气体含量。在室内设备充装 SF_6 气体时，周围环境相对湿度应小于或等于 80%，同时必须开启通风系统，并避免 SF_6 气体泄漏到工作区，工作区空气中 SF_6 气体含量不得超过 1 000 mg/L。工作人员不准在 SF_6 设备防爆膜附近停留，若在巡视中发现异常，应立即报告，查明原因，采取有效措施进行处理。进入 SF_6 配电装置或电缆沟进行工作时，应先检测含氧量（不低于 18%）和 SF_6 气体含量是否合格。

气瓶应放置在阴凉干燥，通风良好，敞开的专门场所直立保存，并应远离热源和油污的地方。防潮、防阳光暴晒，并不得有水分或油污粘在阀门上，搬运时，应轻装轻放。

进行气体采样和处理一般渗漏时，要戴防毒面具，并进行通风。检修检束后，检修人员应先洗澡，把用过的工具，防护工具清洗干净。发生紧急事故应立即开启全部通风系统进行通风，发生设备防爆膜破裂事故时，应停电处理，并用汽油或丙酮擦拭干净。

设备解体检修前，必须对 SF_6 气体进行检验。根据有毒气体的含量，采取安全防护措施。检修人员要着防护服并根据需要佩戴防毒面具。打开设备封盖后，检查人员暂离现场 30 min。

六、低压作业

低压设备上作业一般应停电进行。若必须带电作业时，作业人员要穿紧袖口的工作服戴防护眼镜，穿绝缘靴或站在绝缘垫上工作。所有的工具必须有良好的绝缘手柄，附近的其他设备的带电部分必须用绝缘板隔开。在低压设备上作业时至少有两人同时进行。带电作业时作业人员的安全等级不得低于三级；停电作业时，至少一人的安全等级不低于二级。

在转动机械上工作不准戴手套，严禁将明火或能发生火焰的物体带入蓄电池柜，在向蓄电池注电解液或调配电解液时，要戴防护眼镜并戴手套。进行蓄电池充放电和维护时，防止全所直流二次电源失压而引起开关跳闸。

二次回路上的作业时，在确保人身安全和设备安全的运行条件下，允许有关的高压设备和二次回路不停电进行下列工作：

（1）测量、信号、控制和保护回路上进行较简单的作业。

（2）改变继电保护装置的整定值，但不得进行该装置的整定调整后试验，且作业人员的安全等级不得低于三级。

（3）当电气设备有多重继电保护，经电力调度批准短时撤出部分保护装置时，在撤出运行的保护装置上的作业。

在二次设备及其回路上进行作业时，必须遵守下列规定：

（1）作业人员不得进入高压分间（柜）或登上 GIS 设备外壳，同时与带电部分之间的距离要在安全距离的规定数值。当作业地点有高压设备时，要在作业地点周围设围栅和悬挂相应的标示牌。

（2）所有互感器的二次回路均要有可靠的保护接地。

（3）直流回路不得造成接地或短路。

（4）根据作业要求需进行断路器的分合闸试验时，必须根据有关规定办理。

在带电的电压互感器和电流互感器二次回路上作业时，电压互感器注意防止发生短路或接地，作业时作业人员要戴绝缘手套，并使用绝缘工具，必要时作业前撤出有关可能误动的继电保护。电流互感器严禁将其二次侧开路，短接其二次侧绕组时，必须使用专用短路片或短路线，并要连接牢固，接触良好，严禁用缠绕的方式进行短接，作业时必须有专人监护，操作人必须使用绝缘工具并站在绝缘垫上。

当用外加电源检查电压互感器的二次回路时，在加电源之前须在电压互感器的周围设围栅，围栅上要悬挂“止步，高压危险！”的标示牌，且人员要退到安全地带。

复习与思考

1. 请简述倒闸作业的流程。
2. GIS 作业应开哪种工作票？

项目资讯单

高压电气绝缘安全资讯单

<table>
<tr><td>项目内容</td><td colspan="4">高压电气绝缘试验安全防范措施</td></tr>
<tr><td>学习方式</td><td colspan="2">通过教科书、图书馆、专业期刊、上网查询问题；分组讨论或咨询老师</td><td>学时</td><td>8</td></tr>
<tr><td>资讯要求</td><td colspan="4">书面作业形式完成，在网络课程中提交</td></tr>
<tr><td rowspan="12">资讯问题</td><td>序号</td><td colspan="3">资讯点</td></tr>
<tr><td>1</td><td colspan="3">常用绝缘工具有哪些？如何操作？</td></tr>
<tr><td>2</td><td colspan="3">绝缘杆、绝缘靴、绝缘手套使用前应做哪些检查？如何正确保管？</td></tr>
<tr><td>3</td><td colspan="3">对临时接地线有哪些要求？使用前应做哪些检查？挂临时接地线应由谁操作？对挂临时接地线有哪些要求？</td></tr>
<tr><td>4</td><td colspan="3">什么是最小安全距离？什么是跨步电压？跨步电压达到多少伏时，会使人有生命危险？</td></tr>
<tr><td>5</td><td colspan="3">常用一次设备有哪些？各有什么用途？</td></tr>
<tr><td>6</td><td colspan="3">什么是一次设备？什么是二次设备？为何这样分类？</td></tr>
<tr><td>7</td><td colspan="3">电气试验标准及规范有哪些？</td></tr>
<tr><td>8</td><td colspan="3">电气试验过程中有哪些危险点？应做什么预控措施？</td></tr>
<tr><td>9</td><td colspan="3">高压电气试验工具有哪些？各有什么作用？</td></tr>
<tr><td>10</td><td colspan="3">安全用具的试验周期是多久？请举例说明。</td></tr>
<tr><td>11</td><td colspan="3">城轨电气设备试验安全规程包括什么内容？</td></tr>
<tr><td>资讯引导</td><td colspan="4">以上问题可以在本教程的学习信息、精品网站、教学资源网站、互联网、专业资料库等处查询学习</td></tr>
</table>

项目操作单

高电压设备试验项目

<table>
<tr><td>项目</td><td colspan="5">绝缘靴手套耐压测试</td></tr>
<tr><td>项目编号</td><td></td><td>考核时限</td><td>50 min</td><td>得分</td><td></td></tr>
<tr><td>开始时间</td><td></td><td>结束时间</td><td></td><td>用时</td><td></td></tr>
<tr><td>作业项目</td><td colspan="5">正确验电及挂接地线</td></tr>
<tr><td>项目要求</td><td colspan="5">① 说明试验过程中的各高压危险点
② 现场就地操作演示并说明需要试验的绝缘结构及材料
③ 能正确验电，现场就地操作演示并说明验电器结构及材料
④ 能正确完成绝缘靴、手套耐压测试过程
⑤ 能正确挂接及拆除地线，操作过程符合安全规程
⑥ 编写试验报告
⑦ 实操时间不能超过 30 min，试验报告时间 20 min，实操试验提前完成的，其节省的时间可加到试验报告的编写时间中</td></tr>
</table>

续表

材料准备	① 正确摆放被试品 ② 正确摆放试验设备 ③ 准备绝缘工具、接地线、电工工具和试验用接线及接线钩叉、鳄鱼夹等 ④ 其他工具，如绝缘胶带、万用表、温度计、湿度仪			
评分标准	序号	项目名称	质量要求	满分 100 分
	1	安全措施（14 分）	（1）试验人员穿绝缘鞋、戴安全帽，工作服穿戴整齐	3
			（2）检查被试品是否带电（可口述）	2
			（3）接好接地线对高压开关进行充分放电（使用放电棒）	3
			（4）设置合适的围栏并悬挂标示牌	3
			（5）试验前，对高压开关外观进行检查（包括本体绝缘、接地、本体清洁度等），并向考评员汇报	3
	2	仪器仪表铭牌参数抄录（7 分）	（1）对与试验有关的高压开关铭牌参数进行抄录	2
			（2）选择合适的仪器仪表，并抄录仪器仪表参数、编号、厂家等	2
			（3）检查仪器仪表合格证是否在有效期内并向考评员汇报	2
			（4）向考评员索取历年试验数据	1
	3	绝缘靴、绝缘手套检查（2 分）	向考评员口述检查方法	2
	4	温、湿度计的放置（4 分）	（1）试品附近放置温湿度表，口述放置要求	2
			（2）在高压开关本体测温孔放置棒式温度计	2
	5	试验接线情况（9 分）	（1）仪器摆放整齐规范	3
			（2）接线布局合理	3
			（3）仪器、高压开关地线连接牢固良好	3
	6	电源检查（2 分）	用万用表检查试验电源	2
	7	试品带电试验（23 分）	（1）试验前撤除地线，并向考评员示意是否可以进行试验。简单预说一下操作步骤	2
			（2）接好试品，操作仪器，如果需要则缓慢升压	6
			（3）升压时进行呼唱	1
			（4）升压过程中注意表计指示	5
			（5）电压升到试验要求值，正确记录表计指数	3
			（6）读取数据后，仪器复位，断掉仪器开关，拉开电源刀闸，拔出仪器电源插头	3
			（7）用放电棒对被试品放电、挂接地线	3
	8	记录试验数据（3 分）	准确记录试验时间、试验地点、温度、湿度、铭牌及试验数据	3

续表

	序号	项目名称	质量要求	满分 100 分
评分标准	9	整理试验现场（6 分）	（1）将试验设备及部件整理恢复原状	4
			（2）恢复完毕，向考评员报告试验工作结束	2
	10	试验报告（20 分）	（1）试验日期、试验人员、地点、环境温度、湿度、油温	3
			（2）试品铭牌数据：与试验有关的高压开关铭牌参数	3
			（3）使用仪器型号、编号	3
			（4）根据试验数据作出相应的判断	9
			（5）给出试验结论	2
		考评员提问（10 分）	回答与试验相关的问题，考评员酌情给分	10
考评员项目验收签字				

项目考核单

一、单项选择题（在每小题中，只有一项符合题目要求，把所选选项的序号填在题中的括号内）

1. 10 kV 电气设备不停电的安全距离是（　　）m。

A. 0.7　　B. 2　　C. 3

2. 设备运行后每（　　）个月检查一次 SF_6 气体含水量，直至稳定后方可每年检测一次含水量。

A. 三　　B. 四　　C. 五

3. SF_6 设备运行稳定后方可（　　）检查一次 SF_6 气体含水量。

A. 三个月　　B. 半年　　C. 一年

4. 工作人员进入 SF_6 配电装置室必须先通风（　　）min 并用检漏仪测量 SF_6 气体含量。

A. 5　　B. 10　　C. 15

5. 高压试验工作应（　　）。

A. 填写第一种工作票　　B. 填写第二种工作票

C. 可以电话联系

6. 隔离开关与断路器串联使用时，停电的操作顺序是（　　）。

A. 先拉开隔离开关，后断开断路器　　B. 先断开断路器，再拉开隔离开关

C. 同时断（拉）开断路器和隔离开关　　D. 任意顺序

二、判断题（正确的在题后的括号内打“√”，错误的打“×”）

1. 线路检修时，接地线一经拆除即认为线路已带电，任何人不得再登杆作业。（　　）

2. 停电检修的设备，各侧电源只要拉开断路器即可。（　　）

3. 停电作业的电气设备，除本身应停电外，影响停电作业的其他电气设备和带电线路也应停电。（　　）

4. 验电的目的是验证停电设备和线路是否确无电压，防止带电装设接地线或带电合接地刀闸等恶性事故的发生。（　　）

5. 在某条线路上进行验电，如某一相验电无电时，可认为该线路已停电。（　　）

6. 在某条电缆线路上进行验电，如验电时发现验电器指示灯发亮，即可认为该线路未停电。（　　）

7. 装设、拆除接地线时，应使用绝缘杆和戴绝缘手套。（　　）

8. 10 ~ 35 kV 级变压器绝缘为分级绝缘结构。（　　）

三、填空题

1. 高压设备发生接地时，室内不得接近故障点____________以内，室外不得接近故障点以内。进入上述范围人员必须穿绝缘靴，接触设备的外壳和架构时，应戴绝缘手套。

2. 用绝缘棒拉合隔离开关（刀闸）或经传动机构拉合隔离开关（刀闸）和断路器（开关），均应__________________。雨天操作室外高压设备时，绝缘棒应有防雨罩，还应穿绝缘靴。接地网电阻不符合要求的，晴天也应穿绝缘靴。雷电时，禁止________操作。

3. 测量绝缘时，在测量绝缘前后，必须将被试设备________________________。

四、应用分析题

1. 在电气设备上工作，保证安全的技术措施是什么？

2. 简述气体放电试验的原理。

3. 高压试验时变压器的铁心是否要接地？能否多点接地？

4. 简述 SF_6 气体具有良好的绝缘特性和灭弧性能的原因。

第二章 绝缘材料特性

内容导读

电气设备使用过程中，绝缘性能会受到外界因素影响而下降，所以研究绝缘材料的绝缘特性，对于设备的运行与维护有着非常重要的意义。

知识要点

1. 掌握气体、液体、固体介质绝缘特性及其提高绝缘性能的方法。
2. 掌握伏秒特性的应用意义。
3. 掌握组合绝缘材料的绝缘特性。

按国家标准GB 2900.5规定，绝缘材料的定义是："用来使器件在电气上绝缘的材料"，也就是能够阻止电流通过的材料。它的电阻率很高，通常在$10^{9} \sim 10^{22}\,\Omega\cdot m$的范围内。其特性主要包括以下几条：

（1）耐化学侵蚀。

（2）具光泽，部分透明或半透明。

（3）大部分为良好绝缘体。

（4）重量轻且坚固。

（5）用途广泛、效用多、耐高温。

第一节 电介质的极化、电导和损耗

常用绝缘材料分为无机、有机和混合三类。无机绝缘材料如云母、大理石、玻璃等，用于电机电器的绕组绝缘、开关底板和绝缘子等。有机绝缘材料如橡胶、树脂、虫胶、棉纱、纸、麻、人造丝，用于制造绝缘漆、绕组导线的外层绝缘等。混合绝缘材料由两种绝缘材料进行加工制成的成型绝缘材料，用于电器的底座、外壳等。

电气的传导电流是表征单位时间内通过某一截面的电量，电介质中的传导电流含漏导电流和位移电流两个分量，漏导电流由介质中自由的或弱的带电质点在电场作用下运动造成，位移电流是由电介质极化造成的吸收电流。

了解绝缘材料及其绝缘机理，对绝缘设备运行和维护都具有相当重要的意义，可以根据不同的绝缘材料特性，提高绝缘耐压水平，减少设备故障率。

研究介质传导电流的意义在于了解绝缘材料的绝缘特性，减少电流通过，在外界不同因素下，电流在介质中增大时，介质内部会发热，促进绝缘劣化，增加事故的发生率。而研究电介质的极化、电导和损耗则是了解绝缘状态的三个重要指标。

一、电介质的极化

电介质的极化是电介质在电场作用下，其束缚电荷相应于电场方向产生弹性位移现象和偶极子的取向现象。这时电荷的偏移大都是在原子或分子的范围内作微观移动，并产生电矩（即偶极矩）。

电介质的介电常数也称为电容率，是描述电介质极化的宏观参数。电介质极化的强弱可用介电常数的大小来表示，它与该介质分子的极性强弱有关，还受到温度、外加电场频率等因素的影响。

根据静电场中关于均匀各向同性的电介质相对介电常数的定义，电介质的相对介电常数为

$$\varepsilon_r = \frac{D}{\varepsilon_0 E} \tag{2-1}$$

式中 D、E——分别为电介质中电通量密度、宏观电场强度。

二、电介质电导

1. 气体电介质电导

气体中无吸收电流，气体离子的浓度为 500 ~ 1 000 对/cm^2。

2. 液体电介质电导

液体电介质电导一是由液体本身的分子和杂质的分子解离成离子，构成离子电导；二是由液体中的胶体质点（如变压器油中悬浮的小水滴）吸附电荷后，变成带电质点，构成电泳电导。

液体电介质电导与液体纯净度、离解度、电场强度、温度有关。液体杂质越多，电导越大。液体离解度大，介电常数越大，电导就越大。当液体场强到达一定程度后，电导将迅速增大。

温度升高，液体电介质或离子的热离解度增加，黏度降低，离子迁移率增加，电导增大。

3. 固体电介质的表面电导

固体电介质由附着于介质表面的水分和污秽引起。讨论介质电导的意义在于以下方面：

（1）绝缘电阻和泄漏电流的应用。

在绝缘预防性试验中，要测绝缘电阻和泄漏电流以判断绝缘是否受潮或有其他劣

化现象。在试验中需注意将表面电导与体积电导区别开来。

吸收比 K 是加压 60 s 测量的绝缘电阻与加压 15 s 测量的绝缘电阻的比值，如良好、干燥的绝缘，吸收电流较大，K 值较大（应大于 1.3）；受潮或有缺陷的绝缘，吸收比较小。利用这个特性可以有效地判断绝缘的好坏。如图 2-1 所示为某变压器的绝缘电阻与时间关系曲线。

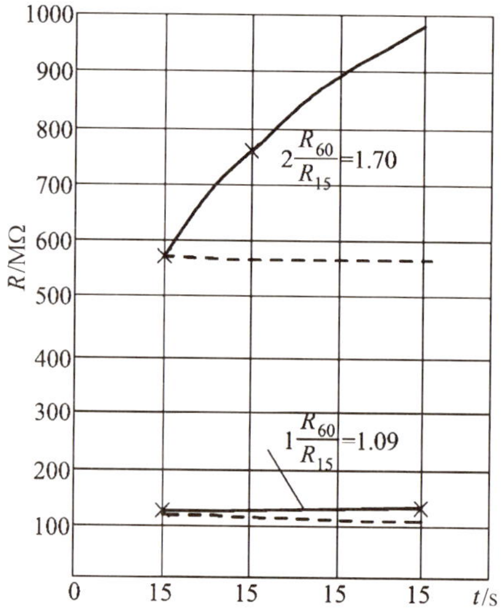

1—受潮时；2—经干燥后。

图 2-1　某变压器的绝缘电阻与时间关系曲线

（2）绝缘材料与环境关系。

设计绝缘结构时要考虑到环境条件，特别是湿度的影响。注意环境湿度对固体介质表面电阻的影响，注意亲水性材料的表面防水处理。

（3）绝缘电阻工程应用。

并不是所有情况下都希望绝缘电阻高，有些情况下要设法减小或者平衡绝缘电阻值。如在高压套管法兰附近涂上半导体釉，高压电机定子绕组出口部分涂半导体漆等，都是为了改善电压分布，以消除电晕。

三、电介质损耗

电介质损耗形式有电导损耗、极化损耗、游离损耗。

（1）电导损耗：由电介质中的泄漏电流引起，气体、液体和固体均存在。

（2）极化损耗：由偶极子极化和夹层极化引起，与电源频率有关，f 增大，损耗增加。直流下无极化损耗。

（3）游离损耗：气体在电场作用下游离产生的损耗。电压较高时各种含气泡的介质都产生。

介质损耗角正切值 $\tan\delta$ 反映了介质损失的大小。介质损失角正切值意义在于研究介质的绝缘优劣状况。

介质就是绝缘材料，绝缘材料的绝缘电阻愈高愈好，即泄漏电流愈小愈好，但是，世界上绝对不导电的物质是没有的。任何绝缘材料在电压作用下，总会流过一定的电流，所以都有能量损耗。把在电压作用下电介质中产生的一切损耗称为介质损耗或介质损失。

如果电介质损耗很大，会使电介质温度升高，促使材料发生老化（发脆、分解等），如果介质温度不断上升，甚至会把电介质熔化、烧焦，丧失绝缘能力，导致热击穿，因此电介质损耗的大小是衡量绝缘介质电性能的一项重要指标。

在外加交流电压作用下，绝缘介质就流过电流在介质中产生能量损耗，这种损耗称为介质损耗。介质损耗很大时，就会使介质温度升高而老化，甚至导致热击穿。因此，介质损耗的大小就反映了介质的优劣状况。

在电场的影响下，绝缘材料因介质电导与介质极化产生的滞后效应，使材料内部中出现了大量的能量消耗，这种现象也就是介质损失，又称介质损耗。其中，电介质损耗的作用就在于：在变电场作用下，使电介质内部产生大量的热量，而这些能量的存在会引起电介质的温度迅速提高，导致出现发热量超出散热量的恶性循环现象，从而导致电介质出现熔化及烧焦等现象，使其绝缘性能完全消失。因此，在电气绝缘材料中，尤其是应用在高电场强度场合的绝缘材料，必须要尽可能采取介质损耗因数，也就是电介质损耗角正切 $\tan\delta$ 比较低的材料。具体常用绝缘材料等级与温度如表 2-1 所示。

表 2-1　常用绝缘材料等级与温度

绝缘等级	工作温度	材料用途
Y 级	极限工作温度为 90 °C	如木材、棉花、纸、纤维极易于热分解和融化点低的塑料绝缘物
A 级	极限工作温度为 105 °C	如变压器油、漆包线、漆布、沥青、天然丝等
E 级	极限工作温度为 120 °C	如高强度漆包线等
B 级	极限工作温度为 130 °C	如环氧布板、玻璃纤维、石棉等
F 级	极限工作温度为 155 °C	如有机纤维材料、玻璃丝聚酯漆等绝缘物
H 级	极限工作温度为 180 °C	如聚酰亚胺薄膜
C 级	极限工作温度超过 180 °C	指不采用任何有机黏合剂，如石英玻璃和电瓷材料

绝缘材料都有一定的机械强度和电气强度。机械强度是指绝缘承受机械荷载（张力、压力、弯曲等）的本领；电气强度（或称绝缘强度）是指绝缘抵抗电击穿的本领。促使变压器绝缘老化的主要因素有：温度、湿度、氧气及油的老化产物，变压器绝缘的损坏，多由热作用开始，温度升高，降低了绝缘的电气性能和机械性能，从而加速绝缘的老化。

绝缘老化则是绝缘在长期的高温、电场、环境等各种因素作用下发生一系列的化学物理变化，导致绝缘电气性能和机械性能等不断下降。一般电气设备绝缘中常见的老化是电老化和热老化。

绝缘材料的老化主要表现为有机绝缘材料的老化。液体有机绝缘材料老化表现为发生混油、变色等现象；高分子有机绝缘材料老化时表现为发生变色、粉化、起泡、发黏、脆化、出现裂纹或裂缝、变形等现象。多数情况下，绝缘材料的老化是由其化学结构发生了变化，即由于降解、氧化、交联等化学反应，改变了其组成和化学结构；但有的老化仅仅是由于其物理结构发生了变化所致，例如绝缘材料中的增塑剂不断挥发或其中球晶不断长大，这些都会使材料变硬、变脆而失去使用价值。

以油浸式变压器绝缘为例，变压器的材料有金属材料和绝缘材料两大类。虽然金属材料能耐受较高的温度不致损坏，但是高温下，线圈的绝缘在几秒钟内就会烧毁。因此，运行时间和温度是影响变压器寿命的主要因素。油浸变压器绝缘等级属于 A 级。国家标准 GB 1094—2013 中规定的线圈温升 65 °C 和最高环境温度 40 °C，是以 A 级绝缘等级为基础加上环境温度，即 65 °C+40 °C = 105 °C，这是变压器线圈的极限工作温度。如图 2-2 所示为变压器温度控制器。黑色指针为变压器油面温度，随变压器油实际温度变化；红色指针为变压器绕组出厂设定温控固定值，当黑色指针超过设定的红色指针报警值时，接点闭合报警并启动风扇冷却，当超过设定的跳闸阈值时，变压器跳闸停运。

图 2-2　变压器温度控制器

四、影响绝缘材料性能的指标

1. 绝缘电阻和电阻率

电阻是电导的倒数，电阻率是单位体积内的电阻。材料导电越小，其电阻越大，两者呈倒数关系，对绝缘材料来说，总是希望电阻率尽可能高。

2. 相对介电常数和介质损耗角正切

绝缘材料用途包括各部件的相互绝缘和绝缘介质性能。两者都要求介质损耗角正切小，尤其是在高频与高压下应用的绝缘材料，为使介质损耗小，都要求采用介质损耗角正切小的绝缘材料。

3. 击穿电压和电气强度

在某一个强电场下绝缘材料发生破坏，失去绝缘性能变为导电状态，称为击穿。击穿时的电压称为击穿电压（介电强度）。电气强度是在规定条件下发生击穿时电压与承受外施电压的两电极间距离之商，也就是单位厚度所承受的击穿电压。对于绝缘材料而言，一般其击穿电压、电气强度的值越高越好。

4. 拉伸强度

在拉伸试验中，试品承受的最大拉伸应力即为拉伸强度。它是绝缘材料力学性能试验应用最广、最有代表性的试验。

5. 耐燃烧性

耐燃烧性指绝缘材料接触火焰时抵制燃烧或离开火焰时阻止继续燃烧的能力。随着绝缘材料应用日益扩大，对其耐燃烧性要求更显重要，耐燃烧性越高，其安全性越好。

6. 耐电弧

耐电弧是在规定的试验条件下，绝缘材料耐受沿其表面的电弧作用的能力。试验时采用交流高压小电流，借高压在两电极间产生的电弧作用，使绝缘材料表面形成导电层所需的时间来判断绝缘材料的耐电弧性。时间越长，其耐电弧性越好。

7. 密封度

对油质、水质的密封隔离比较好。

复习与思考

1. 什么是电介质极化？极化对于绝缘特性有何影响？
2. 变压器受潮后，绝缘电阻的曲线变化与干燥状态有何不同？
3. 变压器绕组采用哪一等级绝缘材料？最高能耐受多少温度？

第二节　气体电介质绝缘及应用

高压开关设备的内绝缘一般指以油、压缩空气、真空、SF_6 等为绝缘介质的绝缘部分。内绝缘的电气强度由介质中间隙的击穿强度或沿介质中固体绝缘表面的闪络强度所决定。内绝缘的主要特点是它的电气强度与大气条件基本无关。

一、气体绝缘

SF_6气体是主要的绝缘气体。纯净的 SF_6气体无色、无味、无臭、不燃，在常温下化学性质稳定，属惰性气体。其气体密度是空气密度的 5.1 倍。GIS（Gas Insulated Substation）的中文全称是六氟化硫气体（SF_6）绝缘金属全封闭组合电器，将高压电器元件密封在充有 SF_6绝缘介质的接地金属筒中。如图 2-3 所示为 GIS 气体绝缘金属封闭开关设备。

图 2-3　GIS 气体绝缘金属封闭开关设备

SF_6气体在 0.29 MPa 压力时，绝缘强度与变压器油相当，灭弧能力是空气的 100 倍。在 1.2 MPa 时液化，为此 SF_6断路器中都不采用过高压力，使其保持气态，使设备的制造和运行得以简化，绝缘性能佳，所以 SF_6作气体绝缘的设备，压力是一个重要的指标，也是设备巡检的必备项目。

SF_6气体有很强的电负性（$SF_6 + e^- = SF_6^-$），而正负离子容易复合成中性质点或原子，这是一般气体所没有的，则 SF_6气体较其他气体有更强的灭弧性能。在高寒地区要求，在工程应用 SF_6-N_2混合气体，通常其混合比为 50%：50%左右，其液化温度能满足高寒地区要求，绝缘强度约为纯 SF_6的 85%。

在断路器和 GIS 操作过程中，由于电弧、电晕、火花放电和局部放电、高温等因素影响下，SF_6气体会进行分解，它的分解物遇到水分后会变成腐蚀性电解质。尤其是有些高毒性分解物，如 SF_4、S_2F_2、S_2F_{10}、SOF_2、HF 和 SO_2，它们会刺激皮肤、眼睛、黏膜，如果吸入量大，还会引起头晕和肺水肿，甚至致人死亡。

如果怀疑发生中毒现象，应组织人员立即撤离现场，开启通风系统，保持空气流通，发生设备防爆膜破裂事故时，应停电处理，并用汽油或丙酮擦拭干净。观察中毒者，如有呕吐应使其侧位，避免呕吐物吸入，造成窒息。皮肤、眼部污染时，应立即用清水冲洗，换衣服。

SF_6 电气设备安装与主控制室隔离，防止泄漏气体进入主控室。设备安装室内应有良好的排风系统，通风孔应设在室内下部，底部应设 SF_6 气体泄漏报警器和氧量仪。工作人员不得单独或随意进入 GIS 室，因工作需要必须进入时应先排风 20 min，不准在设备防爆膜附近停留。工作人员在进入电缆沟或低位区前，必须测量氧气含量，若氧气含量低于 18%时，不得进行工作。气体采样及处理渗漏时，工作人员要穿戴防护用品，并在通风条件下进行。

二、伏-秒特性

对于电气设备绝缘，常用伏-秒特性进行设备绝缘配合和设备选择。

伏-秒特性是指在同一冲击电压波形下，击穿电压值与放电时延（或电压作用时间）有关的特性。

用试验确定间隙伏-秒特性的方法：保持冲击电压的波形不变，逐渐升高电压使间隙发生击穿，并根据示波图记录击穿电压 U 与击穿时间 t。如图 2-4 所示为击穿电压 U 与击穿时间 t 的关系，如图 2-5 所示为伏秒特性带状比例值。

※※具体测试方法见《高压设备测试实训指导书》试验一气体放电试验。

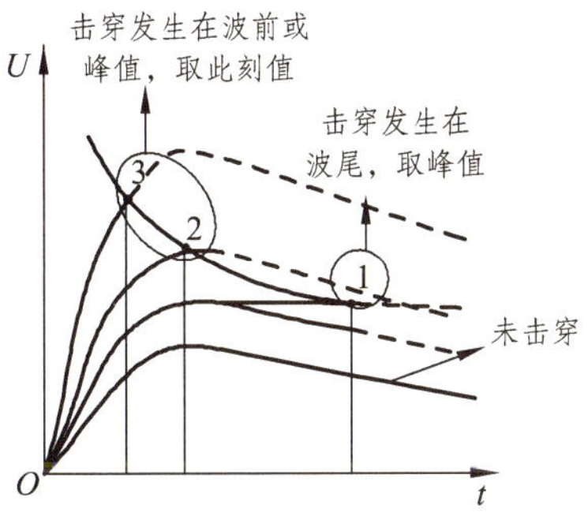

图 2-4　击穿电压 U 与击穿时间 t 关系

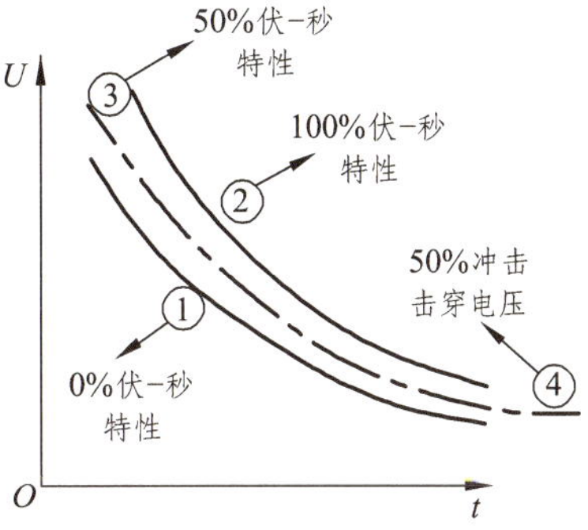

图 2-5　伏-秒特性带状比例值

电气设备绝缘的伏-秒特性应用在于设备绝缘配合时，要求被保护设备①伏-秒曲线应整体平滑在保护设备②伏-秒曲线之上，如图 2-6 所示为被保护设备的变压器与保护设备避雷器的伏-秒特性配合关系。

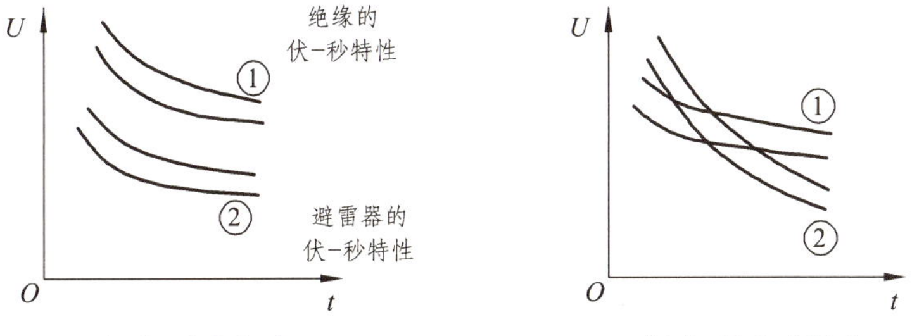

图 2-6　被保护设备的变压器①与保护设备避雷器②的伏-秒特性配合关系

三、提高气隙击穿电压的措施

1. 提高击穿电压原理

气体放电形式经历辉光放电、电晕放电、火花放电、电弧放电四个过程。

辉光放电是外加电压增加到一定值时，通过气体的电流明显增加，使整个气体间隙空间产生发光现象，如霓虹管中的放电属于辉光放电。

电晕放电是在不均匀电场中，当电压升高到一定值后，在电极尖端附近会出现暗蓝色晕光所形成的局部放电，其本质为极不均匀电场所特有的一种自持放电形式。发生电晕放电时，气体间隙的大部分尚未丧失绝缘性能，放电电流很小，发生电晕时在电极周围可以看到光亮，并伴有“咝咝”声。如图 2-7 所示为电晕放电。限制电晕放电的常用措施是采用分裂导线法和安装均压罩、均压环等。如图 2-8 所示为避雷器顶部安装均压环。

图 2-7　电晕放电

图 2-8　均压环

火花放电发生在气体间隙的两极，当电压升高到一定值时，气体中突然产生明亮的树枝状放电火花，当电源功率不大时，这种树枝状火花会瞬时熄灭，接着又突然产生。火花放电的特征是具有收细的通道形式，并且放电过程不稳定。

电弧放电是当电源功率足够大时，气体发生火花放电后，树枝状放电火花立即发展至对面电极，出现非常明亮的连续弧光，形成电弧放电。电弧通道和电极的温度都很高，电流密度极大，电路具有短路的特征。

根据汤森放电理论和流注放电理论，气体作为高压装置的绝缘材料，其介电强度与电场分布、电压波形、电极形状等有关。因此，通过改善电场分布和电极形状等措施，可以提高气隙击穿电压，从而提高绝缘水平。

2. 提高击穿电压措施

1）改变电极形状

例如采用屏蔽罩、扩径导线等增大电极曲率半径，或改善电极边缘形状以消除边缘效应。如图 2-9 所示为长空气间隙的交流击穿电压。

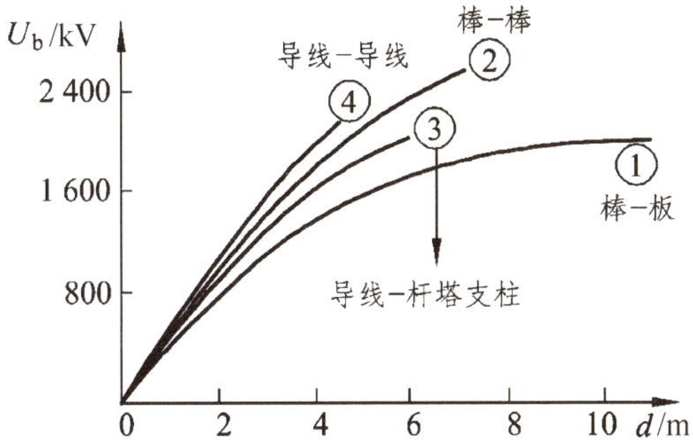

图 2-9　长空气间隙的交流击穿电压

2）利用空间电荷对原电场的畸变作用

例如利用电晕放电产生的空间电荷来改善极不均匀场间隙中电场分布，从而提高间隙的击穿电压。

3）在极不均匀电场中使用屏障

屏障靠近尖电极或板电极时，屏障效应消失，正、负极性下出现很大差别。如图 2-10 所示为正尖-板间隙中屏障的影响。

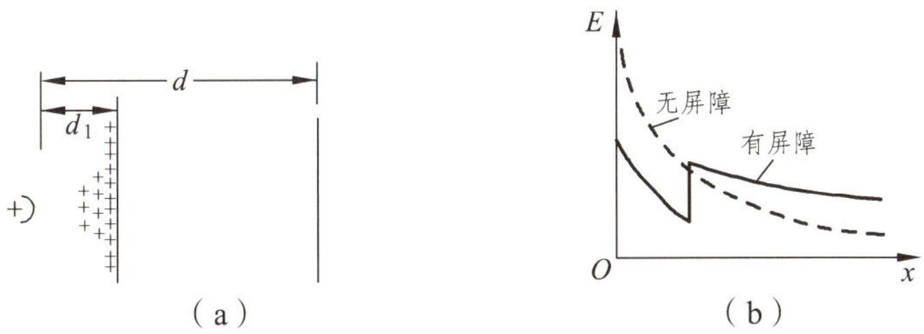

图 2-10 正尖-板间隙中屏障的影响

屏障应靠近尖电极，使比较均匀的电场区扩大。但离尖电极过近时，屏障上空间电荷的分布将变得不均匀而使屏障效应减弱，因此屏障有一最佳位置。如图 2-11 所示为直流电压下尖-板空气间隙的击穿电压和屏障位置的关系。

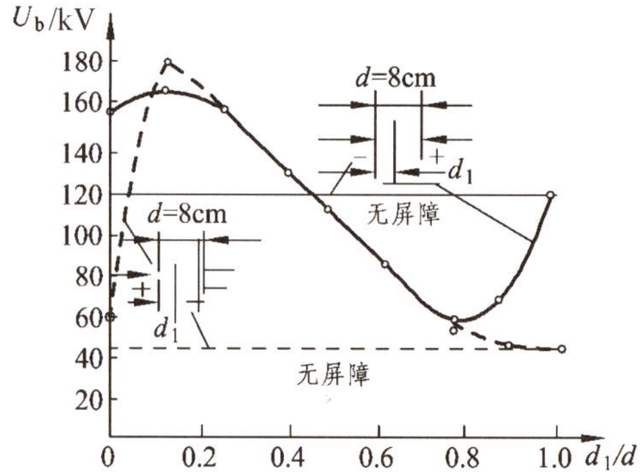

图 2-11　直流电压下尖-板空气间隙的击穿电压和屏障位置的关系

4）采用高真空

一般说来，空气中，两个金属电极之间，在施加高电压后，空气很容易击穿，空气极易电离，形成放电通道，而真空中，没有或很少有气体分子，击穿强度大大提高，这样很小的距离就有比较高的绝缘强度，使得电器的触头间隙可以较小，行程减小，开关的性能会提高，结构会简单。击穿电压和间隙存在一定的线性关系，还与触头材料的熔点、密度、比热容等有关，真空开关的断流能力可以大大提高。

四、气体绝缘材料的应用

GIS 组成元件一般包括断路器、隔离开关、接地开关、电压互感器、电流互感器、母线、避雷器、电缆终端等，按电站主接线的要求，依次连接和组装成一个整体。SF_6 除了其电气强度很高以外，还具有优良的灭弧性能，很适合用于高压断路器中，所以 SF_6 不仅用来制作单台电气设备（如 SF_6 断路器、避雷器、电容器等），而且发展成了各种组合设备，将整套送变电设备组成一体，密封后充以 SF_6 气体，如全封闭组合电器、气体绝缘变电所、充气输电管道等。这些 SF_6 组合设备具有很多优点，可大大节省占地面积、简化运行维护。例如，广州地铁安装的 110 kV 开关柜是德国西门子 8DN9 紧凑型户内 GIS，它采用 SF_6 断路器、液压操作机构，除母线为三相共箱式外，其余均为三相分箱式。如图 2-12 所示为地铁户内 GIS 设备。

图 2-12　地铁户内 GIS 设备

配套数字资源

视频 2.2.1　接触网热滑试验中气体拉弧

视频 2.2.2　气体放电试验

复习与思考

1. SF_6 气体的电负性对绝缘特性有何影响？
2. 检修人员完成 GIS 检修工作后应立即洗澡，这个操作正确吗？
3. 什么是伏秒特性？其作用在绝缘配合选择中有何作用？
4. 提高气隙击穿电压有哪些措施？

第三节　液体电介质绝缘及应用

一、液体绝缘介质特性

液体绝缘介质是指电气设备中起绝缘作用的液体电介质，如变压器油，在电气设备中主要起着绝缘、冷却、灭弧、填充的作用。

由于液体绝缘介质和气体绝缘介质的流动性，所以介质击穿后具有“自愈性”，同时比气体绝缘介质绝缘性能好，所以应用广泛，主要应用在变压器、断路器、电抗器、互感器、套管、油开关、电容器和电缆等油浸式的电气设备中。由于历史沿袭，仍沿用变压器油这一名称代替国际上常用的矿物绝缘油或变压器绝缘油这个术语。

一般来讲，变压器油具有下述四大功能：

1. 绝缘作用

变压器油首要功能就是绝缘性能可靠。在电气设备中，变压器油可将不同电位的带电部分隔离开来，增加了绝缘强度，使其不至于形成短路，避免被击穿。空气的介电常数为 1.0，而变压器油的介电常数为 2.25，也就是说，油的绝缘强度要比空气的大得多。

2. 冷却作用

变压器在带电运行过程中，由于线圈有电流通过，因电阻引起功率损耗，这部分损耗称为“铜耗”。电流通过铁心时，由于铁心磁通发生作用，引起功率损耗，这部分损耗称为“铁心损耗”。这两部分损耗均以发热的形式表现出来。如果不将线圈内的这种热量散发出去，它必然会使线圈和铁心内积蓄的热量越积越多而使铁心内部温度升高，从而会损坏线圈外部包覆的固体绝缘，以致烧毁线圈。若是使用变压器油，那么线圈内部产生的这部分热量，先是被油吸收，然后通过油的循环而使热量散发出来，从而保证设备的安全运行。

3. 灭 弧

在开关设备中，变压器油主要起灭弧作用。当油浸开关在切断电力负荷时，其固定触头和滑动触头之间会产生电弧，此时的电弧温度很高，并且随开断电流的大小而不同。如果不将弧柱的热量带走，使触头冷却，那么在初始电弧发生之后，还会有连续的电弧产生，从而很容易使设备烧毁，同时还会引起过电压的产生而使设备损坏。当油浸开关在最初开断而受到电弧作用时，由于高温会使油发生剧烈的热分解，而产生约 70%的氢气，同时由于氢的导热系数较大（该系数约为 41），此时氢气就可以吸收大量的热，并且将热量传导至油中，而直接将触头冷却，从而达到了灭弧的目的。

4. 填 充

由于变压器油能充填在绝缘材料的空隙中，所以可以起到保护铁心和线圈组件的作用，同时可将易于氧化的纤维素和其他材料所吸收的氧含量减少到最低限度。也就是说，油会使混入设备中的氧首先起氧化作用，从而延缓了氧对绝缘材料的侵蚀。

“小桥理论”是研究工程变压器油发生火花放电（即击穿）过程中的一种理论，击穿的核心理论是由于杂质或气泡的影响。由于杂质的介电常数ε为变压器油的 30～40 倍（水的$\varepsilon=81$，变压器油的$\varepsilon=3.2$），液体中的杂质在电场力的作用下极化，在电场方向定向排列，并逐渐沿电力线方向排列成杂质的“小桥”，水分及纤维等的电导率γ大，引起泄漏电流增大、发热增多，促使水分汽化、气泡扩大，液体电介质最后在气体通道中发生击穿，所以火花放电可以在较低电压下发生。例如，纯净的变压器油耐压强度为 35 kV，若受潮后，则可能在低于 20 kV 下放电击穿，引起绝缘性能下降。

绝缘油在热和电的作用下，能分解出氢、一氧化碳、二氧化碳以及多种小分子烃类气体，充油设备内部故障的类型及其严重程度与这些气体组分及产气速率有着密切关系。目前利用这一关系监视充油设备的运行状况，判断充油设备内部故障，已成为电力系统对充油设备进行技术监督，保证电网安全运行不可缺少的手段。

以油浸变压器为例，变压器油大大提高了电气绝缘强度，缩短了绝缘距离，减小了设备的体积，提高了变压器的有效热传递和散热效果，提高了导线中允许的电流密度，减轻了设备重量。它是将运行变压器器身的热量通过变压器油的热循环，传递到变压器外壳和散热器进行散热，从而提高了有效的冷却降温水平。由于油浸密封而降低了变压器内部某些零部件和组件的氧化程度，延长了使用寿命。根据变压器使用周期，也需要制订相应的试验计划对变压器油进行在线监测和离线试验，在线监测以变压器色谱在线监测为主，离线试验其中一项重要试验就是绝缘油介质强度耐压试验。

※※具体测试方法见《高压设备测试实训指导书》试验九　绝缘油耐压测试。

二、影响液体绝缘介质的因素

纯净液体的击穿主要是碰撞电离击穿和气泡击穿，因而密度大的液体击穿强度较高；升温使密度减小，击穿强度降低；减薄油层可提高击穿强度；随着电压作用时间的减少与环境压力的提高，击穿电压提高。工程液体绝缘材料因含气、水和杂质，在电场作用下易形成跨越电极间的气泡（气桥）、水泡（水桥）、杂质（杂质桥），从而使击穿电压降低。祛气、脱水、滤除杂质可以提高绝缘油的击穿场强。

绝缘油水中微量水分是影响绝缘特性的重要因素之一。绝缘油中微量水分的存在，对绝缘介质的电气性能和理化性能都有极大的危害，水分可导致绝缘油的火花放电电压降低，介质损耗因数 $\tan\delta$ 增大，促进绝缘油老化，使绝缘性能劣化，损坏电力设备，导致运行安全与人身安全。

由于电力设备设计、制造、质量和运行诸多方面的原因，液体绝缘性能会受到以下影响。

1. 杂　质

杂质包括水分、纤维、微生物、金属粉尘微粒等。有微量水在变压器油中，就会使油的击穿电压大幅下降。当油中含水量达十万分之几时，就会对击穿电压有明显的影响。

高压电气设备中油长期在高温、电磁场作用下，极易产生化学复分解反应，在油中生成新的化学成分，使油老化。油产生劣化的因素很多，其中最主要是空气的影响。空气中含有水分、杂质、微生物等，在与油接触中，这些杂质均可进入油中；尤其是空气中的氧气是变压器油被氧化时氧的主要来源之一。油被氧化生成烃的各种氧化物和过氧化物，此外，还有醇、醛、酮、醚、丙酯及深度氧化的聚合物，这些氧化物具有酸性特征，统称为有机酸类。油中有了水分和有机酸后，进一步使油的理化性能变劣，电气性能变坏，在油中铜、铁等金属的催化作用下，使油产生大量沉淀。试验表明，氧化后的油更易于吸潮，而受潮后油的劣化速度更快。在热、氧、水分、触媒以及电场作用下，如果发生油的颜色变深、黏度增大、酸值变大、闪点降低、电气性能下降、界面张力减小，甚至生成褐黑色沉淀物，则认为此油已经老化。当变压器油老化时，不溶于油的杂质沉淀于固体绝缘物上，导致绝缘性能下降。目前判断油是否老化主要从油的界面张力、酸值和介质损耗因数三方面检验。颜色很暗的油说明已氧化，油泥即将形成。酸味较重说明存在低分子量的酸比例较高，它可能腐蚀油面上部的箱壁，特别是油中含有水分时更甚。

环境因素对绝缘内部造成的老化主要是使其受潮。绝缘受潮后其绝缘电阻和介质损耗将增大。从而有可能引起热击穿。由于水分是强极性液体，绝缘受潮后其介电常数也将增加。如果材料受潮不均匀，将引起电场分布的变化，从而降低其耐电强度。绝缘油只要轻微受潮，例如每吨油中只需含有几十克水分，浸油绝缘的短时耐电强度就将显著降低。如图 2-13 所示为水对绝缘油的绝缘性能影响，如图 2-14 所示为绝缘油微量水分测定仪。

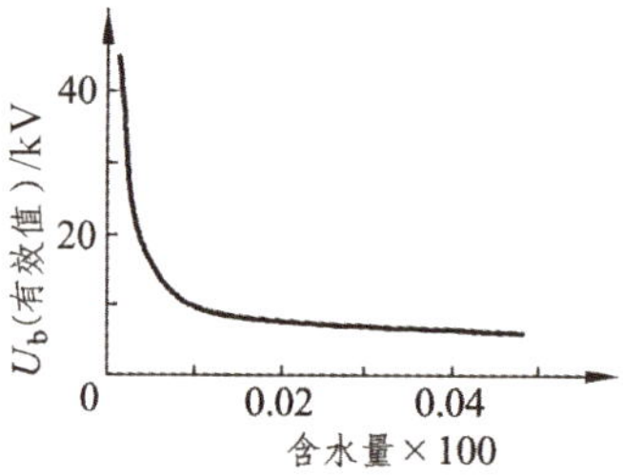

图 2-13　水对绝缘油的绝缘性能影响

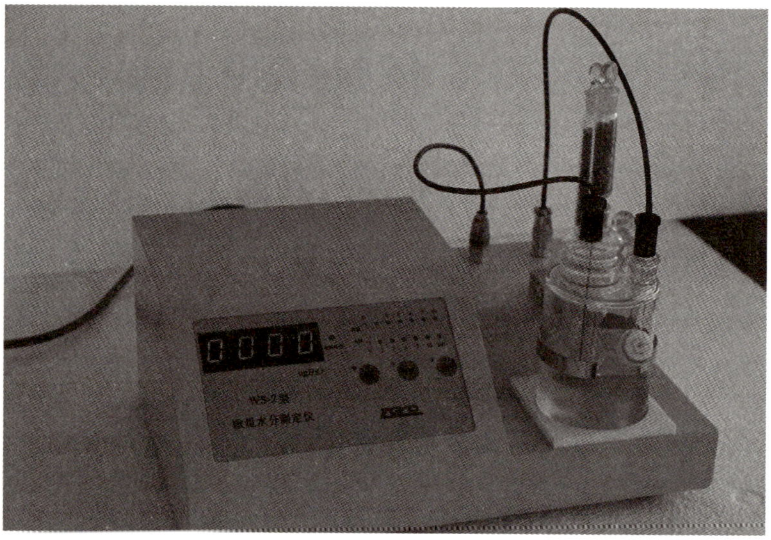

图 2-14　绝缘油微量水分测定仪

绝缘受潮后原则上是可逆的，即通过干燥而恢复其性能。

水分能通过各种途径影响氧化，它能提高金属的催化活性，使油加速氧化并生成大量的沉淀物。据测定，有游离水时在不太长时间内所析出的沉淀物数量相当于干燥油 8 年所析出的数量。含水量较大的油老化速度一般是含水量小的油的几倍。变压器油中的金属是对过滤性金属粉尘微粒而言。此种形态的金属在油中呈悬浮状态，难以从油中分离出来。在油的各项常规指标检测中，对油中的金属含量反应并不灵敏，在高压电气产品制造、试验中也难以发现油中的金属含量。因此，油中金属粉尘微粒构成了对油的潜伏性污染。

微量的油泥和各种形式的杂质也起着不同程度的催化作用。油的某些氧化物对油的进一步氧化来说也是催化剂，所以应避免不同氧化程度的油混合。混合时，严重氧化的油可能有些改善，但是这种好处远远补偿不了轻度氧化油寿命的降低。当用新油更换严重污染的油时，必须彻底清洗器身。旧油中通常含有铜和铁的可溶性化合物，一旦它们混在新油中，将对新油的氧化起着强烈的催化作用。

2. 温　度

击穿电压与温度的关系比较复杂，与电场均匀程度、油品、电压类型都有关系。

局部过热和温度升高，将使油裂解为低分子烃，造成油的闪点降低。而局部放电的电弧会使油碳化，使油的绝缘性能变劣。油被空气中的氧氧化，生成醛、酮和有机酸等，使酸值和黏度增加。而日光的照射也加速油的老化。

油的劣化速度还决定于温度，平均温度每升高 10 °C，油的劣化速度就增加 2 倍。另外，油的烃类组成成分对油的劣化速度也有关系，因为油是多种烃类化合物，而各种烃类的抗氧化能力也是各不相同的，特别是一些油中杂质，对油的劣化也起着一定的影响。油氧化的起始温度是 60 ~ 70 °C。在此温度以下，油几乎很少发生任何变质。当温度达到 120 °C 时，氧化较剧烈，温度达 160 °C 时，氧化最剧烈。鉴定油的劣化，可用安定度（能否经受高温氧化及时间考验，反映抗氧化能力）、界面张力和介质损耗因数，分别代表了化学、物理及电气性能。

3. 电压作用时间

电压作用时间越长，击穿电压越低，会使击穿更容易。

4. 压　力

压力越大，液体中气泡的电离电压增高，气体在油中的溶解度增大，击穿电压也增大。

5. 电场均匀程度

液体电介质击穿电压的分散性和电场的均匀程度有关，电场不均匀程度越大，击穿电压的分散性越小。工频击穿电压的分散性在极不均匀电场不超过 5%，在均匀电场往往达到 30% ~ 40%。

三、提高液体绝缘介质绝缘性能措施

1. 提高油的品质

采用过滤、脱气、干燥等方法消除液体中的杂质，这个方法能有效消除“杂质小桥”的形成，从而提高击穿电压。

2. 覆盖层

当油品较差，电场均匀、电压长时间作用时，使用覆盖层效果较好。例如，变压器中常利用薄的绝缘纸包裹高压引线和绕组导线，从而提高绝缘耐压水平，减少放电。

3. 绝缘层

这个方法适用于不均匀电场，例如变压器中常利用厚的绝缘层包裹金属高压引线和屏蔽环，提高绝缘耐压水平。这个是由于固体介质的介电常数大于液体绝缘介质，从而减少电极附近的电场强度，防止电极局部放电。

4. 屏　障

这个方法适用于均匀电场和不均匀电场中电压作用时间较长的情况，例如，在变

压器中利用多个绝缘板做成圆筒、圆环状，置于铁心和绕组、高低压绕组间，将一个油隙分隔成多个油隙，从而提高击穿电压。其原因在于固体绝缘板阻隔杂质形成小桥，改善电场分布。如图 2-15 所示为圆筒绝缘板。

图 2-15　圆筒绝缘板

四、液体绝缘介质劣化及处理

介质损耗 tanδ、黏度、凝点和酸价等是绝缘油的主要性质指标，正常情况下绝缘油的氧化过程进行得很缓慢，具有稳定优良的绝缘性能和导热性能。如果维护得当甚至使用 20 年还可保持应有的质量而不老化，但混入油中的金属、杂质、气体等会加速氧化，使油质变坏，颜色变深，油的性质劣化。

1. 劣化的原因

变压器油劣化的原因主要是杂质的存在。变压器油质变坏，按轻重程度可分为污染和劣化两个阶段。污染是油中混入水分和杂质，这些不是油氧化的产物，污染油的绝缘性能会变坏，击穿电场强度降低，介质损失角增大。劣化是油氧化后的结果，当然这种氧化并不仅指纯净油中烃类的氧化，而是存在于油中杂质将加速氧化过程，特别是铜、铁、铝金属粉屑等。氧来源于变压器内的空气，即使在全密封的变压器内部仍有容积为 0.25%左右的氧存在，氧的溶解度较高，因此在油中溶解的气体中占有较高的比率。

变压器油氧化时，作为催化剂的水分及加速剂的热量，使变压器油生成油泥，其影响主要表现在：在电场的作用下沉淀物粒子大；杂质沉淀集中在电场最强的区域，对变压器的绝缘形成导电的“桥”；沉淀物并不均匀而是形成分离的细长条，同时可能按电力线方向排列，这样无疑妨碍了散热，加速了绝缘材料老化，并导致绝缘电阻降低和绝缘水平下降。

2. 劣化过程

油在劣化过程中主要阶段的生成物有过氧化物、酸类、醇类、酮类和油泥。早期劣化阶段，油中生成的过氧化物与绝缘纤维材料反应生成氧化纤维素，使绝缘纤维机械强度变差，造成脆化和绝缘收缩。生成的酸类是一种黏液状的脂肪酸，尽管腐蚀性没有矿物酸那么强，但其增长速率及对有机绝缘材料的影响是很大的。

后期劣化阶段，当酸侵蚀铜、铁、绝缘漆等材料时，反应生成油泥，是一种黏稠而类似沥青的聚合型导电物质，它能适度溶解于油中，在电场的作用下生成速度很快，黏附在绝缘材料或变压器箱壳边缘，沉积在油管及冷却器散热片等处，使变压器工作温度升高，耐电强度下降。

3. 变压器油质分析、判断及维护处理

纯净的变压器油的耐压强度：高压电压为 35 kV 以下试验值不低于 25 kV，高压电压为 35 kV 及以上试验值不小于 35 kV。油中只混有水分和杂质，这种污染情况并不改变油的基本性质。对于水分可用干燥的办法加以排除；对于杂质可用过滤的办法加以清除；油中的空气可通过抽真空的办法加以排除。绝缘油变质，对绝缘油进行再生处理，可以消除油变质的产物。绝缘油进水受潮，在电场的作用下易电离分解，而增加了绝缘油的电导电流，微量的水分可使绝缘油介质损耗显著增加。通过测试绝缘油的微水，判断是否受潮缺陷。对绝缘油进行压力式真空滤油，可消除水分。

变压器油真空滤油机可用于油浸变压器、油浸互感器及少油断路器等进行现场真空注油、补油、滤油、热油循环干燥等，对变质的变压器油进行再生净化，使其性能达到合格油标准。如图 2-16 所示为变压器油真空滤油机。

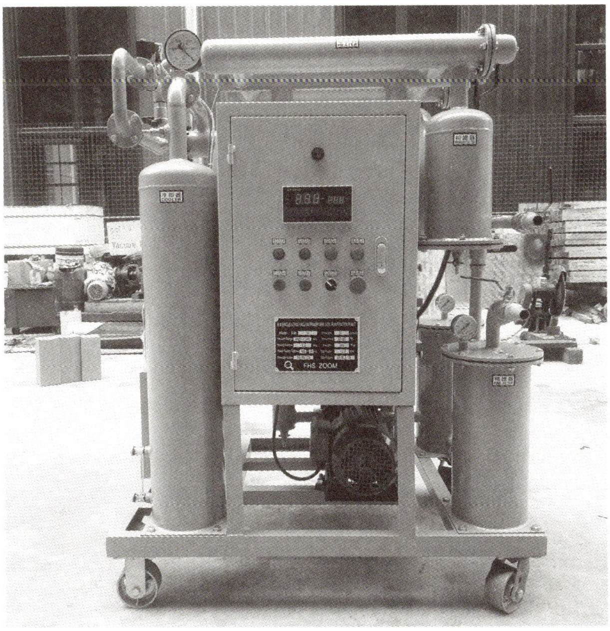

图 2-16　变压器油真空滤油机

配套数字资源

视频 2.3.1　绝缘油耐压试验

复习与思考

1. 请说明变压器油主要的四大功能。
2. 提高液体击穿电压有哪些措施？
3. 变压器取油样进行油色谱分析时，应取油枕上方油还是变压器器身底部油进行试验？

第四节　固体电介质绝缘及应用

电力设备中由绝缘材料组成的绝缘系统，是设备正常工作和运行的基本条件，其使用寿命是由绝缘材料寿命所决定的。

实践证明，大多电力设备的损坏和故障都是因绝缘系统的损坏而造成。据统计，因各种类型的绝缘故障形成的事故占全部事故的 85%以上。对正常运行及注意进行维修管理的设备，其绝缘材料具有很长的使用寿命。以油浸变压器为例，主要的绝缘材料是绝缘油及固体绝缘材料绝缘纸、纸板和木块等。所谓变压器绝缘的老化，就是这些材料受环境因素的影响发生分解，降低或丧失了绝缘强度。

绝缘材料是用以隔绝不同导电体的固体。一般还要求固体绝缘材料兼具支撑作用。固体绝缘材料由于密度较高，因而击穿强度也高得多，固体绝缘材料的绝缘电阻、介电常数的变化范围很广泛。

固体纸绝缘包括：绝缘纸、绝缘板、绝缘垫、绝缘卷、绝缘绑扎带等，其主要成分是纤维素。绝缘纸老化后，老化产物大多对电气设备有害，会使绝缘纸的击穿电压和体积电阻率降低、介质损耗增大、抗拉强度下降，甚至腐蚀设备中的金属材料。固体绝缘具有不可逆转的老化特性，其机械和电气强度的老化降低都是不能恢复的。

固体电介质的击穿包括电击穿、热击穿、电化学击穿。

一、固体绝缘材料分类

固体绝缘材料可以分为无机的和有机的两大类。

无机固体绝缘材料主要有粉云母及云母制品，玻璃、玻璃纤维及其制品，以及电瓷、氧化铝膜等。它们耐高温、不易老化，具有相当的机械强度，其中某些材料成本低，在应用中占有一定地位。玻璃的工艺比陶瓷简单，可用以制造。玻璃纤维可制成丝、布、带，具有比有机纤维高得多的耐热性，在绝缘结构向高温发展中起着重要作用。

有机固体绝缘材料：天然的有机如纸、棉布等。这些材料都具有柔顺性，能满足应用工艺要求，又易于获得。有机硅树脂结合大大提高了耐热等级，聚乙烯缩甲醛为漆基制成的漆包线开拓了漆包线的广阔前景，替代了丝包线和纱包线。聚酯薄膜的厚度仅几十个微米，用它代替原来的纸和布，使电机、电器的技术经济指标大为提高。聚芳酰胺纤维纸和聚酯薄膜、聚酰亚胺薄膜连用使电机槽绝缘的耐热等级分别成为 F 级和 H 级。弹性体材料也有类似的发展，例如耐热的硅橡胶、耐油的丁腈橡胶，以及随后的氟橡胶、乙丙橡胶等。

二、变压器固体绝缘材料

油浸式变压器的内绝缘主要采用油纸绝缘结构，常采用的植物纤维纸及其制品包含电缆纸、电话纸、皱纹纸、金属皱纹纸、点胶绝缘纸、绝缘纸板等。

1. 绝缘纸

绝缘纸是油浸式变压器中最常用的绝缘材料，具有透气性、吸水性和吸油性，击穿电场强度、机械强度和耐热性均不高；但干燥浸渍变压器油后，电气性能很好。如图 2-17 所示为绝缘纸。

图 2-17　绝缘纸

绝缘纸具有良好的电气性能、较高的机械强度和较好的热稳定性等特性，使用广泛。良好的电气性能指电导率小，介质损耗低，介电常数越接近变压器油的介电常数。较高的机械强度主要指抗张强度和伸长率，在一定力的作用下不发生变形和破坏。较好的热稳定性指足够的耐热性能、极小的介电损耗、较高的导热系数。

纸的分子结构有羟基，宏观上为多孔结构，极易吸收水分，在正常的大气条件下含水分为 7%～9%，饱含时可达 15%。纸易被干燥，即使在空气中加热也可干燥至含水分仅 0.1%，而在真空中可大大提高干燥速度。由于纸和水的亲和力较油和水的亲和力强，所以一般纸都从油中吸收水分，并且纸吸收水分后不会与油平均分担水分而影响耐电强度、绝缘老化和机械强度。纸纤维有含水的特性，极性的纤维不但易于吸潮（水分使强极性介质），而且当纸纤维吸水时，使氢氧根之间的相互作用力变弱，在纤维结构不稳定的条件下机械强度急剧变坏，因此，纸绝缘部件一般要经过干燥或真空干燥处理和浸油或浸绝缘漆后才能使用，浸漆的目的是使纤维保持润湿，有较高的绝缘和化学稳定性及具有较高的机械强度。同时纸被漆密封后，可减少纸对水分的吸收，阻止材料氧化，填充空隙，以减小可能影响绝缘性能、造成局部放电和电击穿的气泡的因素。

由于变压器绝缘中纤维上承担的工作场强并不高，通常不需要干燥到含 0.1%水分这一危险临界值。实际上，纸的热老化不仅与水分和氧的存在有关，也与其他参数有非常复杂的关系。一般说来，除非纸被油完全浸透，否则纸中都会有空气或其他气体的空隙。空隙所分担的电压比纸高得多，如果空隙发生局部放电，将会使油纸绝缘逐渐腐蚀绝缘而最终导致损坏。

2. 绝缘纸板

绝缘纸板由木质纤维或掺有适量棉纤维的混合纸浆经抄纸、压光而制成，主要有木质纤维和棉纤维 1∶1 压制型和不掺棉纤维的木质纤维型等。在变压器绝缘中，绝缘纸板被广泛用于主绝缘的隔板（纸筒）、线圈间支撑条、垫块、线圈的支撑绝缘和铁轭绝缘。在 100 kV 及以上变压器中用作隔板、角环等的绝缘纸板，厚度有 0.5 mm，1.0 mm，1.5 mm，2.5 mm 和 3 mm，目前已开始采用 4～8 mm 的厚纸板。电缆纸（0.08～0.12 mm 厚）用于导线绝缘、层间绝缘和引线绝缘；电话纸用于出线头和引线绝缘；皱纹纸用于出线头和引线绝缘；绝缘纸板用于绕组间的垫块、隔板、绝缘筒、角环；绝缘成型件直接用纸浆按电场形状制成。如图 2-18 所示为固体绝缘纸板。

图 2-18　固体绝缘纸板

由于绝缘纸和绝缘纸板的介电系数 ε_z 为 4.5 左右，变压器油的介电常数 ε_y 仅为 2.2，而油纸绝缘在交流电压下纸层的场强 E_z 和油层的电场 E_y 按 $E_z : E_y = \varepsilon_y : \varepsilon_z$ 分布，油隙是油纸绝缘的薄弱环节。因此，在木质纤维中适当掺和低介质常数（ε为 2.1 ~ 3.8）组分的合成树脂纤维的纸板，在超高压大容量变压器制造中有良好的应用。同时由于采用纸浆成型的绝缘件稳定性好、强度适中，可以提高绝缘结构的可靠性，国内应用各种由纸浆成型的绝缘件来解决超高压电力变压器绝缘结构的问题。

3. 绝缘纸的性能

油浸式变压器中使用的绝缘纸（纸板）特性：

（1）良好的电气性能，电导率γ小，介质损耗低，介电常数越接近变压器油的介电常数越好。

（2）较高的机械强度，主要是抗张强度和伸长率，在一定力的作用下不发生变形和破坏。

（3）较好的热稳定性，又有足够的耐热性能、极小的介电损耗，较高的导热系数。

干燥的绝缘纸绝缘特性好，机械性能佳，应用广泛，相对介电常数约为 3.74。变压器油作为主要绝缘介质，也是冷却介质，其相对介电常数约为 2.2。由绝缘纸和变压器油组成的油纸绝缘有非常好的电气性能，在短时间的电压作用下，耐压强度可达 50 ~ 120 kV/mm。

绝缘纸同样会由于在变压器运行过程中受到电、热、机械等多种应力的综合作用而发生老化，导致其电气性能和机械强度逐渐降低。变压器固体绝缘纤维素大分子的老化过程就是纤维素的降解过程，它是由水解、氧化裂解、光化学裂解、热裂解、微生物分解等多种外界因素、多种降解过程综合作用的结果，但起主要作用的是水解、氧化降解和热降解三种降解方式。

三、影响固体绝缘性能的主要因素

影响固体绝缘性能的主要因素有：温度、湿度、过电压影响等。

1. 温度的影响

电力变压器为油、纸绝缘，在不同温度下油、纸中含水量有着不同的平衡关系曲线。一般情况下，温度升高，纸内水分要向油中析出；反之，则纸要吸收油中水分。因此，当温度较高时，变压器内绝缘油的微水含量较大；反之，微水含量就小。

国际电工委员会（IEC）认为 A 级绝缘的变压器在 80 ~ 140 °C 温度范围内，温度每增加 6 °C，变压器绝缘有效寿命降低的速度就会增加 1 倍，这就是 6 °C 法则。变压器的寿命取决于绝缘的老化程度，而绝缘的老化又取决于运行的温度。如油浸变压器在额定负载下，绕组平均温升为 65 °C，最热点温升为 78 °C，若平均环境温度为 20 °C，则最热点温度为 98 °C；在这个温度下，变压器可运行 20 ~ 30 年，若变压器超载运行，温度升高，促使寿命缩短。

2. 湿度的影响

水分的存在将加速纸纤维素降解，因此，CO 和 CO_2 的产生与纤维素材料的含水量也有关。当湿度一定时，含水量越高，分解出的 CO_2 越多；反之，含水量越低，分解出的 CO 就越多。

绝缘油中的微量水分是影响绝缘特性的重要因素之一。绝缘油中微量水分的存在，对绝缘介质的电气性能与理化性能都有极大的危害，水分可导致绝缘油的火花放电电压降低，介质损耗因数 $\tan\delta$ 增大，促进绝缘油老化，绝缘性能劣化。而设备受潮，不仅导致电力设备的运行可靠性和寿命降低，更可能导致设备损坏甚至危及人身安全。

3. 过电压的影响

对于运行中的暂态过电压，例如变压器正常运行产生的相、地间电压是相间电压的 58%，但发生单相故障时主绝缘的电压对中性点接地系统将增加 30%，对中性点不接地系统将增加 73%，因而可能损伤固体绝缘。

雷电过电压的影响在于雷电过电压由于波头陡，引起纵绝缘（匝间、并间、绝缘）上电压分布很不均匀，可能在绝缘上留下放电痕迹，从而使固体绝缘受到破坏。

操作过电压的影响在于操作过电压的波头相当平缓，所以电压分布近似线性，操作过电压波由一个绕组转移到另一个绕组上时，约与这两个绕组间的匝数成正比，从而容易造成主绝缘或相间绝缘的劣化和损坏。

4. 短路电动力的影响

出口短路时的电动力可能会使变压器绕组变形、引线移位，从而改变了原有的绝缘距离，使绝缘发热，加速老化或受到损伤造成放电、拉弧及短路故障。

判断固体绝缘性能可以设法取样测量纸或纸板的聚合度，或利用高效液相色谱分析技术测量油中糠醛含量，以便分析变压器内部存在故障时，是否涉及固体绝缘或是否存在引起线圈绝缘局部老化的低温过热，或判断固体绝缘的老化程度。对纸纤维绝缘材料在运行及维护中，应注意控制变压器额定负荷，要求运行环境空气流通、散热条件好，防止变压器温升超标和箱体缺油。还要防止油质污染、劣化等造成纤维的加速老化，而损害变压器的绝缘性能、使用寿命和安全运行。

绝缘材料的研制和开发的水平是影响制约高压绝缘技术发展的关键之一。从今后趋势来看，发展耐高压、耐热绝缘、耐冲击的复合绝缘是研发重点发展。

四、提高固体电介质绝缘措施

1. 改进绝缘设计

均匀电场的平均击穿场强比极不均匀电场间隙的要高得多。电场分布越均匀，平均击穿场强越高。因此，改善电场均匀分布，改进电极形状，增大电极曲率半径，电极表面应尽量避免毛刺、棱角等，以消除电场局部增强的现象，从而提高绝缘水平。

2. 改进制造工艺

绝缘材料制造过程中，为清除气泡、水分等，采用干燥、浸渍等工艺技术。采用更高等级的绝缘材料，可以提高固体材料绝缘水平。例如，绝缘子用复合绝缘取代陶瓷材料，大大提高避雷器和绝缘子绝缘耐压水平。氧化锌避雷器采用氧化锌压敏电阻材料取代阀型避雷器的阀片电阻，通流能力提高 4 倍以上。氧化锌避雷器在制造工艺上采取无间隙，比有间隙的阀型避雷器更能防潮。HY 型复合氧化锌避雷器采用老化性能好、气密性好的优质复合外套，采用控制密封圈压缩量和增涂密封胶等措施，陶瓷外套作为密封材料，确保密封可靠，使避雷器的性能稳定，同时无间隙氧化锌避雷器具有较高的耐污秽性能。HY 型复合氧化锌避雷器内部采用特殊结构，用先进工艺方法装配而成，具有硅橡胶材料和氧化锌电阻片的双重优点；除具有瓷外套氧化锌避雷器的所有优点外，还具有绝缘性能好、高的耐污秽性能、良好的防爆性能以及体积小、重量轻、平时不需维护、不易破损、密封可靠、耐老化性能优良等优点。如图 2-19 所示为 10 kV 氧化锌避雷器 HY5WS-17/50。

图 2-19　10 kV 氧化锌避雷器 HY5WS-17/50

3. 改善运行条件

在高压设备运行中，要注意防潮、防污、散热、防腐、机械损伤等，加强散热冷却，例如变压器排风散热。如图 2-20 所示为变压器强排风扇。

图 2-20　变压器强排风扇

4. 定期清扫

在输电线路长期运行的过程中，绝缘子表面会附着一层杂质，这会使对绝缘性能下降，因此需要对其进行清扫工作。将绝缘子表面的杂质清除掉，可以采用干布擦拭或大电阻率的绝缘水带电冲洗等措施；也可以采用防污型绝缘子或疏水性好的硅橡胶绝缘子，双裙边爬距可以有效增加绝缘子外绝缘的爬电距离与绝缘子最高工作电压有效值之比。如图 2-21 所示为绝缘子手工清扫作业，如图 2-22 所示为现场隔离开关水冲洗。

图 2-21　绝缘子手工清扫作业

图 2-22　现场隔离开关水冲洗

配套数字资源

视频 2.4.1　绝缘子污闪放电引致高铁事故

复习与思考

1. 提高固体击穿电压有哪些措施？
2. 绝缘纸板容易受哪些因素影响？

第五节　组合绝缘及应用

对高压电气设备绝缘的要求是多方面的，除了必须有优异的电气性能外，还要求有良好的热性能、机械性能及其他物理-化学性能，单一品质电介质往往难以同时满足这些要求，所以实际绝缘一般采用多种电介质的组合。例如变压器的外绝缘由套管的外瓷套和周围的空气组成，而其内绝缘更是由纸、布、胶木筒、聚合物、变压器油等固体和液体介质联合组成。

一、组合绝缘的形式

组合绝缘常见形式是多种介质构成的层叠绝缘。理想情况下，组合绝缘中各层绝缘承受的电场强度与其电气强度成正比。在直流电压下，各层绝缘分担的电压与其绝缘电阻成正比，亦即各层中的电场强度与其电导率γ成反比。在工频交流和冲击电压下，各层所承担的电压和各层电容成反比，亦即各层中的电场强度与其介电常数成反比。主绝缘以油屏障绝缘和油浸纸绝缘最为常用。每一种绝缘结构，都由纯油间隙、屏障、绝缘层三种成分组成。所以，以变压器的主绝缘结构为例，组合绝缘有三种形式：

1. 覆　盖

覆盖是指将漆布、电缆纸等在电极上加一薄层，紧紧包在小曲率半径电极上的薄固体绝缘层，厚度小于 1 mm，可以阻止杂质小桥将两极短接，能显著提高油隙的工频击穿电压，并减小其分散性，加覆盖层后可使工频耐受电压提高较多，特别是在均匀电场中，可提高 70% ~ 100%；但对极不均匀电场，提高很少，且对冲击电压的提高效果很小。

2. 绝缘层

当覆盖的厚度增大到能分担一定的电压，即成为绝缘层，一般为数毫米到数十毫米，它能降低最大电场强度，提高油隙的工频击穿电压和冲击击穿电压。

用电缆纸、皱纹纸、白纱带、漆布等在导体上包裹，可包几毫米至十几毫米，承受一定比例的工作电压，降低了油中电场强度，对耐受工频和冲击电压的提高有显著作用。特别是曲率半径较小的导体，电场极不均匀，包绝缘后，可显著提高击穿电压，所以引出线及绕组的始末端通过包扎来加强绝缘。但在均匀的电场中，不宜采用，因为油的介电常数为 2.2 ~ 2.4，纸板的介电常数为 3.6。而介电常数指的是此物质组成电容器后电容值的系数，即由油、纸组成的串联电路中，油所产生的电容值比纸板小，而交流电压的分配与电容值成反比，故油中的电场强度比原来增高，耐压反而减小了。

3. 屏　障

放置层压纸板或层压布板做屏障。在极不均匀电场中采用屏障可使油隙的工频击穿电压提高到无屏障时的 2 倍或更高。油隙中加隔板可阻止杂质形成“小桥”，又因隔板间会积聚自由电子，形成附加电场，使原来电场变得均匀。隔板放置得合适，可使油隙击穿电压提高到 2 ~ 2.5 倍。但对均匀电场放置隔板，效果很小，只能提高 25%左右。

二、“油-屏障”式绝缘

油浸电力变压器主绝缘采用的是“油-屏障”式绝缘结构，在这种组合绝缘中以变压器油作为主要的电介质，在油隙中放置若干个屏障是为了改善油隙中的电场分布和阻止贯通性杂质小桥的形成。该方式一般能将电气强度提高 30%～50%。在油浸式变压器中，主绝缘通常指绕组之间，绕组对铁心、油箱等接地部分，引线对铁心、油箱以及分接开关对铁心、油箱的绝缘。主绝缘以油纸屏障绝缘结构最为常用。变压器绝缘为油纸组合绝缘，是用变压器油和绝缘纸组成的绝缘。

油浸式变压器的绝缘主要分为外绝缘和内绝缘两大类。外绝缘就是变压器油箱外部的套管上部对地和彼此之间的绝缘，它包括套管本身的外绝缘和套管间及套管对地部分（如储油柜）的空气间隙距离的绝缘。内绝缘是指变压器箱内的各部分绝缘，主要部件是由绝缘纸、绝缘纸板等材料制成，与变压器油配合构成变压器油纸绝缘结构。内绝缘又可分为主绝缘和纵绝缘。如表 2-2 所示为变压器绝缘分类。

表 2-2　变压器绝缘分类

<table>
<tr><th>绝缘类型</th><th>部　件</th><th>绝缘性质</th><th>描　述</th></tr>
<tr><td rowspan="14">内绝缘</td><td rowspan="8">线圈</td><td rowspan="5">主绝缘</td><td>同相绕组之间</td></tr>
<tr><td>异相绕组之间</td></tr>
<tr><td>绕组对油箱</td></tr>
<tr><td>绕组对铁心柱、绕组对旁柱之间</td></tr>
<tr><td>绕组端部对铁轭</td></tr>
<tr><td rowspan="3">纵绝缘</td><td>绕组线匝之间</td></tr>
<tr><td>绕组饼间</td></tr>
<tr><td>绕组层间</td></tr>
<tr><td rowspan="3">引线</td><td rowspan="2">主绝缘</td><td>引线对地</td></tr>
<tr><td>引线对异相线圈</td></tr>
<tr><td>纵绝缘</td><td>一个绕组的不同引线之间</td></tr>
<tr><td rowspan="3">开关</td><td rowspan="2">主绝缘</td><td>开关对地</td></tr>
<tr><td>开关上不同绕组引线触头之间</td></tr>
<tr><td>纵绝缘</td><td>同相绕组不同引线触头之间</td></tr>
<tr><td rowspan="2">外绝缘</td><td rowspan="2">套管</td><td colspan="2">同相绕组之间</td></tr>
<tr><td colspan="2">异相绕组之间</td></tr>
</table>

四、油纸绝缘

电气设备中使用的绝缘纸（包括纸板）纤维间含有大量的空隙，因而干纸的电气强度不高，用绝缘油浸渍后，整体绝缘性能可大大提高。例如油浸式变压器，绝缘油和绝缘纸组成的复合绝缘构成了油浸式变压器的绝缘系统，变压器的使用寿命主要由绝缘材料的绝缘强度决定。电力作用引起绝缘劣化，机械力或热应力作用或者和电场的相互作用，最终也会发展为绝缘性故障，所以绝缘性能的劣化是导致电气设备失效的主要原因，电气设备的多数故障是绝缘性故障。

在油浸式电力变压器中，变压器的绝缘形式主要采用油纸绝缘结构，即利用绝缘油浸渍绝缘纸，消除绝缘纸纤维空隙所产生的气隙，提高其绝缘的电气强度。变压器的纵绝缘是指同一绕组的匝间、层间及静电屏之间的绝缘。在绕组的同一层或同一线屏内，匝与匝之间又有匝绝缘。匝间绝缘可由绝缘漆或有包绕的绝缘纸构成，不同电压等级和取的磁通密度不同，匝压不一样，其匝间绝缘的厚度也不相同。层间绝缘是指相邻层之间或线饼与相邻线饼之间的绝缘，此绝缘有时兼作油道，另外分接开关同相邻各部分之间也属纵绝缘。

变压器油与绝缘纸相结合构成的油纸绝缘结构具有很高的耐电强度，比两者分开单独的（油和纸）任何一种材料都要高很多。由于油的绝缘强度和介电系数低于纤维纸，油承受较大的电场强度，因此，用纸把油分成一定数量的小油隙，既可以消除油中纤维杂质的积累而不易形成“小桥”，又可以使电场均匀，提高绝缘的电气强度。

油纸绝缘的最大缺点是易受污染（包括受潮）。因为纤维素是多孔性的极性介质，很易吸收水分。即使经过细致的真空干燥、浸渍处理并浸在油中，它仍将逐渐吸潮和劣化。只要含百分之几的杂质，影响就相当严重。因此，在工艺过程中要尽可能地获得较纯净的油和纸，并据此选择合适的工作场强，才能保证变压器绝缘结构的可靠性。

五、组合绝缘应用

“油-屏障”式绝缘是以液体介质为主体的组合绝缘，采用覆盖、绝缘层和屏障都是为了提高油隙的电气强度。油纸绝缘是以固体介质为主体的组合绝缘，液体介质只是用作充填空隙的浸渍剂，因此这种组合绝缘的击穿场强很高，但散热条件较差。绝缘纸和绝缘油的配合互补，使油纸组合绝缘的击穿场强可达 500 ~ 600 kV/cm，大大超过了各组成成分的电气强度（油的击穿场强约为 200 kV/cm，而干纸只有 100 ~ 150 kV/cm）。各种各样的油纸绝缘目前广泛应用于电缆、电容器、电容式套管等电力设备中。

复习与思考

1. 请举例说明有哪些采用组合绝缘的设备。
2. 油浸式变压器的绝缘主要有哪几大类？

项目资讯单

高压设备绝缘材料特性

<table>
<tr><td colspan="2">项目内容</td><td colspan="3">高压设备绝缘材料特性</td></tr>
<tr><td colspan="2">学习方式</td><td>通过教科书、图书馆、专业期刊、上网查询问题；分组讨论或咨询老师</td><td>学时</td><td>18</td></tr>
<tr><td colspan="2">资讯要求</td><td colspan="3">书面作业形式完成，在网络课程中提交</td></tr>
<tr><td rowspan="25">资讯问题</td><td>序号</td><td colspan="3">资讯点</td></tr>
<tr><td>1</td><td colspan="3">气、液、固体绝缘材料有哪些？各有什么用途？</td></tr>
<tr><td>2</td><td colspan="3">研究介质绝缘对于高压绝缘有何作用？</td></tr>
<tr><td>3</td><td colspan="3">电介质损耗形式有哪几种？介质损耗角正切值 $\tan\delta$ 工程上有何应用意义？</td></tr>
<tr><td>4</td><td colspan="3">常用绝缘材料等级与温度是如何对应的？请举出工程上绝缘材料的选择和温度控制要求之间的关系。</td></tr>
<tr><td>5</td><td colspan="3">绝缘材料的老化和劣化有何不同？</td></tr>
<tr><td>6</td><td colspan="3">影响绝缘材料性能的指标有哪些？</td></tr>
<tr><td>7</td><td colspan="3">SF_6 气体的电负性对绝缘特性有何影响？</td></tr>
<tr><td>8</td><td colspan="3">什么是伏秒特性？在工程上有何作用？</td></tr>
<tr><td>9</td><td colspan="3">断路器的灭弧方法有哪几种？</td></tr>
<tr><td>10</td><td colspan="3">为什么拉开交流电弧比拉开直流电弧容易熄灭？</td></tr>
<tr><td>11</td><td colspan="3">提高气隙击穿电压的措施有哪些？</td></tr>
<tr><td>12</td><td colspan="3">变压器油有哪些功能？影响液体绝缘介质的因素是什么？</td></tr>
<tr><td>13</td><td colspan="3">提高液体绝缘介质绝缘性能措施有哪些？</td></tr>
<tr><td>14</td><td colspan="3">固体纸绝缘有哪些？与气体、液体材料在绝缘特性上有何不同？</td></tr>
<tr><td>15</td><td colspan="3">绝缘纸在工程上有哪些应用？</td></tr>
<tr><td>16</td><td colspan="3">影响固体绝缘故障的主要因素有哪些？</td></tr>
<tr><td>17</td><td colspan="3">组合绝缘有哪几种形式？</td></tr>
<tr><td>18</td><td colspan="3">变压器绝缘分类有哪些？</td></tr>
<tr><td>19</td><td colspan="3">变压器结构是由哪几部分组成？其绝缘方面是如何考虑的？有什么分类方式？</td></tr>
<tr><td>20</td><td colspan="3">变压器油是如何循环的？油温控制在多少度？其耐受电压等级与什么相关？</td></tr>
<tr><td>21</td><td colspan="3">变压器的绝缘可分为哪几类？变压器的冷却方式有哪几种？</td></tr>
<tr><td>22</td><td colspan="3">什么是分级绝缘？分级绝缘的变压器运行中要注意什么？</td></tr>
<tr><td>23</td><td colspan="3">什么是变压器全绝缘结构？在什么情况下变压器需要采用全绝缘材料？</td></tr>
<tr><td>24</td><td colspan="3">在电场中增加屏障有什么作用？与屏障位置和电场有什么关系？</td></tr>
<tr><td colspan="2">资讯引导</td><td colspan="3">以上问题可以在本教程的学习信息、精品网站、教学资源网站、互联网、专业资料库等处查询学习</td></tr>
</table>

项目考核单

一、单项选择题（在每小题中，只有一项符合题目要求，把所选选项的序号填在题中的括号内）

1. 在电介质上施加直流电压后，由电介质的电导所决定的电流就是（　　）。

A. 泄漏电流　　B. 电容电流　　C. 吸收电流

2. 在间隙距离不变的条件下，均匀电场的击穿电压（　　）不均匀电场的击穿电压。

A. 大于　　B. 等于　　C. 小于

3. 在不均匀电场中，电晕起始电压（　　）击穿电压。

A. 高于　　B. 等于　　C. 低于

4. 在电场极不均匀的空气间隙中加入屏障后，在一定条件下，可以显著提高间隙的击穿电压，这是因为屏障在间隙中起了（　　）。

A. 分担电压的作用　　B. 改善电场分布的作用

C. 加强绝缘的作用

5. 在均匀电场及稍不均匀电场中，设置屏障（　　）提高气体间隙的击穿电压。

A. 不能　　B. 能　　C. 能显著

二、判断题（正确的在题后的括号内打“√”，错误的打“×”）

1. SF_6 气体具有很强的负电性，容易和电子结合形成负离子，从而加速放电的形成和发展。（　　）

2. 采用压缩气体可以提高气体间隙的击穿电压。（　　）

3. 绝缘油的击穿电压与油中是否含水和杂质有关，而与电极的形状无关。（　　）

4. 在交流电压下，两种不同介电系数的绝缘介质串联使用时，介电系数大的介质上承受的电压高。（　　）

5. SF_6气体绝缘的负极性击穿电压较正极性击穿电压低。（　　）

三、填空题

1. 由极性分子组成的电介质称为__________电介质；由非极性分子组成的电介质称为__________电介质。

2. 电介质损耗形式最基本的形式有__________、__________和__________三种。

3. 电力设备中用的绝缘油一般为矿物油。在绝缘性能方面，具有__________等特性。

4. 泄漏电流是由介质中的离子或电子的移动形成的，它的大小与__________有关。温度越高，则泄漏电流越__________，所以绝缘电阻具有__________的温度系数。

5. 电气设备吸收电流的大小及随时间的变化，与电气设备的绝缘__________、介质的种类以及__________等有关。

6. 介质的绝缘电阻随温度升高而__________________，金属材料的电阻随温度升高而__________________。

7. 高压设备绝缘能否安全可靠地运行，起主要作用的是其____________的能力，设备绝缘受电压能力的大小称为__________________。电气设备的绝缘水平应保证绝缘在____________的持续作用下或_______________的短时作用下都能安全运行。

8. 在工作电压的持续作用下，绝缘会产生___________过程，最终导致绝缘破坏。所以___________常常是决定绝缘使用寿命的主要条件。

9. 气体与固体的交界面处，常常是绝缘______________的地方。

10. 引起绝缘电击穿的主要原因是作用在电介质上的______________过高。当其超过一定限值时，电介质就会因失去______________而损失。

11. 气体放电过程通常可分为____________放电和____________放电。

12. 绝缘油中的杂质对击穿电压的影响主要决定于__________________。

13. 绝缘油除具有绝缘作用外，还兼有______________和_______________作用。

14. 提高气体击穿电压不外乎两个途径：一是改善________________，使之尽量均匀；二是利用其他方法来削弱气体中的___________________过程。

15. 开关电器中，利用电弧与固体介质接触来加速灭弧的原理主要是_________。

16. 高压断路器按其绝缘介质不同可分为__________、__________、__________和____________。

四、应用分析题

1. 什么是高压开关设备的内绝缘和外绝缘？请举例说明。它的电气强度由什么来决定？它的主要特点是什么？

2. 为什么说 SF_6 气体具有良好的绝缘特性和灭弧性能？

3. 绝缘油中的水分一般以哪三种状态存在？

4. 什么是气体的非自持放电和自持放电？

5. 影响变压器油击穿电压的因素有哪些？

第三章 高电压检测项目

内容导读

设备长时间运行过程中，绝缘性能会下降。在设备出现故障前，通过检测计划，针对绝缘材料特性，通过专项绝缘测试指标，将临界故障点的设备找出来并更换，以防止发生供电故障。本章着重介绍高压设备测试项目的、原理及操作过程，并给出相应的考核量化指标。

知识要点

1. 掌握绝缘电阻及吸收比测量的原理和方法。
2. 掌握泄漏电流测量的原理和方法。
3. 掌握介质损耗角正切值的测量的原理和方法。
4. 掌握局部放电测量的原理和方法。
5. 掌握工频交流耐压试验的原理和方法。
6. 掌握直流耐压试验的原理和方法。
7. 掌握冲击耐压试验的原理和方法。
8. 掌握色谱分析的原理和方法。
9. 掌握微水检测的原理和方法。

电气试验一般可分为出厂试验、交接试验、大修试验和预防性试验。

出厂试验是检查产品设计、制造、工艺的质量，防止不合格品出厂，新产品时应有型式试验。任何电气设备的出厂应附合格的出厂试验报告，以供后续的试验和运行参考。

交接试验主要是电气设备投运前按照《交接规程》和厂家技术标准等来检查产品有无缺陷、运输途中有无损坏、最终判断它能否投入运行并且为预防性试验积累参考数据等。

预防性试验则是电气设备在投运后，按照《预试规程》和厂家相关技术标准在一定的周期来检查运行中的设备有无绝缘缺陷和其他缺陷等。

按照试验的性质和要求，高压试验又分为绝缘试验和特性试验两大类：绝缘试验可分为非破坏性试验和破坏性试验。非破坏性试验即用不损坏设备绝缘的方法来判断缺陷，它有绝缘电阻、吸收比试验和介质损耗因数 $\tan\delta$ 试验、油色谱分析等，能够发现设备绝缘的整体性缺陷，其灵敏性还是有限的，因为电压较低，但目前这类试验仍是一种必要的、有效的手段。而破坏性试验如交流和直流耐压试验，因其电压较高，易于发现设备的集中性缺陷，其缺点是会给设备造成绝缘损伤积累，影响其使用寿命。特性试验主要是对设备的电气和机械方面的特性进行测试，如断路器的分合闸时间参数、断路器的主回路接触电阻、电流电压互感器的变比误差、极性、伏安曲线、发电机变压器的直流电阻等。

一般电气设备的高压试验顺序先进行非破坏性试验、特性试验，最后才进行破坏性试验，以免给设备造成不必要的击穿。如电容式套管和 CT，其末屏很容易受潮，若不处理或者维保不善，就进行高压试验，可能造成其整体性绝缘缺陷；又比如交流电动机的试验，在其绝缘电阻未合格之前绝对不允许进行交流耐压试验，否则就可能把电机击穿。

电气设备的良好绝缘性能与线路的完好无损，是确保试验人员的人身安全和电气设备正常运行的最基本要求。电气设备绝缘性能的好坏，可以通过测量电气设备的绝缘电阻、泄漏电流、介质损耗和耐压强度等来进行判断。下面主要介绍常见的检测理论方面的内容。

第一节　绝缘电阻及吸收比的测量

一、绝缘电阻概述

1. 物理现象

在对绝缘施加直流电压时，流过绝缘介质的电流随着时间的增加而逐渐减小，并逐渐趋于稳定值，如图 3-1 所示。这个电流是三种电流之和，它们分别为位移电流 $I_d(t)$ 、吸收电流 $I_a(t)$ 和泄漏电流 I_r 。

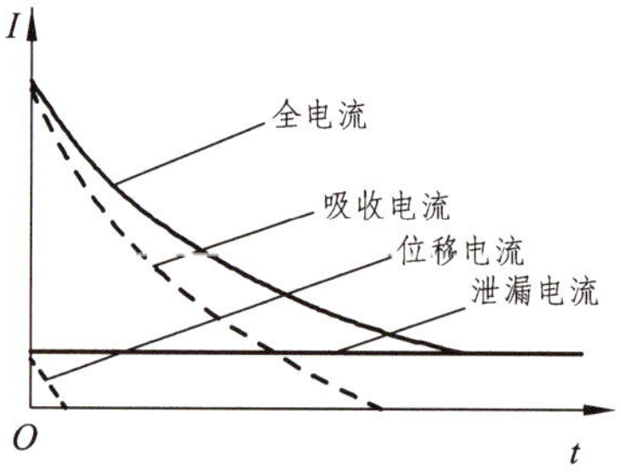

图 3-1　电流与时间特性

（1）位移电流 $I_d(t)$：是在施加电压时，对绝缘介质的电容充电时的电流，一般在极短的时间内衰减。当撤去电压时，流过和充电时相反的放电电流，同样很快衰减。

（2）吸收电流 $I_a(t)$：是绝缘介质在施加电压后，由于介质的极化、偶极子转动等原因而产生的。它是随着时间缓慢衰减的电流。

（3）泄漏电流 I_r：是由于在绝缘介质内部或表面移动的带电粒子产生的传导电流。它一般不随时间的改变而变化。

绝缘电阻由材料分子与杂质分子的离解的离子数决定，它与绝缘中所含杂质的本性有关，也和外界条件有关。一般情况下，油纸绝缘的绝缘电阻随受潮或污染程度加大而下降，随温度上升而下降。在一定条件下，随外加电压的增加而下降，随施加电压时间的加长而上升。充分了解绝缘电阻和这些因素的内在联系，就可以利用测量绝缘电阻在不同试验条件下的变化情况，利用一个重要的非破坏性试验方法，来检测和分析绝缘或某一特定绝缘结构的质量情况。

绝缘电阻、吸收比和极化指数的测量是评价电气设备绝缘质量的方法之一。由于绝缘电阻测试是非破坏性试验，现场使用兆欧表十分方便。电气设备的绝缘电阻测量是设备制造、安装和运检过程中必不可少的预防性试验。如能定期进行测量并长期积累数据及其变化倾向，常能对绝缘状况做出正确的分析判断。

通过绝缘电阻能判断绝缘状况的原理是测量绝缘电阻时，其值是不断变化的，通常所说的绝缘电阻均指吸收电流衰减完毕后的稳态电阻值。受潮时，绝缘电阻显著降低，电导电流显著增大，吸收电流迅速衰减。因此，绝缘电阻能揭示绝缘整体受潮、局部严重受潮、存在贯穿性缺陷等情况，对于某些大型被试品，用“吸收比”、“极化指数”来替代。

变压器的绝缘电阻在某一电压范围内大致为定值，但进一步提高电压时绝缘电阻会下降。当绝缘介质受潮劣化或绝缘介质中存在局部缺陷时，在比较低的电压下，绝缘电阻就呈现较低值。

2. 绝缘电阻

严格地讲，绝缘电阻是外施电压 U 除以全电流 I 后的值。由于电流 I 是随时间变化的量，所以绝缘电阻也是随时而变化的量，只有当时间很长、全电流 I 衰减到泄漏电流 I_r 时绝缘电阻才达到稳定值。这种绝缘电阻随施加电压时间的变化称为介质的吸收现象。绝缘电阻与施加电压时间的关系曲线称为介质吸收曲线。

3. 吸收比、极化指数

由于总的电流 I 是随着时间的增加而逐渐衰减的，因此，试品的绝缘电阻随着时间的增加而逐渐上升，并趋向稳定。在开始时上升较快，以后上升速率逐渐降低。特别是试品的绝缘性能良好时，需要很长的时间才能达到稳定值，且绝缘电阻较高。反之，如果绝缘性能不好，I_r 较大，则很快就可以达到稳定值，且绝缘电阻较低，其电阻随时间变化的曲线斜率可以用来说明绝缘的状态。

“吸收比 K”是同一次试验中，加压 60 s 时的绝缘电阻值与加压 15 s 时的绝缘电阻值之比，即 $K = R_{60}/R_{15}$；“极化指数 PI”指 10 min 与 1 min 绝缘电阻值之比，即在同一次试验中，加压 10 min 时的绝缘电阻值与加压 1 min 时的绝缘电阻值之比。

$$K = R_{60s}/R_{15s} \tag{3-1}$$

$$PI = R_{600s}/R_{60s} \tag{3-2}$$

K 恒大于 1，K 越大表示吸收现象越显著，绝缘性能越好。一般以 $K \geqslant 1.3$ 作为设备绝缘状态良好的标准，但有些变压器的 K 虽大于 1.3，但绝缘电阻 R 值却很低；有些 $K < 1.3$，但 R 值却很高。所以应将 K 值和 R 值结合起来考虑，才能做出比较准确的判断。一般情况下，20 °C 时变压器油纸绝缘的极化指数 PI 不应该小于 1.5。

对极化指数有如下规定：极化指数在常温下不低于 1.5；当 R_{60s} 大于 10 000 MΩ 时，极化指数可不做要求。预试时可不测量极化指数；吸收比不合格时增加测量极化指数，二者之一满足要求即可。《电气装置安装工程电气设备交接试验标准》（GB 50150—2016）中 7.0.9 第 4 条，变压器电压等级为 220 kV 及以上且容量为 120 MVA 及以上时，宜用 5 000 V 兆欧表测量极化指数。测得值与产品出厂值相比应无明显差别，在常温下不小于 1.3；当 R_{60s} 大于 10 000 MΩ时，极化指数可不做考核要求。

一般而言，对于大容量的设备，设备需要相对长的时间，才能测量出绝缘的电流变化情况，所以对于大型变压器、套管等，需要测试 K 和 PI，对于绝缘子、开关、电缆等，主要用绝缘电阻与出厂标准来判断绝缘状况，可不测量 K 和 PI。

二、绝缘电阻测量方法

※※具体测试方法见《高压设备测试实训指导书》试验二 绝缘电阻、吸收比、极化指数测量。

1. 兆欧表的测试原理

兆欧表是用来测量被测设备的绝缘电阻和高值电阻的仪表，有手摇式和数字式两种。手摇式兆欧表简称摇表，由一个手摇发电机、表头和三个接线柱组成；数字式兆欧表通过电池提供直流电，由三个接线柱，即相线端（L 端）、接地端（E 端）、屏蔽端（G 端）组成。如图 3-2 所示为 10 000V 数字式兆欧表外观，如图 3-3 所示为数字式兆欧表结构。

图 3-2　10 000 V 数字式兆欧表外观

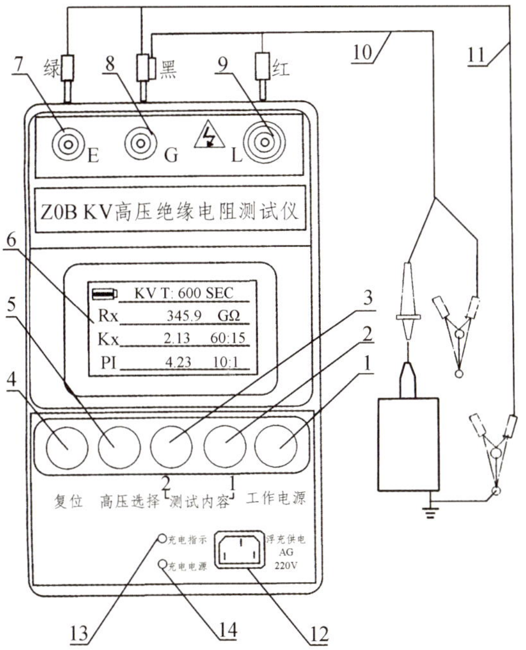

1—工作电源键（绿）；2—测试内容选择键 1（红）；3—测试内容选择键 2（红）；
4—复位键（白）；5—高压选择键（黄）；6—LCD 显示屏；
7—E 端（接地）；8—G 端（屏蔽）；9—L 端（线路）；
10—测试线（带探头）；11—接地线（黑）；12—充电电源插；
13—充电指示灯（绿）；14—充电电源指示灯（红）。

图 3-3　数字式兆欧表结构

兆欧表上的接线端子 E 接被试品的接地端，L 接高压端，G 接屏蔽端。而屏蔽端子 G 的作用是使绝缘表面泄漏电流不要流过线圈，测得的绝缘体积电阻不受绝缘表面状态的影响。

测量绝缘电阻时，一般只用 L 和 E 端，但在测量电缆对地的绝缘电阻或被测设备的泄漏电流较严重时，需要使用 G 端，将 G 端接屏蔽层或外壳。如图 3-4 所示为测量绝缘电阻时 G 端和屏蔽环的接线。

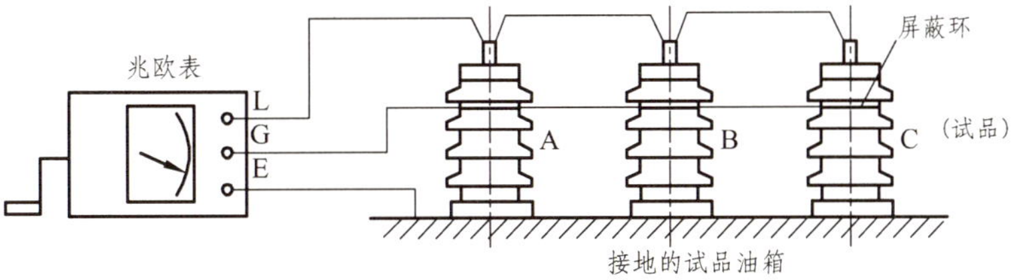

图 3-4　测量绝缘电阻时 G 端和屏蔽环的接线

线路接好后，机械式的摇表按顺时针方向转动摇把，转速为 120 r/min 左右时，保持匀速转动，1 min 后读数，并且要边摇边读数，不能停下来读数。对于数字式兆欧表，选择好量程和测试内容（吸收比或极化指数）后，只需要按测量键，仪器就会自动加压测量，并自动测量出吸收比 K 和极化指数 PI 值。测量结束，要先放电，再拆线。

2. 电压等级的选择

绝缘电阻测试仪（兆欧表）的试验电压与被试品的额定工作电压有关，又远低于被试品工作电压。按试验电压等级可分：低压：50 V、100 V、250 V、500 V、1 000 V；高压：2 500 V、5 000 V、10 kV。电力设备常用的绝缘电阻测试仪（兆欧表）电压等级为：500 V、2 500 V、5 000 V。一般规定试验电压等级在 2 500 V 及以上时，才进行试品的吸收比或极化指数的测量。

如表 3-1 所示为绝缘电阻测试仪电压等级的选择。

表 3-1　绝缘电阻测试仪电压等级的选择

被测设备工作电压/V	选用绝缘电阻测试仪的电压等级/V
10 000 以上	5 000（或 2 500）
10 000 以下 ~ 3 000	2 500
3 000 以下 ~ 500	1 000
500 以下 ~ 100	500
100 以下	250

试验电压不同，试品内部介质松弛极化强度不同，试品呈现的绝缘电阻值也不同。但是绝缘电阻对试验电压的小范围改变并不十分敏感。

三、绝缘电阻测量时的注意事项

1. 测量注意事项

在绝缘电阻测量过程中，为保证测量的准确和安全，应注意以下问题：

（1）测量接线原则：测量端接 L 端，非被测端短路接地，E 端也可靠接地。例如，测量三相变压器高压绕组绝缘电阻时，高压绕组连接起来接兆欧表 L 端，低压绕组线端分别连接在一起并接地进行测试。如果低压绕组线端没有短路接地时，通过绕组的电流会影响绝缘电阻值。

（2）高压测试连接线应尽量保持架空，确需使用支撑时，要保证支撑物的绝缘状态和绝缘距离。必要时要加以确认，以保证测量结果的可信性。

（3）兆欧表均设有屏蔽端子 G 端，当测试环境条件污秽严重或相对湿度较大时，被试品的外绝缘表面泄漏电流会对绝缘电阻的测量结果产生重大影响。绝缘电阻一般应在空气相对湿度不高于 80%条件下进行试验，在相对湿度大于 80%的潮湿天气，电气设备引出线瓷套表面会凝结一层极薄的水膜，造成表面泄漏通道，使绝缘电阻明显降低。此时，应在引出线瓷套上装设屏蔽环（用细铜线或细熔丝紧扎 1 ~ 2 圈）接到兆欧表屏蔽端子。屏蔽环应接在靠近兆欧表高压端所接的瓷套端子，远离接地部分，以免造成兆欧表过载，使端电压急剧降低，影响测量结果。测量时应记录被试设备的温度、湿度、气象情况、试验日期及使用仪表型号等。

（4）对电容量较大者（如发电机、电缆、大中型变压器和电容器等），应充分放电（5 min 以上）。放电应用绝缘棒等工具进行，不得用手碰触放电导线。

（5）用干燥清洁柔软的布擦去除试品外绝缘表面的脏污，必要时用适当的清洁剂洗净。

（6）当试品在上一次试验后，接地放电时间 t 不充分，绝缘内积聚的电荷没有放净，仍积滞有一定的残余电荷，会直接影响绝缘电阻、吸收比和极化指数值。接地放电至少 5 min 以上才能得到较正确的结果。对三相发电机分相测量定子绝缘电阻时，试完第一相绕组后，也应充分放电 5 min 以上，才能试验第二相绕组。否则同样会发生相邻相间异极性电荷未放净造成测得绝缘电阻值偏低的现象。

2. 测试案例

如表 3-2、表 3-3 所示为某变压器的绝缘电阻的测量判断数据。

表 3-2　#1 主变绝缘电阻测量试验数据比较（1）

绝缘电阻测量/MΩ		温度：20 °C		日期：2016.1.25	
	R_{15}	R_{60}	R_{600}	R_{60}/R_{15}	R_{600}/R_{60}
高压侧-低压侧及地	97 600	103 000	126 000	1.06	1.22
低压侧-高压侧及地	44 400	54 700	89 500	1.23	1.64
高压侧与低压侧-地	49 100	71 200	117 300	1.45	1.65

表 3-3　#1 主变绝缘电阻测量试验数据比较（2）

绝缘电阻测量/MΩ		温度：20 °C		日期：2016.7.15	
	R_{15}	R_{60}	R_{600}	R_{60}/R_{15}	R_{600}/R_{60}
高压侧-低压侧及地	95 400	102 650	125 676	1.08	1.22
低压侧-高压侧及地	43 700	55 630	865 700	1.27	1.56
高压侧-地与低压侧-地	44 500	73 450	113 430	1.65	1.54

数据分析如下：

（1）数据变化不大。

本次试验所测到的值与历次比较，没有太明显的出入，所以可以证明该变压器的绝缘没有出现明显的缺陷，也没有受潮，符合相关标准。

（2）数据与标准值有差异。

对比吸收比 K 和极化指数 PI 的数据，要标准要求 $K > 1.3$，$PI > 1.5$，部分数据未能满足要求。数据绝缘电阻和吸收比试验虽然能反映变压器的某些状况，但是，由于它们受外界的影响较大，测得的电阻值分散性较大，没有绝对的判断标准，所以还需要做其他的预防性试验来验证绝缘状况。

一般情况下采用比较法对结果进行比较，可以是同类型的设备间相互比较，该设备历次试验结果间的比较，也可以是大修前后的数据比较。

通常情况下如果与历次数据相差较明显，在排除测量误差和温度因素的情况下即可以认为变压器的绝缘损坏或受潮了，应该及时检查变压器的主绝缘，找出隐患。

四、绝缘电阻试验结果的判定

1. 判断原则

绝缘电阻值的测量是常规试验项目中最基本的项目。根据测得的绝缘电阻值，可以初步估计设备的绝缘状况，通常也可决定是否能继续进行其他施加电压的绝缘试验项目等。

变压器绝缘电阻值的测量结果与试品温度有关，原因是在施加电压不变的情况下，吸收电流都会随着温度的变化而变化，温度上升时电流随之增加。

在《电气设备预防性试验规程》中，有关绝缘电阻标准，除少数结构比较简单和部分低电压设备规定有最低值外，多数高压电气设备的绝缘电阻值，大多不做规定或自行规定。

除了测得的绝缘电阻值很低，试验人员认为该设备的绝缘不良外，在一般情况下，试验人员应将同样条件下的不同相绝缘电阻值，或以同一设备历次试验结果（在可能条件下换算至同一温度）进行比较，结合其他试验结果进行综合判断。需要时，对被试品各部位分别进行分解测量（将非测量部位接屏蔽端，便于分析缺陷部位）。

2. 数据分析

大量的试验证明，可根据以下几点对绝缘电阻的测量进行分析和判断：

（1）绝缘电阻高，吸收比较低. 是绝缘良好的表现。为了对绝缘的状态进一步判断，可采用对变压器加温的方式，在升温或降温的过程中对绝缘电阻、吸收比进行监测，其绝缘电阻随温度的增高而减小，吸收比随温度的增高而增大。

（2）绝缘电阻低而吸收比高，往往是变压器油的绝缘电阻偏低或介质损耗因数偏高所致。

（3）在绝缘电阻测量过程中，如果对所测吸收比结果不甚满意，可采用 10 min 绝缘电阻测量，用极化指数来帮助判定变压器绝缘是否存在缺陷是十分有效的方法。在正常情况下，油纸绝缘结构的极化指数应大于 1.5。

对油浸式变压器可在油的温度稳定，油箱上下部位油温相差很小时，将顶层油的温度视为绝缘系统的温度。否则应在测量绝缘电阻时，根据绕组直流电阻算出测试时绝缘系统的温度。

配套数字资源

视频 3.1.1　兆欧表使用　　视频 3.1.2　绝缘电阻、吸收比、极化指数测量

复习与思考

1. 绝缘电阻值测量不合格，是否可以判断设备绝缘不合格？

2. 绝缘子需要测量吸收比和极化指数吗？为什么变压器的绝缘电阻和吸收比反映绝缘缺陷具有不确定性？变压器吸收比随温度变化的特点是什么？是否可用它来判断绝缘优劣？变压器油纸含水量对绝缘电阻有什么影响？

3. 电子式兆欧表的红黑两根测试线能互换使用吗？兆欧表的 L 和 E 端子能对调吗？

4. 测量时没有记录温度和温度，绝缘电阻值有效可用吗？

5. 为什么用兆欧表测量并联电容器、电力电缆等电容性试品的绝缘电阻时，表针会左右摇摆，应如何解决？

6. 为什么变压器充油循环后需要静置一定时间后再测其绝缘电阻？

7. 对于电容型套管和电流互感器等电容型试品，为什么要测量末屏对地的绝缘电阻？

8. 在《规程》中，对电力电缆绝缘电阻值为何用“自行规定”的提法？

9. 在《规程》中规定吸收比和极化指数不进行温度换算，为什么？

10. 测量 10/0.4 kV 变压器低压绕组绝缘电阻时，是否可用 1 000 V 兆欧表？

第二节　泄漏电流的测量

一、泄漏电流的概念

泄漏电流是电气中绝缘的部分通过其周围介质或绝缘表面所形成的电流。

泄漏电流是衡量电器绝缘性好坏的重要标志之一，是产品安全性能的主要指标。将泄漏电流限制在一个很小值，这对提高产品安全性能具有至关重要的作用。

测量泄漏电流的接线方法和测量原理，都与绝缘电阻基本相同。不同点在于兆欧表电压固定，泄漏电流试验电压比兆欧表高并可任意调节，用微安表来指示泄漏电流值，所以泄漏试验电压灵敏度更高，可多次换算出绝缘电阻值重复比较，通过泄漏电流与加压以及加压时间的关系曲线判断绝缘状况，能有效地发现有些其他试验所不能

发现的局部缺陷，如套管裂纹、夹层绝缘的内部受潮及局部松散断裂、绝缘油劣化、绝缘的沿面碳化等。测量绝缘电阻实际上也是固定电压下的泄漏电流测量，只不过是以电阻形式表示出来的。测量泄漏电流的接线方法和仪器与直流耐压也相同，但是试验性质不同，泄漏电流是非破坏性试验，直流耐压是破坏性试验。

二、泄漏电流测量原理接线

※※具体测试方法见《高压设备测试实训指导书》试验三 泄漏电流及直流耐压试验。

1. 低压接线法

将微安表接在试验变压器高压绕组的尾部接线端。由于微安表处于低压侧，读表比较安全方便，但无法消除绝缘表面的泄漏电流和高压引线的电晕电流所产生的测量误差，因此，现场试验多采用高压法进行。如图 3-5 所示为直流耐压和泄漏电流低压接线示意图。

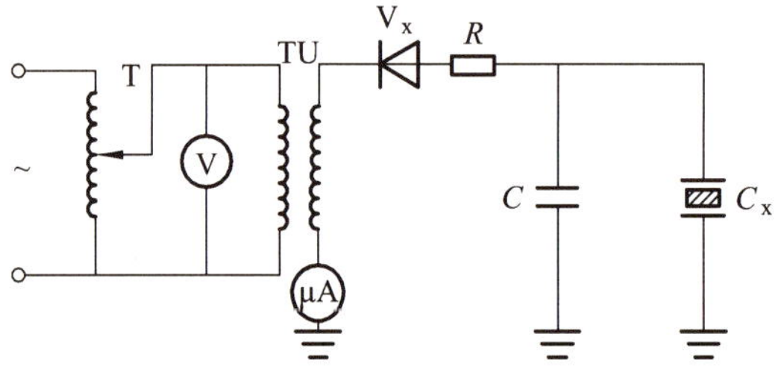

图 3-5　直流耐压和泄漏电流低压接线示意图

2. 高压接线法

如图 3-6 所示为直流耐压和泄漏电流高压接线示意图。高压法是将微安表接在试品前。这种接线法，由于微安表在高压侧，放在屏蔽架上，并通过屏蔽线与试品的屏蔽环（湿度不大时，可以不设屏蔽环）相连，这样就避免了接线的测量误差，但由于微安表处于高压侧，会给读数带来不便。

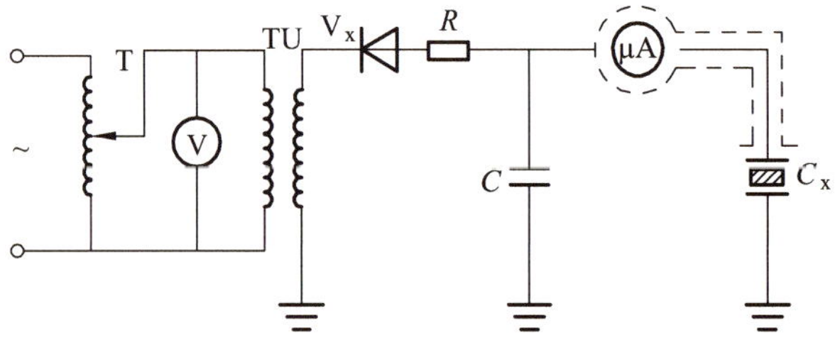

图 3-6　直流耐压和泄漏电流高压接线示意图

3. 操作过程

（1）试验变压器的高压绕组的 X 端（高压尾）、仪表测量绕组的 F 端、试验变压器的外壳以及电源控制箱（台）的外壳必须可靠接地。

（2）接电源前、电源控制箱（台）的调压器必须调到零位。接通电源后，绿色指示灯亮，按一下启动按钮，红色指示灯亮，表示试验变压器已接通控制电源，开始升压。

（3）从零位开始按顺时针方向匀速旋转调压器手轮升压。电压从零开始按选定的升压速度升到所需额定试验电压或额定直流电流下的参考电压。

（4）将试验电压从 0 ~ 100%试验电压分成若干段，分别将升高电压至 U_1、U_2、U_3、U_4，各加压 1 min 后，读取对应电导电流 I_1、I_2、I_3、I_4；最后将电压升高至额定试验电压 U_5，注意观察有无放电现象和异常声音，耐压 15 min 后读取 I_5。

（5）试验完毕后，应迅速均匀将高压降至零位，按一下停止按钮，高压、低压输出停止，然后切断电源。此时应用直流高压放电棒给被试品及试验装置本身充分放电。

4. 注意事项

（1）试验中控制台应与高压引线或分压器保持足够的距离，以防感应电压危及人身安全。在高压直流电中，人与人不要握手接触，以防感应电压差伤人。

（2）直流发生器的控制台和分压器一定要与地可靠连接。

（3）绝缘棒连接的高压引线与避雷器的连接一定要可靠，以防试验过程中风将高压带电线吹到人或其他设备上。

三、泄漏电流测量案例

下面以氧化锌避雷器（MOA）为例子，说明泄漏电流测量的意义所在。

MOA 泄漏电流测量时，要测量 $U_{1\,\text{mA}}$ 及 75%$U_{1\,\text{mA}}$ 下的泄漏电流 $I_{0.75U1\,\text{mA}}$，不得低于 GB11032 规定值。其中 $U_{1\,\text{mA}}$ 实测值与初始值或制造厂规定值比较，变化不大于 ±5%，75%$U_{1\,\text{mA}}$ 下的泄漏电流 $I_{0.75\,U1\,\text{mA}}$ 不大于 50 μA。有些厂家特殊要求测量 $U_{2\sim10\,\text{mA}}$ 及 50% ~ 75%$U_{2\sim10\,\text{mA}}$。

MOA 密封性能避雷器元件采用老化性能好、气密性好的复合外套，采用控制密封圈压缩量和增涂密封胶等措施，陶瓷外套作为密封材料，确保密封可靠，使避雷器的性能稳定。当避雷器外表破损等导致受潮或者阀片由于损耗而升温时，这会使阀片电阻下降导致损耗进一步加大，严重时导致避雷器爆炸，引致设备停电故障，所以需要在事故发生前进行预防性试验，以便及早处理。

测量直流 1 mA 下电压的目的是寻找氧化锌避雷器击穿的临界值，测量在 0.75$U_{1\,\text{mA}}$ 击穿电压下的直流泄漏电流的目的是检查氧化锌避雷器未击穿时的绝缘状态。上述两项试验有利于检查 MOA 直流参考电压及 MOA 在正常运行中的荷电率，对确定阀片片数、判断额定电压选择是否合理及老化状态都有至关重要的作用。

MOA 泄漏电流可以初步了解其内部是否受潮，还可以检查低压 MOA 内部熔丝是否断掉，及时发现缺陷。$U_{1\,\text{mA}}$ 主要检查阀片是否受潮，确定其动作特性和保护特性是否符合要求，以直流电压和电流方式来表明阀片的伏安特性曲线饱和点的位置。

75%$U_{1\,mA}$一般比最大工作相电压（峰值）要高一些，在此电压下主要是检测长期允许工作电流是否符合规定，因为这一电流与 MOA 的寿命有直接关系，一般在同一温度下泄漏电流与寿命成反比。工频参考电压以交流电压和电流方式来表明阀片的伏安特性曲线饱和点的位置，确定其动作特性和保护特性是否符合要求。

测量避雷器在持续运行电压下持续电流能有效地检验避雷器的质量状况，并作为以后运行过程中测试结果的基准值。一般情况下：$U_{1\,mA}$与避雷器的工频参考电压峰值相等。当阀片老化时，避雷器受潮、内部绝缘部件受损以及表面严重污秽时，容性电流变化不多，而阻性电流大大增加，所以测量交流泄漏电流及其有功分量和无功分量是现场监测避雷器的主要方法。

测量 MOA 在运行电压下全电流、阻性电流可在一定程度上反映其运行的状况。全电流的变化可反映 MOA 的严重受潮、内部元件接触不良、阀片严重老化，而阻性电流的变化对阀片的初期老化的反应更为灵敏。如阻性电流峰值从 50 μA 增大到 250 μA 时，全电流的增大可能只有百分之几。全电流、阻性电流和初始值相比应无明显变化，当阻性电流增加 1 倍时，须停电检查，阻性电流增加到初始值 1.5 倍，应加强监视。如表 3-4 所示为 MOA 泄漏电流在线监测数据。

表 3-4 MOA 泄漏电流在线监测数据

设备	参数	单位	数据合理范围	注意值范围	报警值范围	初值合理范围
MOA	泄漏电流	μA	300～800	200～300，800～900	100～200，900～1 100	−5%～5%
	阻性电流	μA	20～200	10～20，200～400	0～10，400～600	−30%～30%
	容性电流	μA	300～800	200～300，800～900	100～200，900～1 100	−5%～5%

1. 案例一：预防性试验

在运行电压下测量全电流、阻性电流可以在一定程度上反映 MOA 运行的状态，全电流的变化可以反映 MOA 的严重受潮、内部严重老化，而阻性电流的变化对阀片初期老化的反应较灵敏。

测量实例数据如表 3-5 所示，结果判断为合格。

表 3-5 500 kV MOA 测量数据表

参数	要求	实测	备注
$U_{1\,mA}$/kV	≥73	76	
$I_{0.75U1\,mA}$/μA	≤50	11	
1 mA 峰值下工频参考电压 crest/1.414 kV	≥51	55	$I_x=0.959$；$I_{xp}=1.246$；$I_{Rp}=1.087$（mA）

测量前，查看内部零件是否牢固，可将避雷器左右各倾斜 60°，如无响音，即说明螺旋弹簧的压力完全适合。检查外部绝缘瓷筒是否完整、破碎、裂纹，检查表面有无闪络痕迹，检查棕色有无变为灰白色，白色瓷釉有无变为黄黑色，检查密封是否良好，检查引入线和接地线的连接处及其本身是否良好。

2. 案例二：交接试验

测量参数：试验性质是 220 kV MOA 交接试验。

220 kV 交流无间隙瓷外套氧化物避雷器 MOA 型号：Y10W5-216/562，对型号内容说明如下：Y—氧化锌避雷器；10—其标称放电电流为 10 kA；W—无放电间隙；5—设计序号；216—额定电压 216 kV；562—标称放电电流下的残压为 562 kV；持续工作电压—168.5 kV；直流 1 mA 参考电压—314 kV。使用 ZGS-Ⅲ-300/3 直流发生器（最大输出电压 DC 300 kV，电流 3 mA），2 500 V 兆欧表，温度 $t = 33$ °C，湿度：66%。

测量实例数据如表 3-6 所示。

表 3-6 220 kV MOA 交接试验测量数据表

安装位置（220 kV #1 主变间隔）	出厂编号	绝缘电阻/MΩ	$U_{1\,\text{mA}}$/kV	$I_{0.75U1\,\text{mA}}$/μA	持续电压 84.3 kV 持续全性电流/mA	持续电压 84.3 kV 持续阻性电流/mA	工频 2 mA 的参考电压/kV	底座绝缘/MΩ
A 相	上：1839－1	100 000＋	171.5	15	0.984	0.318	236	500+
	下：1839－2	100 000＋	171.5	8	0.974	0.317	234	
B 相	上：1840－1	100 000＋	171.5	18	0.950	0.144	236	120 000+
	下：1840－2	100 000＋	172.53	20	0.955	0.113	235	
C 相	上：1841－1	100 000＋	170.9	25	0.942	0.145	235	100 000＋
	下：1841－2	100 000＋	171.6	19	0.941	0.134	234	

根据上述数据结果，$U_{1\,\text{mA}}$ 比额度标准 168.5 kV 要大，$I_{0.75U1\,\text{mA}}$（μA）小于标准值 50 μA，故判断为合格。特别说明：对于多节的 MOA 的 $I_{0.75U1\,\text{mA}}$，每一节都应满足小于 50 μA 的要求，不能多节累加数据作为结果判断，否则会误判。氧化锌避雷器由两节组成时泄漏电流的测量接线如图 3-7 所示，三节及以上组成的避雷器直流泄漏试验接线如图 3-8 所示。

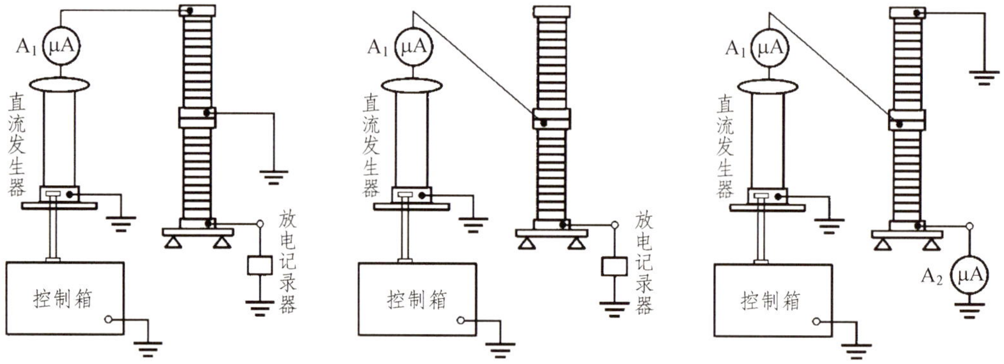

（a）测量上节（拆线）　（b）测量下节（拆线）　（c）测量上或下节（不拆线）

图 3-7　两节组成氧化锌避雷器泄漏电流测量接线图

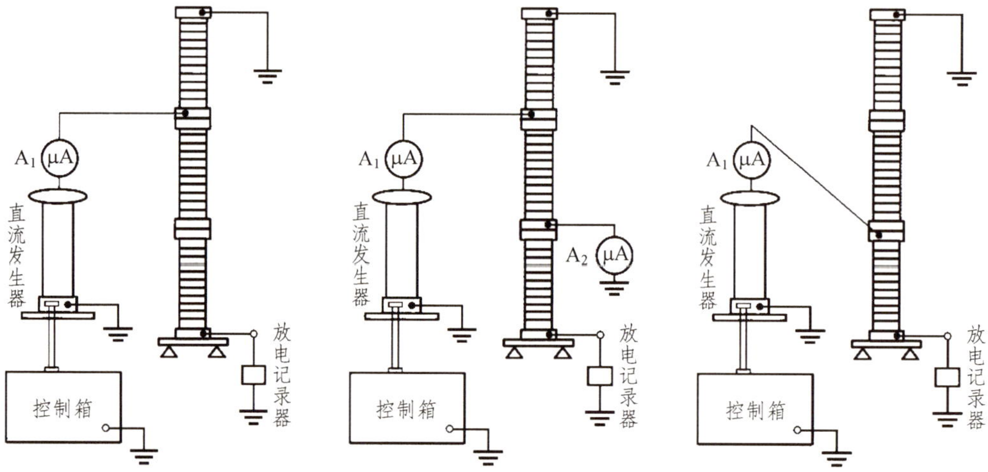

（a）测量上节　（b）测量中节　（c）测量下节

图 3-8　三节及以上组成的氧化锌避雷器直流泄漏试验接线图

3. 案例三：220 kV MOA 预防性试验

陶瓷避雷器耐污型和传统避雷器的差异是它没有放电间隙，利用氧化锌的非线性特性起到泄流和开断的作用。以前采用陶瓷绝缘体，陶瓷破碎之后会跌落伤人，巡视时不容易发现，后来制作成钢化玻璃，整块碎裂时巡查容易发现，主要用于保护相应等级的电力变压器、开关柜、箱式变压器、电缆出线头、柱式开关，以避免大气过电压及操作过电压的危害。

220 kV 陶瓷耐污型避雷器型号：Y10W-200/520W。额定电压：200 kV，持续工作电压：150 kV，直流 1 mA 参考电压：290 kV。测量数据如表 3-7 所示。

表 3-7　220 kV MOA 预防性试验测量数据表

相别	部位	编号	$U_{1\,mA}$/kV	$I_{0.75U1\,mA}$/μA	备注
A	上	0259	152.6	21	
	下	0259	148.9	138	148.9<150 kV，138>50 μA，超标
B	上	0200	152.8	14	
	下	0200	150.5	67	>50 μA，超标
C	上	0006	154.0	23	
	下	0006	151.3	51	>50 μA，超标

根据上述数据，$U_{1\,mA}$ 比出厂 150 kV 要低，B、C 相 $I_{0.75U1\,mA}$（μA）大于标准值 50 μA，故障诊断结果：避雷器泄漏电流大，三相均超标。检查原因：安装时上下节固定时出问题，上下节封闭不严导致下雨时进水受潮，因此，$U_{1\,mA}$ 比出厂值小，$I_{0.75U1\,mA}$ 比标准值 50 μA 要大。

配套数字资源

视频 3.2.1　直流高压发生装置及使用

视频 3.2.2　泄漏电流测量

复习与思考

1. 测量泄漏电流原理与绝缘电阻是否相同？测量泄漏电流与直流耐压有何异同？

2. 氧化锌避雷器泄漏电流试验时，测量 $U_{1\,mA}$（kV）和 $I_{0.75U1\,mA}$（μA）值，在工程上有何作用？其他避雷器需要测量这两个值吗？在测量过程施加高压时应注意什么？氧化锌避雷器需要做交流耐压试验吗？

3. 对于某一相多节的避雷器，测量时应每一节单独测量还是一起测量？

4. 为什么在《规程》中规定，电力电缆的预防性试验耐压时间为 5 min？

5. 为什么避雷器在做泄漏电流试验时需要并联一个电容器，而电缆和变压器不需要？

6. 直流高压试验时应如何保护电阻大小？

7. 导致电力电缆直流泄漏电流偏大的测量误差的原因是什么？应如何抑制？为什么测量过程中微安表指针有周期性变化？

8. 为什么避雷器泄漏（电导）电流试验时需要准确测量直流高压，而电力电缆、少油断路器直流泄漏电流试验时却不要求非常精确地测量直流高压？

第三节　介质损耗角正切值的测量

一、介质损耗角正切值

在交流电压作用下，电介质要消耗部分电能，这部分电能将转变为热能产生损耗。这种能量损耗称作电介质的损耗。当电介质上施加交流电压时，电介质中的电压和电流的相角差为ψ，ψ的余角δ称为介质损耗角，δ的正切 $\tan\delta$称为介质损耗角正切。$\tan\delta$值是用来衡量电介质损耗的参数。

当绝缘物上加交流电压时，可以把介质看成一个电阻和电容并联组成的等值电路，如图 3-9（a）所示。根据等值电路可以做出电流和电压的相量图，如图 3-9（b）所示。

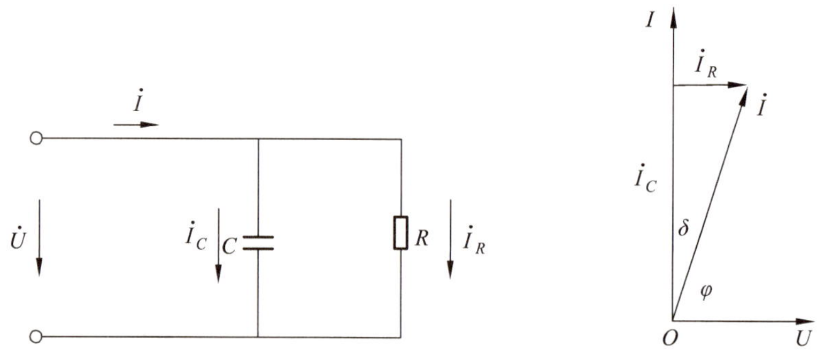

（a）介质等值电路　　（b）等值电路电流、电压相量

图 3-9　在绝缘物上加交流电压时的等值电路及相量图

由相量图可知，介质损耗由有功电流 I_R 产生，夹角 δ 大时，有功电流 I_R 就越大，故称 δ 为介质损耗角，其正切值为

$$\tan\delta=\frac{I_R}{I_C}=\frac{U/R}{U/\omega C}=\frac{1}{\omega CR} \tag{3-3}$$

介质损耗

$$P=\frac{U^2}{R}=U^2\omega C\tan\delta \tag{3-4}$$

由上式可见，当 U、ω、C 一定时，P 正比于 $\tan\delta$，所以用 $\tan\delta$ 来表征介质损耗。

测量 $\tan\delta$（$\cos\varphi$）的灵敏度较高，可以发现绝缘的整体受潮、劣化、变质及小体积设备的局部缺陷。

二、介质损失角正切值的测量原理

介质损失角正切的测量方法很多，从原理上来分，可分为平衡测量法和角差测量法两类。传统的测量方法为平衡测量法，即高压西林电桥法。由于技术的发展和检测手段的不断完善，角差测量法使用得越来越普遍。

1. 用高压西林电桥法测量 $\tan\delta$

当绝缘受潮、老化时，有功电流 I_R 将增大，$\tan\delta$ 也增大。通过测 $\tan\delta$ 可以反映出绝缘的分布性缺陷。

在《电力设备预防性试验规程》中对电机、电缆等绝缘，因为缺陷的集中性及体积较大，通常不做此项试验；而对套管、电力变压器、互感器、电容器等则做此项试验。

目前使用的测 $\tan\delta$ 试验装置是基于西林电桥，图 3-7 给出了西林电桥的三种试验接线，本节主要介绍西林电桥法测量 $\tan\delta$。

※※具体测试方法见《高压设备测试实训指导书》试验四绝缘介质损耗测量试验。

如图 3-10 所示为介质损耗测量仪。图 3-11（a）所示为正接线用于被测绝缘品两端对地绝缘的设备，常用于试验室或绕组间测 $\tan\delta$。图 3-11（b）所示为反接线用于现场被试设备为一极接地的设备，要求电桥有足够的绝缘。由于 R_3 和 C_4 处于高电位，为保证操作的安全应采取一定的绝缘安全措施。操作时电桥本体和操作者一起位于绝缘台上对地绝缘起来，使操作者与 R_3、C_4 处于等电位。现场试验通常采用反接线试验方法。图 3-11（c）所示为对角线接线用于被试设备为一极接地的设备且电桥没有足够的绝缘。

高压西林电桥的高压桥臂的阻抗比对应的低压臂阻抗大得多，所以电桥上施加的电压绝大部分都降落在高压桥臂上，只要把试品和标准电容器放在高压保护区，用屏蔽线从其低压端连接到低压桥臂上，则在低压桥臂上调节 R_3 和 C_4 就很安全，而且测量准确度较高，但这种方法要求被试品高低压端均对地绝缘，在现场中常常无法满足此条件。

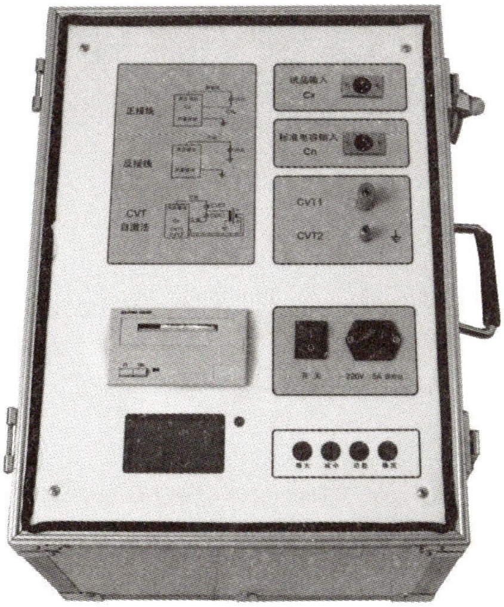

图 3-10　介质损耗测量仪

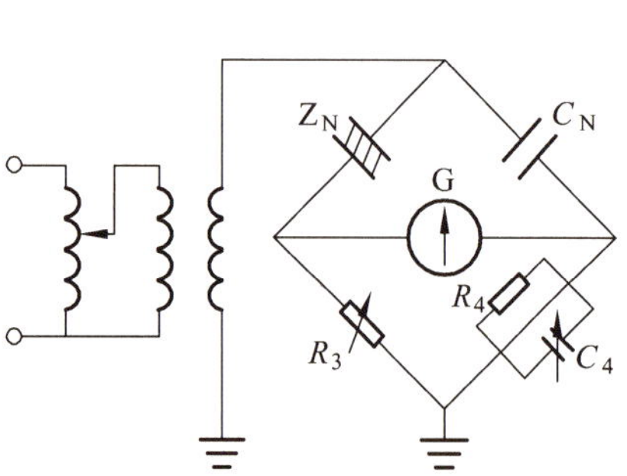

（a）正接线

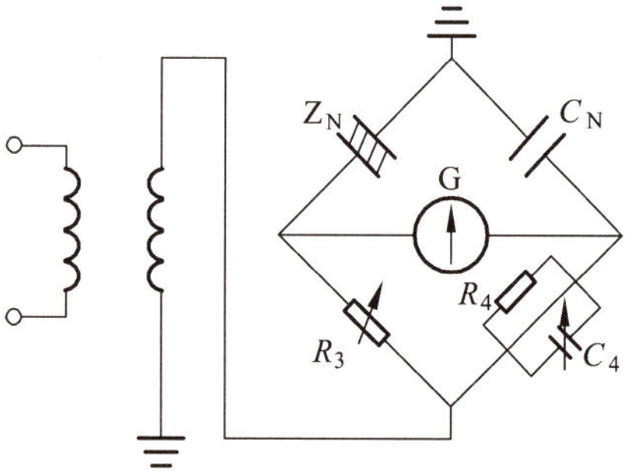

（b）反接线

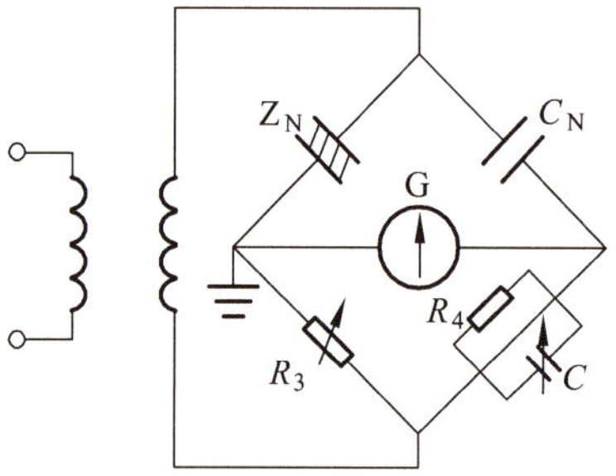

（c）对角线接线

Z_N—被测绝缘阻抗；C_N—标准电容；R_3—可变电阻；
C_4—可变电容；G—检流计。

图 3-11　西林电桥原理接线

2. 仪器使用注意事项

介质损耗仪有红色高压 HV 线和蓝色 Cx，根据正反接线方式，接线方法也不同，线是否带高压也不相同。

红色高压 HV 线的功能是仪器变频高压输出端。根据不同接线方法线不一样：正接线时，HV 线是红色高压线，Cx 线作为另一端接入被试品，形成回路。反接线时，Cx 线（蓝色）功能是正接法时输入被试品测试信号，即是在反接法时，C_X 不用接，HV 线产生高压，金属外壳连接屏蔽层。

正接法时芯线和屏蔽层都可以作加压线对被试品高压端加压；反接法时只能用芯线对被试品高压端加压，若试品高压端有屏蔽极（如高压端的屏蔽环），则可将屏蔽层接于屏蔽极，无屏蔽极时屏蔽层悬空。

在操作时注意：在启动测试的过程中，红色高压 HV 线带有高压有触电危险，绝对禁止触碰高压插口及与之相连的相关设备。用标准介质损耗器或标准电容器检测正接法精度时，应使用全屏蔽插头连接介质损耗器或标准电容器，否则暴露的芯线可能受到干扰引起误差。测试过程中应保证插座中心红色高压线芯线与被试品高压端零电阻连接，否则可能引起测量结果的数据波动。

注意事项：在启动测试的过程中严禁拔下插头，以防被试品电流经人体入地。用标准介质损耗器或标准电容器检测正接法精度时，应使用全屏蔽插头连接介质损耗器或标准电容器，否则暴露的芯线可能受到干扰引起误差。测试过程中应保证插座中心测试芯线与被试品低压端零电阻连接，否则可能引起测量结果的数据波动。强干扰下拆除接线时，应在保持电缆接地状态下断开连接，以防感应电击。

三、接线方法

具体请参阅相关规程，不同厂家接线不同。以反接线为例，有些介质损耗仪反接时，Cx 不接线，HV 输出高压，有一些厂家刚好相反，是 Cx 输出高压，HV 不接线。

从外部电源是否接入方式可分为内接法和外接法。内接法使用的是设备内部产生的高压，外接法使用的是外部电源产生的高压。

1. 正接法

内电压-正接法（正接线）如图 3-12（a）所示，接线时被测品处于完全绝缘的状态。HV 端输出高压接试品高压端子，Cx 端接试品绝缘另一端。

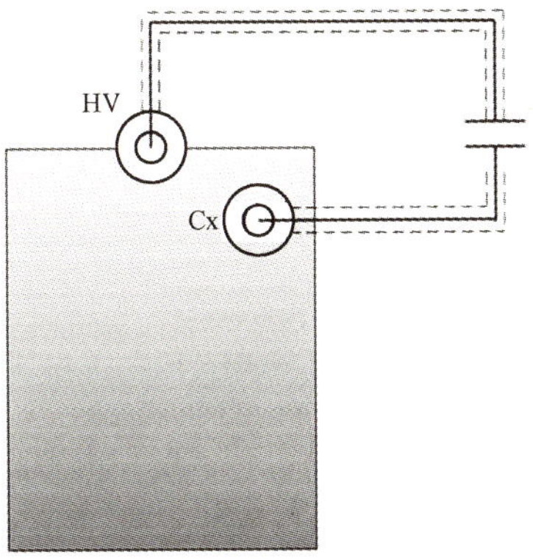

（a）正接法

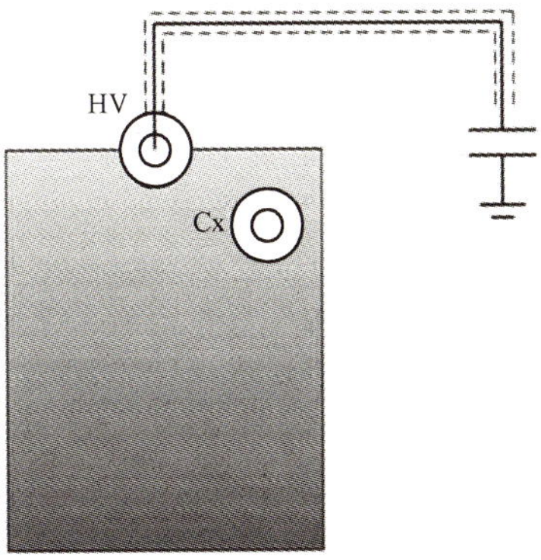

（b）反接法

图 3-12 介质损耗测量正反接线方法

2. 反接法

内电压-反接法如图 3-12（b）所示。

接线时被测品处于一端接地的状态，使用的是设备内部产生的高压。Cx 端不接线，HV 端输出高压。

3. 常见设备介质损耗值测量的接线方法

下面是几种常见设备介质损耗值测量的接线方法及测量要求。

（1）电压互感器介质损耗测量接线：

① 一次侧对二次侧（正接法）；

② 一次侧对二次侧及地（反接法），如图 3-13 所示；

③ 二次侧对一侧次及地（反接法）；

④ 末端屏蔽法（正接法）。

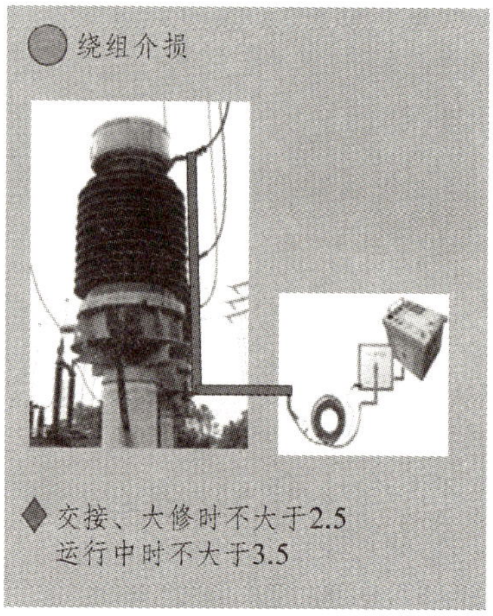

图 3-13　110 kV 电压互感器绕组介质损耗测量接线

（2）电流互感器介质损耗测量接线：

① 一次侧对二次侧（正接法）；

② 一次侧对末屏　（反接法）；

③ 一次侧对二次侧及地（反接法），如图 3-14 所示；

④ 二次侧对一次侧及地（反接法），如图 3-15 所示。

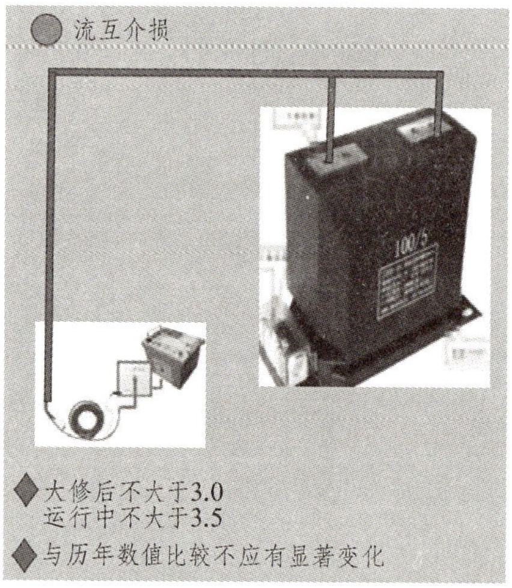

图 3-14　27.5 kV 电流互感器介质损耗值测量接线

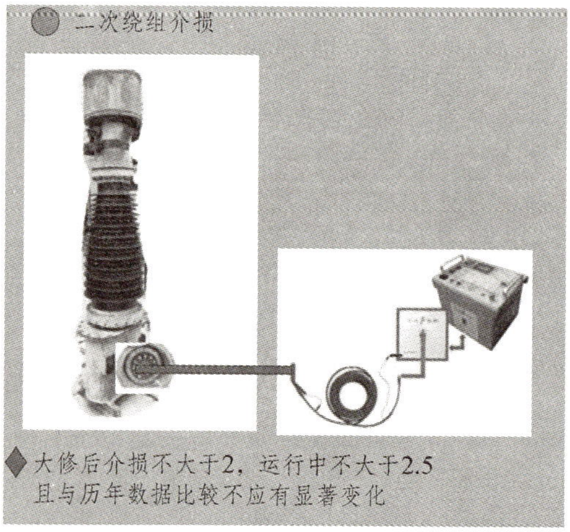

图 3-15　110 kV 电流互感器二次绕组介质损耗测量

（3）高压套管介质损耗测量接线：

① 芯棒对末屏（正接法）注意解开末屏接地；

② 芯棒对末屏及地（反接法）。

如图 3-16 所示为套管接线方式（以变压器套管为例）。

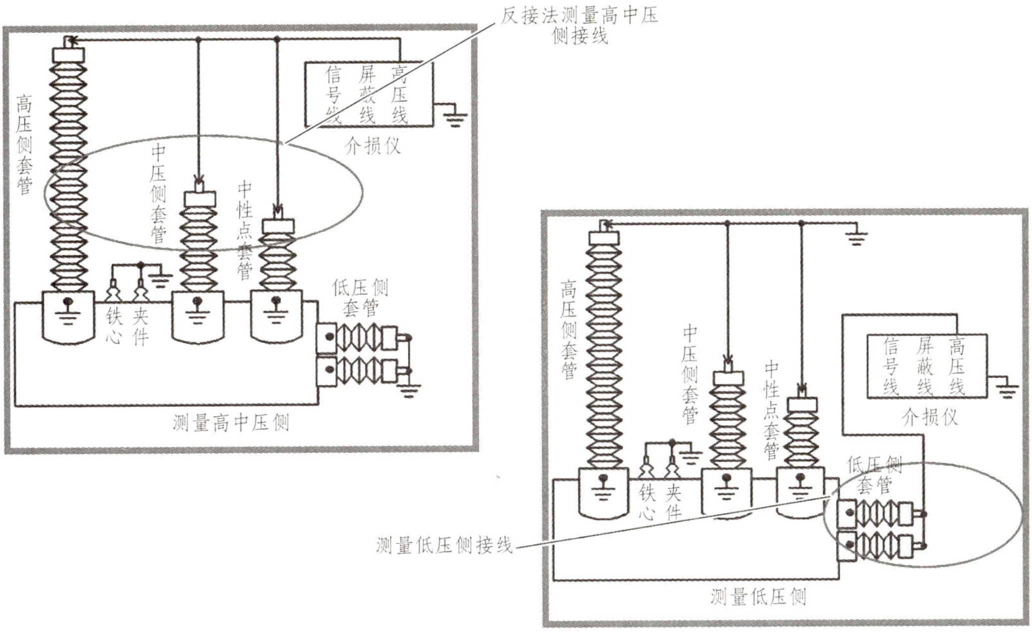

图 3-16　套管接线方式（以变压器套管为例）

（4）电力变压器介质损耗测量接线：

① 二次绕组对一次绕组及地（反接法），如图 3-17 所示；

② 一次绕组对二次绕组及地（反接法），如图 3-18 所示；

③ 一次绕组对二次绕组及接地（反接法），如图 3-19 所示。

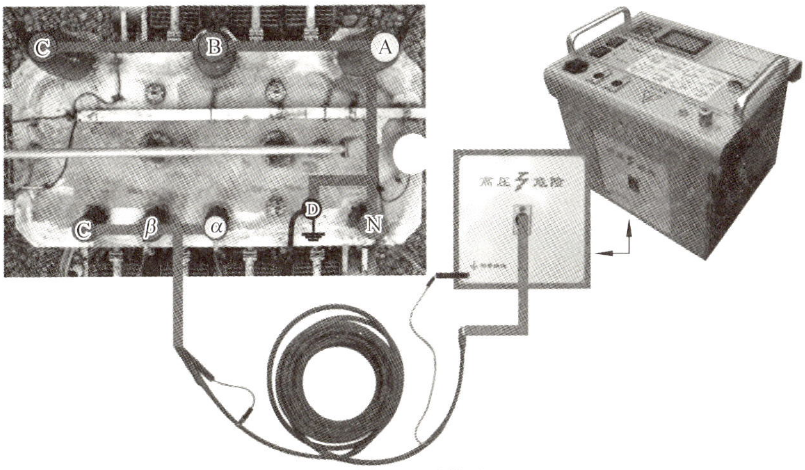

A、低压对高压及地接线

图 3-17　变压器二次绕组对一次绕组及地（反接法）

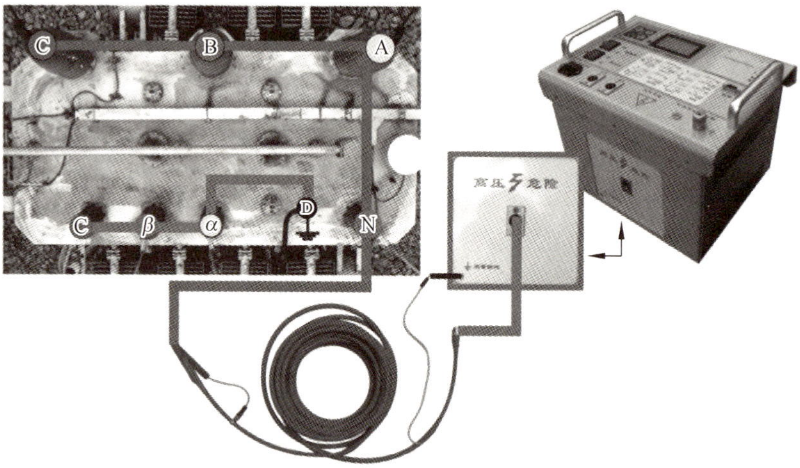

B、高压对低压及地接线

图 3-18　变压器一次绕组对二次绕组及地（反接法）

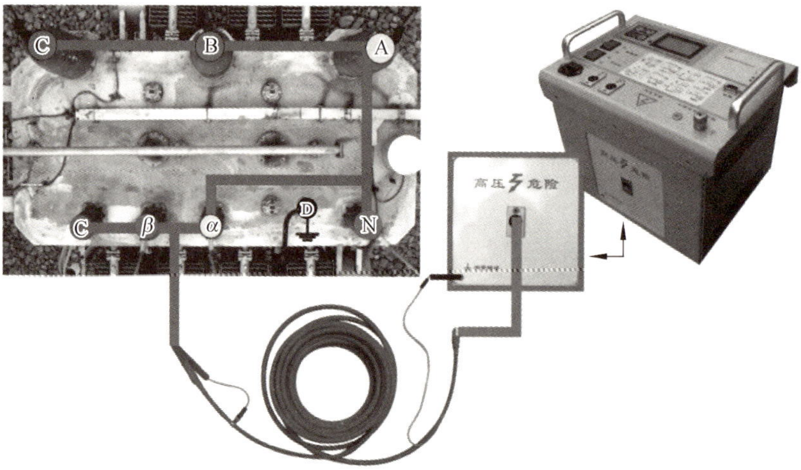

C、高压和低压对地接线

图 3-19　变压器一次绕组和二次绕组对地（反接法）

四、介质损耗测量精度

在电桥测试中，有些问题往往容易被忽视，使测量数据不能反映被试设备的真实情况，常被忽视的问题有：

（1）外界电场干扰的影响。

在电压等级较低（例如 35 kV 电压等级）的电气设备 $\tan\delta$ 测试中，容易忽视电场干扰的影响。

（2）高压标准电容器的影响。

现场经常使用的 BR-16 型标准电容器，电容量为 50 pF，要求 $\tan\delta\% < 0.1\%$。由于标准电容器经过一段时间存放、应用和运输后，本身的质量在不断变化，会受潮、生锈，同样会影响测试的数据。

（3）试品电容量的影响。

对电容量较大的试品（例如大中型发电机、变压器、电力电缆、电力电容器等），测量 $\tan\delta$ 只能发现整体分布性缺陷，因而用测量介质损耗角正切的方法来判断绝缘状态就不很灵敏了。这时若被试品可以分解成几个彼此绝缘的部分，可分别测量其各个部分的 $\tan\delta$ 值，这样才能更有效地发现缺陷。

（4）消除试品表面泄漏的方法。

测试前应清除绝缘表面的污渍和水分，必要时还可以在绝缘表面上装设屏蔽极。当测量电气设备绝缘的 $\tan\delta$ 时，空气相对湿度对其测量结果影响很大，当绝缘表面脏污，且又处于湿度较大的环境中时，表面泄漏电流增加，对其测量结果影响更大。采取其有效的方法，如电热风法、瓷套表面涂擦法、化学去湿法等。

（5）测试电源的选择。

在现场测试中，有时会遇到试验电压与干扰电源不同步，用移相等方法也难以使电桥平衡的情况。

（6）电桥引线的影响。

① 引线长度的影响。分析研究表明，在一般情况下，Cx 引线长度为 5 ~ 10 m，其电容为 1 500 ~ 3 000 pF；而 CN 引线为 1 ~ 1.5 m，其电容为 300 ~ 500 pF。当 $R_4 = 3\,184\ \Omega$ 和 R_3 较小时，对测量结果影响很小，但若进行小容量试品测试时，就会产生偏大的测量误差。

② 高压引线与试品夹角的影响。测量小容量试品时，高压引线与试品的杂散电容对测量的影响不可忽视。

③ 引线电晕的影响。高压引线的直径较细时，当试验电压超过一定数时，就可能产生电晕。例如若用一般的导线作高压引线，当电压超过 50 kV 后，就会出现电晕现象。电晕损耗通过杂散电容将被计入被试品的 $\tan\delta$ 内，严重影响测量结果，并可能导致误判断。

④ 引线接触不良的影响。当 QS1 电桥高压线或测量引出线与被试品接触不良时，相当于被试支路串联一个附加电阻。该电子在交流电压作用下会产生有功损耗并与被试品自身有功损耗叠加，使测量的介质损耗因数超过规定的限值，导致误判断。

（7）接线的影响。小电容（小于 500 pF）试品主要有电容型套管、3 ~ 110 kV 电容式电流互感器等。对这些试品采用 QS1 型电桥的正、反接线进行测量时，其介质损耗因数的测量结果是不同的。

由于正接线具有良好的抗电场干扰、测量误差较小的特点，一般应以正接线测量结果作为分析判断绝缘状况的依据。

五、$\tan\delta$ 测量中的抗干扰措施

在现场进行测量时，试品和桥体往往处于周围带电部分的电场作用范围之内，虽

然电桥本体及连接线采用了屏蔽措施，但试品无法做到全屏蔽。这时干扰就会通过试品高压极的杂散电容产生干扰，影响测量结果。为了消除或减少由电场干扰引起的误差，使用平衡法测量时可以采用如下措施：

（1）加设屏蔽。

当试品体积不大时，可用金属屏蔽罩或网将试品与干扰源隔开，可以减少测量误差。

（2）采用移相电源。

由于干扰源的相位一般是无法改变的，因此可以通过改变电源的相位，使得电源的相位和干扰的相位同相或反相，来达到消除或减少同频率干扰的目的。

（3）倒相法。

测量时将电源正接和倒相各测量一次，测得两组结果 $\tan\delta_1$、C_1 和 $\tan\delta_2$、C_2，然后折算。

（4）采用异频电源。由于干扰的频率一般为工频或工频的谐波，因此可将输入电源整流成直流后通过开关逆变电路逆变为异于工频的正弦波，避开干扰的频率范围，这样可大大提高测量精度。这种方法在非平衡法测量中使用较多，而且抗干扰的效果较好。

（5）补偿法。通过计算机数据处理，将测量数据进行补偿，使得测量波形为不畸变的正弦波形后，计算得到 $\tan\delta$ 和 C。

1. 影响因素

（1）温度的影响。$\tan\delta$ 值受温度影响而变化，为了比较试验结果，对同一设备在不同温度下的变化必须将结果归算到一个巩固的基准温度，一般归算到 20 °C。

（2）湿度的影响。在不同的湿度下测得的值也是有差别的，应在空气相对湿度小于80%下进行试验。

（3）绝缘的清洁度和表面泄漏电流的影响。这可以用清洁和干燥表面来将损失减到最小，也可采用涂硅油等办法来消除这种影响。

2. 结果分析

（1）数据结果和《电力设备预防性试验规程》的要求值做比较。

（2）对逐年的试验结果应进行比较，在两个试验间隔之间的试验测量值不应该有显著的增加或降低。

（3）当 $\tan\delta$ 值未超过规定值时，可以补充电容量来分析，电容量不应该有明显的变化。

（4）应充分考虑温度等的影响，并进行修正。

（5）通过测 $\tan\delta = f(U)$ 的曲线，观察 $\tan\delta$ 是否随电压而上升，来判断绝缘内部是否有分层、裂纹等缺陷。

如表 3-8、表 3-9、表 3-10 所示为现场#1 主变 A、B、C 三相介质损耗测量试验数据。

表 3-8　某 110 kV #1 主变（A 相）介质损耗电气试验数据比较

介质损耗测量	湿度：49%	温度：23.8 °C	日期：2015.4.6
项　目	高压侧-低压侧及地	低压侧-高压侧及地	高压侧和低压侧-地
$\tan\delta$/%	0.179	0.183	0.156
C_X/pF	11 514	26 781	25 870
介质损耗测量	湿度：25%	温度：25 °C	日期：2016.4.15
项　目	高压侧-低压侧及地	低压侧-高压侧及地	高压侧和低压侧-地
$\tan\delta$/%	0.165	0.124	—
C_X/pF	11 710	27 210	—

表 3-9　#1 主变（B 相）介质损耗电气试验数据比较

介质损耗测量	湿度：49%	温度：23.8 °C	日期：2015.4.6
项目	高压侧-低压侧及地	低压侧-高压侧及地	高压侧和低压侧-地
$\tan\delta$/%	0.158	0.160	0.147
C_X/pF	11 492	26 781	25 790
介质损耗测量	湿度：25%	温度：25 °C	日期：2016.4.15
项　目	高压侧-低压侧及地	低压侧-高压侧及地	高压侧和低压侧-地
$\tan\delta$/%	0.140	0.139	—
C_X/pF	11 520	26 800	—

表 3-10　#1 主变（C 相）介质损耗电气试验数据比较

介质损耗测量	湿度：49%	温度：23.8 °C	日期：2015.4.6
项目	高压侧-低压侧及地	低压侧-高压侧及地	高压侧和低压侧-地
$\tan\delta$/%	0.163	0.163	0.169
C_X/pF	11 596	27 128	26 150
介质损耗测量	湿度：25%	温度：25 °C	日期：2016.4.15
项目	高压侧-低压侧及地	低压侧-高压侧及地	高压侧和低压侧-地
$\tan\delta$/%	0.150	0.136	—
C_X/pF	11 467	26 580	—

数据分析：根据《电力设备预防性试验规程》要求，20 °C 时，66 ~ 220 kV 变压器 $\tan\delta$ 小于 0.8%，35 kV 及以下变压器 $\tan\delta$ 小于 1.5%，$\tan\delta$ 值与历年的数值比较不应有显著变化（一般不大于 30%）。

（1）介质损耗值波动范围不大。

对于 1#主变的 A、B、C 三相介质损耗值的数据分析，前后数值没有明显的增长变化，没有大于 30%，说明绝缘状态没有明显的变化。

（2）$\tan\delta$小于标准值。

按 110 kV 变压器的 $\tan\delta$小于 0.8%要求，上述测量结果均满足要求。所以介质损耗绝缘满足要求。

六、测量危险点及注意事项

介质损耗值测量虽然属于非破坏性试验，所加电压一般最高也只有 10 kV，但是高压引线对人身伤害极大，也发生过人员电击死亡事故，所以测量时一定要注意安全。使用前必须将仪器的接地端子可靠接地，所有人员必须远离高压才能开始测量。

正接法测量时，标准电容器高压电极、试品高压端和升压变压器高压电极都带危险电压，各端之间连线都要架空，试验人员远离。在接近测量系统、接线、拆线和对测量单元电源充电前，应确保所有测量电源已被切断，还要注意低压电源的安全。

使用反接线时，标准电容器外壳带高压电，要注意使其外壳对地绝缘，并且与接地线保持一定的距离。使用反接线时还要特别注意，电桥处于高电位，因此即使检查电桥工作接地良好，试验过程中也不要将手伸到电桥背后。

值得注意的是，设备产生的高压，有些厂家正接法测量时，红色 HV 端为高电压，反接法测量时，蓝色 Cx 端为高电压。也有一些厂家无论是正反接线，都是由 HV 端产生高压，具体要根据厂家说明书进行操作。红色 HV、蓝色 Cx 电缆为高压带屏蔽电缆，使用时可沿地面敷设，但必须将电缆的外屏蔽接至专用接地端。

只有当仪器的“内高压允许”键未按下时，接触仪器的后面板和测量线缆与被试品才是安全的。当仪器的“内高压允许”键按下时，蜂鸣器将鸣叫示警，仪器正在测量时，严禁操作除“启动”键外的所有按键，抬起“启动”键可退出测量状态。

测量介质损失角的试验电压，应不高于被试品额定电压的 110%。所测得介质损失角 $\tan\delta$值应小于 1%，若测得的 $\tan\delta$值不合格，则检查原因，对各部件进行测试。

配套数字资源

视频 3.3.1　介质损耗仪使用

视频 3.3.2　介质损耗电气试验

复习与思考

1. 介质损耗角正切值有没有单位？对于绝缘介质，介质损耗正切值越大好还是越小好？

2. 介质损耗测量接线时，其红线和蓝线能否互换？在反接线时，是否都由 Cx 输出高压？

3. 介质损耗仪量程一般都是 10 kV，这样的电压能否致命？

4. 如何确认介质损耗仪的精度能满足测量要求？如何用标准电容衡量？

5. 为什么用 tanδ 值进行绝缘分析时，要求 tanδ 不应有明显的增加和下降？

6. 测量绝缘油的 tanδ 时，为什么一般要求加热到 90 °C 后再测量？

7. 为什么测量电力设备绝缘的介质损耗因数 tanδ 时，一般要求空气的相对湿度小于 80%？

8. 目前现场测量介质损耗因数 tanδ 的仪器有哪些？

9. 测量小容量试品的介质损耗因数时，为什么要求高压引线与试品的夹角不小于 90？

10. 测量电容型套管的介质损耗因数 tanδ 如何接线？为什么《规程》要严格规定套管 tanδ 的要求值？

11. 为什么大型变压器测量直流泄漏电流容易发现局部缺陷，而测量 tanδ 却不易发现局部缺陷？

12. 为什么测量变压器的 tanδ 和吸收比时，铁心必须接地？

13. 大型变压器油介质损耗因数增大的原因是什么？如何净化处理？

第四节　局部放电测量

一、测量局部放电的意义

局部放电是指高压电器中的绝缘介质在高电场强度作用下，发生在电极之间的未贯穿的放电。局部放电（Partial Discharge，PD）是测定电气设备在不同电压下的局部放电强度和发展趋势，用于判断绝缘内是否存在局部缺陷以及介质老化的速度和目前的状态。它已成为确定产品质量和进行绝缘预防性试验的重要项目之一。试验内容包括测量视在放电量、放电重复率、局部放电起始电压和熄灭电压，甚至大致确定放电的具体部位。很多高电压绝缘故障都和局部放电活动有关，40%左右的绝缘故障可以通过局部放电状况检测到，85%较严重的、破坏性故障都是由局部放电造成的。局放的规程可以参考《电力设备局部放电现场测量导则》（DL 417—2006）和《局部放电试验》（GB 7354—2003）。图 3-20 是局部放电的产生机理，图 3-21 是高压设备内部放电事故。

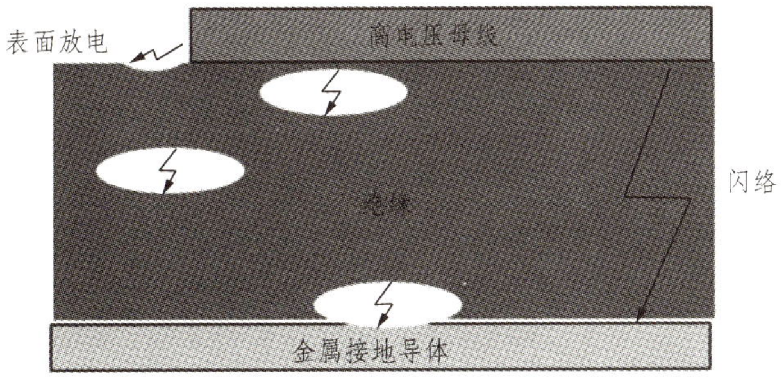

图 3-20　局部放电的产生机理

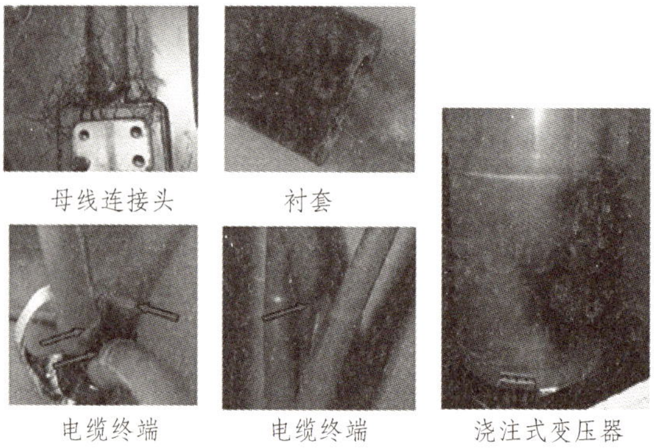

图 3-21 高压设备内部放电事故

电气设备引起局部放电的问题主要有生产质量问题、生产工艺检修问题和绝缘老化问题。导体表面小尖刺、绝缘体裂缝、绝缘体内部气泡、导体表面尖刺都容易使电场强度增加，绝缘体内部有气泡的部分比其他部分更容易被击穿。局部放电作业前，应先完成常规试验项目，如绝缘电阻、吸收比（极化指数）、介质损耗因数（$\tan\delta$）、直流电阻、电压比、绝缘油试验等，试验结果应符合有关标准的要求。

局部放电的检测方法很多，具体也可分为电气检测和非电检测两大类。在大多数情况下，非电检测法往往不够灵敏，大多限于定性检测，即只能判断是否存在局部放电，而不能做定量的分析。目前应用得比较广泛的是电气检测法，特别是测量绝缘内部气隙发生局部放电时的电脉冲，它不仅可以灵敏地检测出是否存在局部放电，还可判定放电强弱程度。如图 3-22 所示为电压等级 35 kV、110 kV、220 kV 电缆局放试验。在局部放电试验时，由于需要施加较高电压，往往结合耐压试验进行，既可以进行耐压试验，又可以检测出试品是否有局部放电。如图 3-23 所示为大长度 220 kV 电缆变频谐振耐压及局放试验。

图 3-22 高压 35 kV、110 kV、220 kV 电缆局放试验

图 3-23　大长度 220 kV 电缆变频谐振耐压及局放试验

非电检测法包括噪声检测法、光检测法、化学分析法、电气检测法包括脉冲电流法、介质损耗法。下面介绍电气检测法。

二、局部放电操作

下面以变压器局放试验为例，说明局部放电的过程。

开始试验准备工作，选择合适的试验仪器，摆放好设备，接取试验电源。拆除变压器高、中、低压侧及中性点与外部的连接引线并保持足够安全距离，将所有套管 CT 二次侧短路接地，按规定试验方法布置试验结线，变压器高压套管套上均压帽，中性点接地。如图 3-24 所示为局部放电试验接线图。

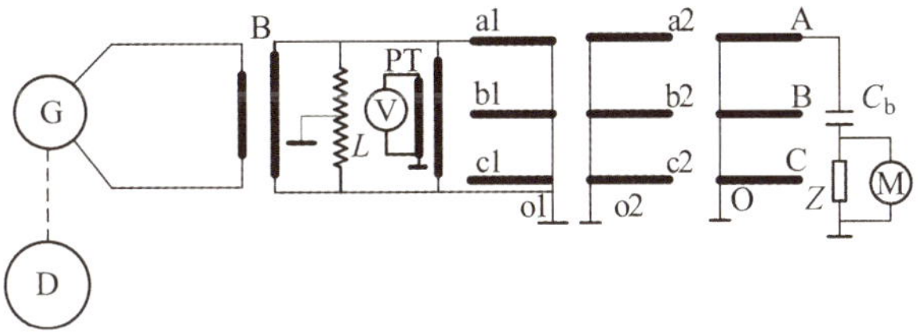

D—电动机；G—中频发电机；B—中间变压器；PT—电压互感器；
L—补偿电抗器；C_b—套管电容；Z—检测阻抗；M—局放检测仪。

图 3-24　局部放电试验接线图

测量时接上阻抗并进行方波校正，在高压套管端部注入方波，在局放仪中观察在高压侧的响应，得出指示系统与放电量的定量关系，即求得换算系数。对背景噪声进行测量，记录所有测量电路上的背景噪声水平，其值应低于规定的视在放电量的 50%。检查加压回路接线，确保正确无误，核算分压器变比及补偿电抗器补偿度；启动中频发电机组，未接入被试变压器的情况下，进行试升压，确保测试系统准确。接入被试变压器进行试升压，测量电抗器电流及被试变压器电流，核实补偿效果。按标准规定的加压程序开始逐渐加压，注意观察主变压器的状况，并随时观察测量结果，每隔 5 min

记录一次数据。根据主变压器的状况和测量结果进行分析研究，确定是否需要继续加压；如测到变压器的局部放电量超标，应测出其起始电压以及熄灭电压。起始电压是指试验电压从不产生局部放电的较低电压逐渐增加时，在试验中局部放电量超过某一规定值时的最低电压值；而熄灭电压是指试验电压从超过局部放电起始电压的较高值下降时，在试验中局部放电量小于某一规定值时的最高电压值。

如没有发现异常现象，则继续加压，直至该相试验结束。降压至零，跳开主回路的开关，在中间变压器的高压侧挂上接地线。依次对余下几相进行试验，并对试验结果进行判断。全部试验完成后，关闭中频机组的电源，拆除试验接线，试验结束。如图 3-25 所示为试验加压程序图。

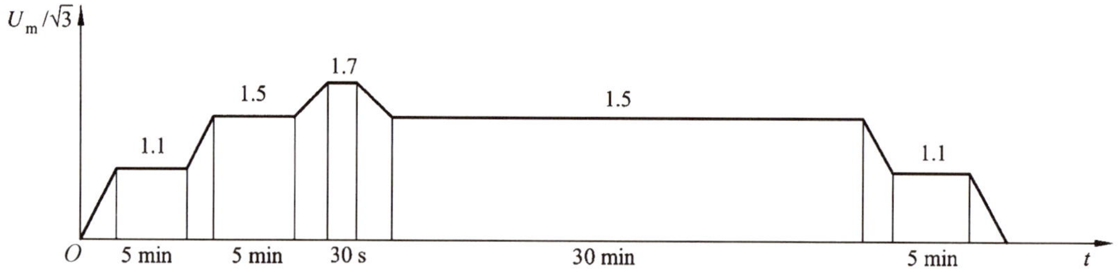

图 3-25　试验加压程序图

配套数字资源

视频 3.4.1　手持局放仪使用

视频 3.4.2　局部放电试验

复习与思考

1. 局部放电试验在工程上有哪些应用？请举例说明。

2. 测量局部放电试验前，先输入正弦波的作用是什么？当出现局部放电时，应记下哪些测量结果？

第五节　直流耐压试验

一、耐压试验综述

在电气设备试验中，常常要对交联聚乙烯电力电缆（XLPE，交联聚乙烯英文名称的缩写）、高压开关柜、GIS、高压电动机、大型发电机组、大型电力变压器、互感器等高电压、大容量的电力设备进行绝缘耐压试验。绝缘耐压试验是破坏性试验设备，用于对各种电气设备、绝缘材料等进行规定电压下的绝缘强度试验，考核产品的绝缘水平，发现被试品的绝缘缺陷，衡量过电压的能力。

设备绝缘耐压试验是根据它的使用目的、测试要求和系统过电压的种类来划分的。绝缘试验结果与试验电压的波形有着密切的关系。耐压试验可以分为直流耐压试验、工频耐压试验、感应耐压试验、冲击电压试验和操作冲击电压试验等几种。

直流耐压试验就是逐渐施加直流高压时，检测设备在高压试验下承受的最大电压峰值，便于确定设备的使用范围和选择设备的量程，试验过程中会对设备产生一定程度的损害。直流耐压测试仪时，由于电路中的电容充电，必须在测试完成后对样品进行放电。如图 3-26 所示为直流耐压装置。

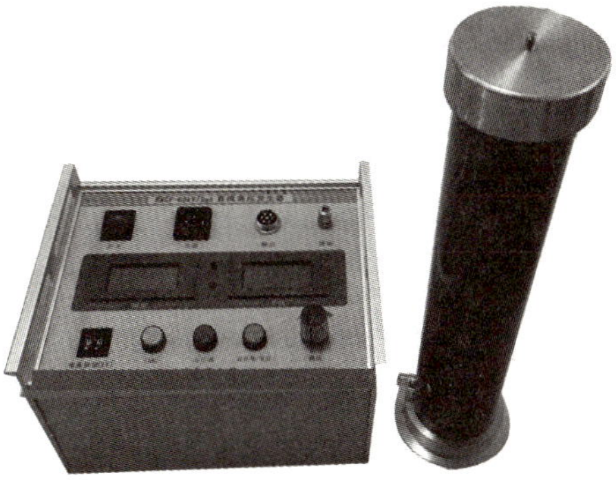

图 3-26　直流耐压装置

工频变频串联谐振试验适用于大容量、高电压的电容性试品的交接和预防性试验，主要用于大型发电机组、电力变压器、电力电容器、GIS、电力电缆、套管等容性设备。这些设备在一定频率范围内的绝缘耐受与工频耐压具有一定的等效性，这样就为利用变频试验装置的电感与被试品的电容串联产生谐振电压来进行交流耐压试验提供了条件，由于试验装置的励磁电压低、重量轻，在施工现场使用非常方便，既可满足高电压、小电流的设备试验条件要求，又可满足低电压、大电流的设备试验条件要求。其中图 3-27 是交流耐压试验装置，图 3-28 是变频串联谐振试验装置。

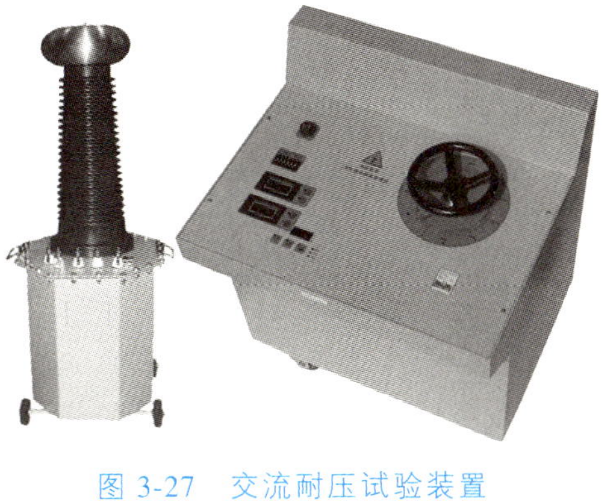

图 3-27　交流耐压试验装置

（a）变频电源　（b）励磁变压器　（c）分压器　（d）电抗器

图 3-28　变频串联谐振试验装置

感应耐压试验是指给变压器规定的绕组外施加规定高压，该电压不低于 2 倍的额定电源电压，频率不小于 2 倍最低额定频率；要求在该电压按规定持续的时间内绕组无灼热、飞弧、击穿或损伤等迹象；要求感应耐压试验前后额定工作电源下的空载电流和功耗无明显的变化。通常工频耐压试验考核变压器的主绝缘，感应耐压试验考核变压器纵绝缘缺陷。变压器的纵绝缘主要依赖于绕组内的绝缘介质——漆包线本身的绝缘漆、变压器油、绝缘纸、浸渍漆和绝缘胶等多种绝缘介质，检测纵绝缘电介质是否混含固体杂质、气泡或水分等，生产过程中是否有损伤。如图 3-29 所示为三倍频感应耐压试验装置。

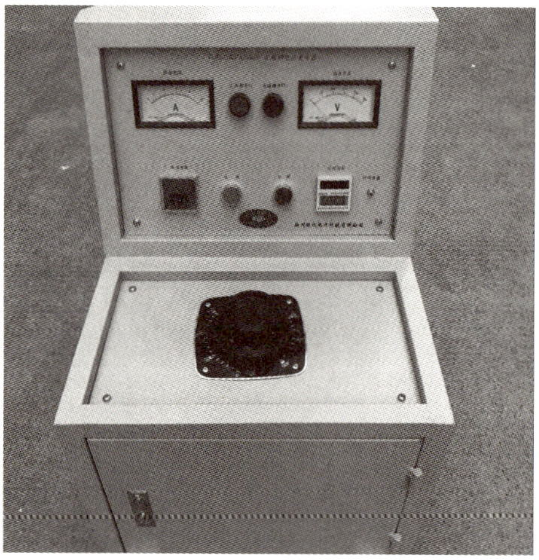

图 3-29　三倍频感应耐压试验装置

操作冲击电压试验是使用冲击电压发生器产生标准的冲击电压波和电压值，来检验超高压电气设备在雷过电压或操作过电压作用下的绝缘性能的试验，用于研究电气设备在运行中遭受雷电过电压和操作过电压作用时的绝缘性能。如图 3-30 所示为 3 000 kV 冲击电压发生器。

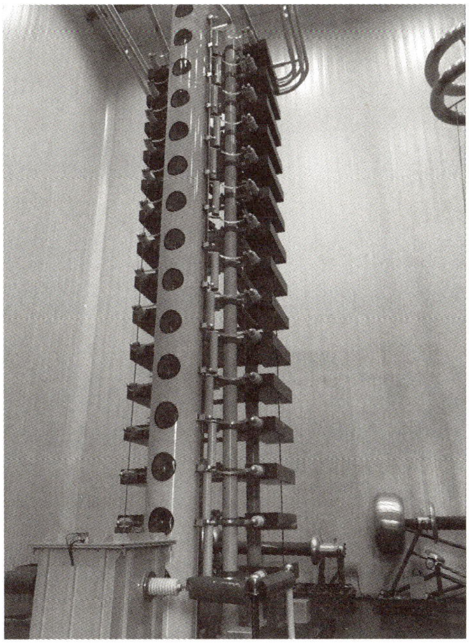

图 3-30　3 000 kV 冲击电压发生器

交流耐压试验的加压方法一般有：一是工频耐压，包括用常规的交流试验变压器和工频串、并联谐振试验，可以对交流电动机和发电机、绝缘子、断路器、电流互感器等设备进行；二是感应耐压试验，如变压器、电磁式电压互感器等，采用从二次加压使得一次侧感应高压的方法，它不仅可以考验被试品的主绝缘（绕组对地、相间、相对地），还可以考验纵绝缘（同一绕组的层间、匝间），通常采用 100 ~ 400 Hz 的倍频进行；三是冲击电压试验，主要考验被试品耐受操作波过电压和大气过电压下绝缘的承受能力，它分为操作波冲击电压试验和雷电冲击电压试验。

二、交直流耐压区别

直流耐压能有效地发现绝缘受潮、脏污等整体缺陷，并能通过电压与泄漏电流的关系曲线发现绝缘的局部缺陷。在直流电压的作用下，电缆绝缘中的电压按绝缘电阻分布，当电缆绝缘存在发展性局部缺陷时，直流电压将大部分加在与缺陷串联的未损坏的部分上，所以直流耐压试验比交流耐压试验更容易发现电缆的局部缺陷。因直流电压下绝缘基本上不产生介质损失，因此直流耐压对绝缘的破坏性小。由于直流耐压只需供给很小的泄漏电流，因而所需试验设备容量小，携带方便。

交流耐压试验更接近设备运行状态，是测量电力设备绝缘强度最有效和最直接的方法。交流耐压试验是从介质损失的热击穿观点出发，可以有效地发现局部游离性缺陷及绝缘老化的弱点。由于在交变电压下主要按电容分压，能有效的发现设备绝缘缺陷。但是交流耐压对绝缘的破坏性比直流大，而且由于试验电流为电容电流，所以需要大容量的试验设备。

直流耐压试验电压较高，对发现绝缘某些局部缺陷具有特殊的作用，可与泄漏电流试验同时进行。直流耐压试验与交流耐压试验相比，具有试验设备轻便、对绝缘损伤小和易于发现设备的局部缺陷等优点。与交流耐压试验相比，直流耐压试验的主要缺点是由于交、直流下绝缘内部的电压分布不同，直流耐压试验对绝缘的考验不如交流更接近实际。

综上所述，直流耐压试验和工频交流耐压试验都能有效地发现绝缘缺陷，但各有特点，因此两种方法不能相互代替，必要时，应同时进行，相互补充。

三、直流耐压试验优缺点

1. 直流试验优点

电缆纸绝缘在直流电压下的击穿强度约为交流电压下的 2 倍以上，所以可施加更高的直流电压对绝缘介质进行耐压强度的考验。在许多情况下，用兆欧表测量电缆的绝缘良好，而电缆的绝缘在直流耐压试验中被击穿。因此，直流耐压试验是检验电缆耐压强度、发现纸绝缘介质受潮、机械损伤等局部缺陷的有效手段。

直流试验电压一般是由交流电源通过整流装置产生,实际上是单极性的脉动电压。直流耐压试验检验电力设备的绝缘性能，其目的是确定直流高压电工设备耐受直流电压的能力。

由于受交流试验电源容量的限制，用直流高电压代替交流高电压对大电容交流设备进行耐压试验。以电缆试验为例，直流耐压试验对发现电缆缺陷的有效性，直流耐压试验可判断纸绝缘电缆的好坏，并可获取其内部缺陷的可靠数据。由于电缆线路的电容很大，若采用工频电压试验，必须有大容量的工频试验变压器，现场试验很难实现，所以传统的耐压试验方法采用直流耐压试验。因为电缆的直流绝缘电阻很大（一般在 10 GΩ以上），所以在做直流耐压试验时充电电流极小，具有试验设备容量小、重量轻、可移动性好等优点。

2. 直流试验局限性

但直流耐压试验方法对于交联聚乙烯电缆，无论从理论还是实践上却存在着很多缺点。主要体现在：

1）不能模拟真实工况

高压试验技术的一个通用原则：试品上所施加的试验电压场强必须模拟高压电器的运行工况。直流电压下，电缆绝缘的电场分布取决于材料的体积电阻率，而交流电压下的电场分布取决于各介质的介电常数，特别是在电缆终端头、接头盒等电缆附件中的直流电场强度的分布和交流电场强度的分布完全不同，而且直流电压下绝缘老化的机理和交流电压下的老化机理不相同。因此，直流耐压试验不能模拟交联电缆的运行工况。

2）高压重叠累加

交联电缆在直流电压下会产生“记忆”效应，存储积累单极性残余电荷。一旦有了由于直流耐压试验引起的“记忆性”，需要很长时间才能将这种直流偏压释放。电缆如果在直流残余电荷未完全释放之前投入运行，直流偏压便会叠加在工频电压峰值上，使得电缆上的电压值远远超过其额定电压，从而有可能导致电缆绝缘击穿。

3）破坏电缆绝缘

直流耐压试验时，会有电子注入聚合物介质内部，形成空间电荷，使该处的电场强度降低，从而难以发生击穿。由于振荡电压极性迅速改变为异极性，使该处电场强度显著增大，可能损坏绝缘，造成多点击穿，损坏电缆。直流耐压试验时所形成的空间电荷可导致电缆投运时发生击穿或沿面滑闪。

4）产生水树枝

交联电缆的一个致命弱点是绝缘内易产生水树枝，一旦产生水树枝，在直流电压下会迅速转变为电树枝，并形成放电，加速了绝缘劣化，以至于运行后在工频电压作用下形成击穿，从而在直流试验时给绝缘埋下安全隐患。而单纯的水树枝在交流工作电压下还能保持相当的耐压值，并能保持一段时间。

实践也表明，直流耐压试验不但不能有效发现交流电压作用下的某些缺陷，而且会损害电缆，给电缆的安全运行带来危险，如在电缆附件内，绝缘若有机械损伤等缺陷，在交流电压下绝缘最易发生击穿的地点，在直流电压下往往不能击穿。直流电压下绝缘击穿处往往发生在交流工作条件下绝缘平时不发生击穿的地点，这一点也得到了运行经验的证明：一些电缆在交接试验中按照《电气装置安装工程电气设备交接试验标准》标准进行直流耐压试验顺利通过，但投运不久就发生绝缘击穿事故。正常运行的电缆被直流耐压试验损坏的情况也时有发生。

电力电缆直流耐压试验要求施加负极性直流电压，主要原因是进行电力电缆直流耐压试验时，如果缆芯接正极性，则绝缘中如有水分存在，将会因电渗透性作用使水分移向铅包，结果使缺陷不易被发现。当缆芯接正极时，击穿电压较接负极性时约高10%（这与绝缘厚度、温度及电压作用时间都有关系）。因此，为严格考验电力电缆绝缘水平，规定用负极性电压进行电力电缆直流耐压试验。

四、直流耐压试验方法

※※具体测试方法见《高压设备测试实训指导书》试验三　泄漏电流及直流耐压试验。

1. 试验原理

直流试验装置容量小，携带方便，能有效发现绝缘受潮、脏污等整体缺陷，对绝缘破坏性小，同一套装置可以完成直流泄漏电流测量和直流耐压试验，前者属于非破坏性试验，后者属于破坏性试验，两者原理与接线相同，不同之处在于所施加电压不同。直流耐压所加的电压比泄漏电流要高很多，直流耐压试验时，在规程耐压值时保持 5 分钟，无放电、烧焦等异常情况时判定为合格。如图 3-31 所示为直流高压发生装置组合图。

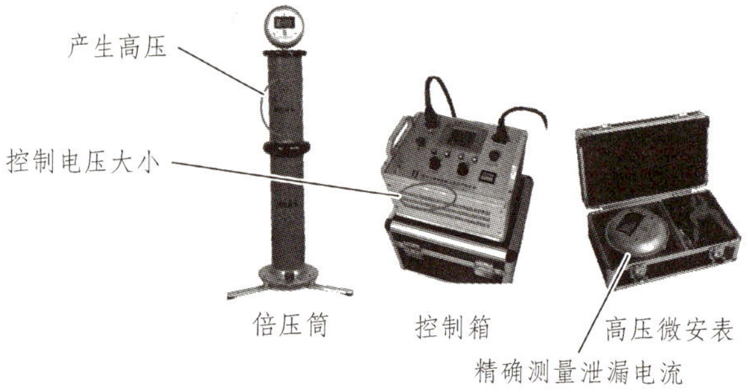

图 3-31　直流高压发生装置组合图

以氧化锌避雷器泄漏电流测量为例，测量其 $U_{1\,\mathrm{mA}}$（kV），目的主要是检查阀片是否受潮，确定其动作特性和保护特性是否符合要求，以直流电压和电流方式来表明阀片的伏安特性曲线饱和点的位置，测量其 $I_{0.75\,\mathrm{U1\,mA}}$（μA），目的是检测氧化锌避雷器长期允许工作电流是否符合规定，$I_{0.75\,\mathrm{U1\,mA}} \leqslant 50$ μA 为合格。如图 3-32 所示为氧化锌避雷器现场直流测试图。

图 3-32　氧化锌避雷器现场直流测试图

2. 试验接线及过程

如图 3-33 所示为避雷器直流泄漏电流接线示意图，如图 3-34 所示为氧化锌避雷器直流试验接线图。

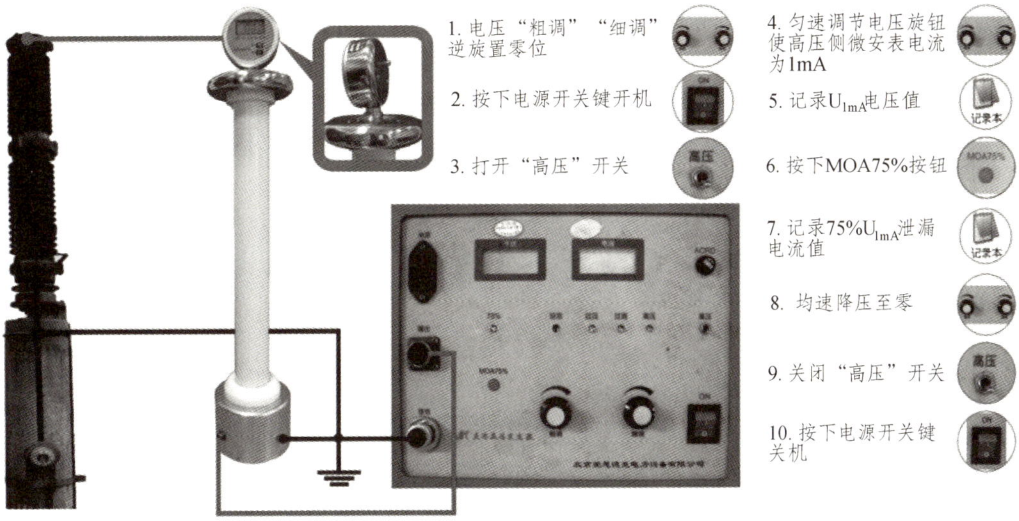

图 3-33 避雷器直流泄漏电流接线示意图

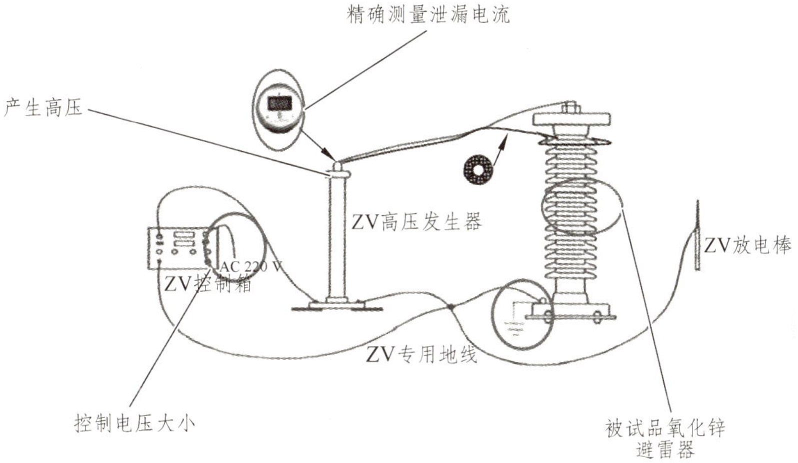

图 3-34 氧化锌避雷器直流试验接线图

直流耐压试验装置在使用前应检查其完好性，连接电缆不能有断路和短路，设备无破裂损坏。试验过程如下：

（1）将机箱、倍压筒放置到合适位置，分别连接好电缆线、接地线和电源线。使用专用接地线连接接地，保护接地线、工作接地线和放电棒接地线均应单独接到试品的地线上（即一点接地），严禁各接地线相互串联。

（2）电源开关放在关断位置，检查并确认调压电位器在零位。过电压保护整定值一般为试验电压的 1.1 倍。

（3）检查空载升压检测过电压保护整定是否灵敏。

（4）接通电源开关，此时绿灯亮，表示电源接通。按红色按钮，则红灯亮，表示高压接通。

（5）顺时针方向平缓调节调压电位器，输出端即从零开始升压，升至所需电压后，按规定时间记录电流表读数，并检查控制箱及高压输出线有无异常现象及声响。升压速度以每秒 3 ~ 5 kV 试验电压为宜，对于大电容试品升压时还需监视电流表充电电流不超过试验器的最大充电电流。

对金属氧化锌避雷器进行 $0.75U_{DC1\,mA}$ 测量时，先升至 1 mA 时，读取 $U_{DC1\,mA}$ 电压值，然后按下黄色按钮 $0.75U_{DC1\,mA}$ 键，此时电压即降至原来的 75%，读取对应的微安数 $I_{0.75U1\,mA}$。

（6）降压，将调压电位器回零后，随即按绿色按钮，切断高压并关闭电源开关。

3. 注意事项

（1）对电气设备进行直流耐压试验，须一人接线，另一人查验，确认接线无误后，方可进行试验。

（2）所使用的微安表如处于高压接线时，须有良好的屏蔽，高压引线用屏蔽线，试验电缆用屏蔽罩。

（3）无专用试验装置时，试验电容量小的被试品，应加滤波电容器。在半波整流装置中，必须注意整流管的最大使用电压不得超过额定反峰值电压的一半。使用硅管作倍压整流时，应注意硅管极性。

（4）高压测量用微安表应配备保护装置，保护用的电容器应绝缘良好，不应有漏电现象。

（5）做电缆直流耐压试验，导电回路中应接保护电阻，试验完毕应经电阻放电，必要时对附近设备也应放电或预先短接。

（6）做避雷器电导电流试验，应采用高压测量。对于能分相进行的设备，必须分相进行，以便比较判断各相的试验结果。

（7）当更换试品和接线时，电源应有明显断开点。现场一人操作，一人监护，确保试验人员安全。 仪器电源接通前检查高压发生器是否正确连接 AC 220 V 电源。如果电源经隔离变或现场用自发电源，则电源必须有一点与大地联接。

（8）放电时不能直接将放电棒立即接触试品，应先将放电棒缓慢逐渐接近试品，到一定距离空气间隙后开始游离放电，放电时有嘶嘶声，当无声音时可用放电棒直接放电。

（9）当直流高压在 200 kV 及以上时，即使试验人员穿绝缘鞋，且处在安全距离以外区域，但由于高压直流离子空间电场分布的影响，会使几个邻近站立的人体上带有不同的直流电位。试验人员不要互相握手或用手接触接地体等，否则会有轻微电击现象。

配套数字资源

视频 3.5.1　直流耐压试验

复习与思考

1. 直流耐压和交流耐压的区别是什么？

2. 对于高压电缆，采用直流耐压试验还是交流耐压试验合适？应如何分类选择？

3. 为何电力电缆直流耐压试验要求施加负极性直流电压？导致电力电缆泄漏电流偏大测量误差的原因是什么？应如何抑制？

4. 为什么纸绝缘电力电缆不采用交流耐压试验，而只采用直流耐压试验？为什么交联聚乙烯电缆不适宜采用直流耐压试验？

5. FZ 型和 FS 型阀式避雷器在预防性试验时，前者不做工频放电试验而做电导电流试验？后者却做工频放电试验？

6. 测量金属氧化锌避雷器 $U_{DC1\,mA}$ 电压值和 $0.75U_{DC1\,mA}$ 电流应注意什么？测量值应如何判断是否合格？

7. 测量金属氧化锌避雷器在运行电压下的交流泄漏电流能发现什么缺陷？

8. 电力电缆在做直流耐压试验时，为什么需要在冷却状态下进行？

第六节　交流耐压试验和变频串联谐振试验

一、工频交流耐压试验

由于电力设备在运行中，绝缘长期受着电场、温度和机械振动的作用会逐渐发生劣化，其中包括整体劣化和部分劣化，形成缺陷。交流耐压试验对绝缘的考验非常严格，能有效地发现较危险的集中性缺陷。它是鉴定电气设备绝缘强度最直接和最有效的方法，对于判断电气设备能否投入运行具有决定性的意义，也是保证设备绝缘水平、避免发生绝缘事故的重要手段。

交流耐压试验可能使绝缘中的一些弱点更加明显，因此，在试验前必须对试品先进行绝缘电阻、吸收比、泄漏电流和介质损耗等项目的试验，若试验结果合格方能进行交流耐压试验，否则应及时处理，待各项指标合格后再进行交流耐压试验，以免造成不应有的绝缘损伤。

工频交流耐压试验是检验电气设备绝缘耐受工频电压作用能力的试验。对 220 kV 及以下电气设备也用它来检验绝缘耐受操作过电压、暂时过电压的能力。试验时，按规定将被试品接入试验回路，逐步升高电压至标准规定的额定工频耐受电压值，保持 1 min，然后迅速、均匀地降压到零。如图 3-35 所示为发电机工频交流耐压试验，在规定的时间内，被试品绝缘未发生击穿或表面闪络，则认为通过了该项试验。工频交流耐压试验所施电压高出电气设备额定工作电压，通过这一试验可以发现很多绝缘缺陷，尤其对局部缺陷更为有效，其缺点是可能在耐压试验时给绝缘带来一定损伤，所以应在绝缘电阻、泄漏电流、介质损耗因数等项目试验合格后，方可进行工频交流耐压试验。

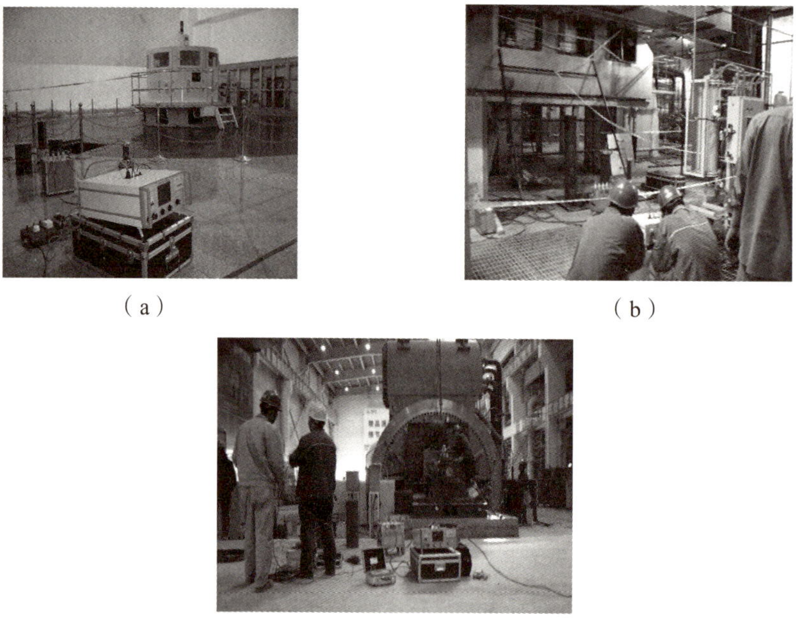

（a）（b）（c）

图 3-35　水轮发电机工频交流耐压试验

利用试验变压器产生工频高电压，试验变压器的工作原理和电力变压器相同，经过电磁耦合将较低电压升至所需高电压，试验变压器电压较高，容量相对较小，工作时间短，绝缘安全裕度较小，对输出波形畸变率及局部放电有严格要求，通过调压器给试验变压器供电，以输出可调节的工频高电压。在进行试验之前，应根据被试品的电容量及试验电压，估算所需试验变压器的容量。由于体积和重量的限制，单台试验变压器额定电压不宜太高，为获得更高电压，可将几台变压器串联，构成串级式试验变压器。

二、工频耐压试验方法

※※具体测试方法见《高压设备测试实训指导书》试验五　工频耐压试验。

如图 3-36 所示为工频耐压试验接线图。

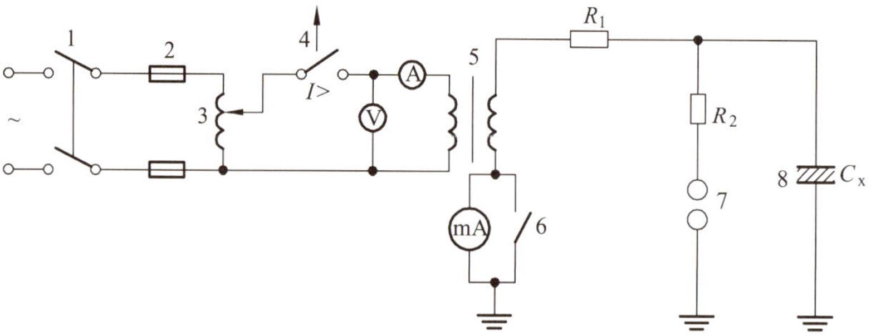

1—刀闸；2—熔丝，3—调压器；4—电磁开关；5—试验变压器；6—短路刀闸；7—保护球间隙；R_1—保护电阻；R_2—球间隙保护电阻。

图 3-36　工频耐压试验接线图

试验标准根据《电气装置安装工程电气设备交接试验标准》(GB 50150—2016)规定。

试验过程有两个步骤：

1. 根据保护电压设定保护球间隙距离（不接试品）

首先是不接入试品，先调节保护球隙直径，调整好后放电，再接入试品进行加压试验。

保护球隙耐压试验的作用，调节好球隙距离后，应在不接试品的情况下测试球隙的放电电压是否正确，这个电压按耐压的 1.1 ~ 1.2 倍进行设置，并检查球隙放电时操作台的保护装置是否可靠动作。若保护球隙直径为 15 cm，在球隙放电电压表中查出对应放电电压为 64.5 kV 的球隙距离约为 2.2 cm。如表 3-11 所示为不同直径大小的球隙与距离对应的交直流放电电压表（部分），适用于交流电压、负极性的雷电冲击电压和长波尾冲击及两种极性的直流电压 kV（峰值）。

表 3-11　不同直径大小的球隙与距离对应的交直流放电电压表　　单位：kV

球隙距离/cm	球直径/cm					
	5	6.25	10	12.5	15	25
0.2	8					
0.25	9.6					
0.3	11.2					
0.4	14.3	14.2				
0.5	17.4	17.2	16.8	16.8	16.8	
0.6	20.4	20.2	19.9	19.9	19.9	
0.7	23.4	23.7	23	23	23	
0.8	26.3	26.2	26	26	26	
0.9	29.2	29.1	28.9	28.9	28.9	
1.0	32	31.9	31.7	31.7	31.7	31.7
1.2	37.6	37.5	37.4	37.4	37.4	37.4
1.4	42.9	42.9	42.9	42.9	42.9	42.9
1.5	45.5	45.5	45.5	45.5	45.5	45.5
1.6	48.1	48.1	48.1	48.1	48.1	48.1
2.0	57.5	56.5	59	59	59	59
2.2	61.5	63	64.5	64.5	64.5	64.5
2.4	65.5	67.5	69.5	70	70	70
2.6	69	72	74.5	75	75	75
2.8	72.5	76	79.5	80	80.5	86.5

2. 加耐压 1 min（接试品）

接入试品，对试品加压，使电压缓缓升高直到试验电压，在此电压维持 1 min，并观察有无击穿或其他现象发生可判定试验合格通过。1 min 后，降压至零，切断电源。升压应缓慢进行（升到全压所需时间不少于 30 s），一般考虑以试验电压 1/3 值到满值，历时 15 s 为宜。加压中途如发现表针猛动或其他异常现象时，应立即降压，并切断电源，查明原因，消除故障。

三、工频耐压数据处理与分析

1. 试验标准

技术标准可根据《输变电设备状态检修试验规程》（Q/GDW168—2008）和《电气装置安装工程电气设备交接试验标准》（GB 50150—2016）。如表 3-12 所示为常见设备 1 min 工频耐受电压（kV）。

表 3-12　常见设备 1 min 工频耐受电压　　单位：kV

额定电压/kV	最高工作电压/kV	1 min 工频耐受电压（kV）有效值																	
		油浸电力变压器		并联电抗器		电压互感器		断路器、电流互感器		干式电抗器		穿墙套管				支柱绝缘子、隔离开关		干式电力变压器	
												纯瓷和纯瓷充油绝缘		固体有机绝缘					
		出厂	交接	出厂	交接	出厂	交接	出厂	交接	出厂	交接	出厂	交接	出厂	交接	出厂	交接	出厂	交接
3	3.5	18	15	18	15	18	16	18	16	18	18	18	18	18	16	25	25	10	8.5
6	6.9	25	21	25	21	23	21	23	21	23	23	23	23	23	21	32	32	20	17.0
10	1.5	35	30	35	30	30	27	30	27	30	30	30	30	30	27	42	42	28	24
15	17.5	45	38	45	38	40	36	40	36	40	40	40	40	40	36	57	57	38	32
20	23.0	55	47	55	47	50	45	50	45	50	50	50	50	50	45	68	68	50	43
35	40.5	85	72	85	72	80	72	80	72	80	80	80	80	80	72	100	100	70	60
63	69.0	140	120	140	120	140	126	140	126	140	140	140	140	140	126	165	165		
110	126.0	200	170	200	170	200	180	185	180	185	185	185	185	185	180	265	265		
220	252.0	395	335	395	335	395	356	395	356	395	395	360	360	360	356	450	450		
330	363.0	510	433	510	433	510	459	510	459	510	510	460	460	460	459				
500	550.0	680	578	680	578	680	612	680	612	680	680	630	630	630	612				

注：① 表中，除干式变压器外，其余电气设备出厂试验电压是根据现行国家标准《高压输变电设备的绝缘配合》；
② 干式变压器出厂试验电压是根据现国家《干式电力变压器》；
③ 额定电压为 1 kV 及以下的油浸电力变压器交接试验电压为 4 kV，干式电力变压器为 2.6 kV；
④ 油浸电抗器和弧线圈采用油浸电力变压器试验标准。

2. 数据分析

被试品在交流耐压试验持续时间内，一般以不发生击穿为合格，反之则为不合格。按以下情况进行分析。

1）表针的指示

一般情况下，若电流表突然大幅上升，则表明被试品已经击穿。但当被试品电容量较大或试验变压器容量不够时，被试品虽然已击穿，电流表指示却无明显的变化或者反而下降，这是由于被试品容抗 X_C 补偿了试验变压器的漏感抗 X_L，一旦被试品击穿，X_C 被短接反而使回路总阻抗增大，于是电流下降。此时应以接在高压侧测量试验电压的电压表的指示来判断，被试品击穿时，电压表指示会突然明显下降。低压侧电压表的指示也会有所下降。

2）电磁开关的动作情况

如果接在试验回路中的过流继电器的整定值适当，在被试品击穿时，由于电流过大，过流继电器应动作，使电磁开关跳闸。过流继电器的动作电流，一般应整定为试验变压器额定电流的 1.3 ~ 1.5 倍。若整定值过小，可能在升压过程中，因被试电容电流过大，而使电磁开关跳闸；若整定值过大，即使被试品放电或小电流击穿，电磁开关也不会跳闸，所以对电磁开关的动作应进行具体分析。

3）被试品的状况

在试验过程中，如果被试品发生声响、冒烟、焦煳味、燃烧等现象，都是不允许的，应该查明原因。如果这些现象确实是被试品绝缘部分出现的，则表明被试品存在问题或已击穿。

4）绝缘不佳导致发热

被试品为有机材料绝缘材料时，试验后应立即触摸，若出现普遍或局部发热严重，则表明绝缘不良（或受潮），应该进行处理（如烘烤），再进行试验。

5）绝缘电阻比较

对于组合绝缘或有机绝缘的被试品，如果工频耐压试验后的绝缘电阻比试验前的明显下降，则认为不合格。

6）温湿度影响及处理

对于纯瓷绝缘或表面以瓷绝缘为主的被试品，在试验过程中，若由于空气中的湿度、温度或表面脏污等的影响，引起被试品沿面闪络或空气发电，则不应轻易地认为不合格。须经清洁、干燥处理后，再进行试验。若排除外界的影响因素之后，在试验中仍然发生沿面闪络或局部红火，说明的确是瓷件表面釉层绝缘损伤或老化，则认为不合格。

四、调频串联谐振耐压试验应用

交联聚乙烯电缆的直流耐压试验中，由于空间电荷效应，绝缘中的实际电场强度可比电缆绝缘的工作电场强度高达 11 倍。交联聚乙烯绝缘电缆即使通过了直流试验不发生击穿，也会引起绝缘的严重损伤。其次由于施加的直流电压场强分布与运行的交流电压场强分布不同，直流试验也不能真实模拟运行状态下电缆承受的过电压，不能有效地发现电缆及电缆接头本身和施工工艺上的缺陷。直流耐压试验对试品的破坏作用已越来越引起人们的关注，使用非直流的方法对交联电缆进行耐压试验就越来越受到人们的重视。由于电缆的电容量较大，采用传统的工频试验变压器很笨重、庞大，且大电流的工作电源现场不易取得，因此，一般都采用串联谐振交流耐压试验设备。其输入电源的容量显著降低，重量减轻，便于使用和运输。

串联谐振耐压试验装置一般由变频电源、励磁变压器、电抗器和电容分压器组成。变频电源调频功率输出经激励变压器耦合给串联谐振回路，提供串联谐振的激励功率。多台电抗器可并联、串联使用，变频串联谐振试验装置采用多级叠加的方式，与试品电容产生谐振电压。电容分压器用于测量被试品上的谐振电压，并作过压保护信号。分压器既用来测量试验电压，也可以作为小电容量试品的补偿电容，使得谐振频率可以在 30 ~ 300 Hz 范围内完成多种电力设备的交流耐压试验。如图 3-37 所示为变频串联谐振成套装置。

图 3-37　变频串联谐振成套装置

电抗器采用多只分开与叠加设计，既可满足高电压、小电流的设备试验条件要求，组合后又能满足 500 kV 电缆等高电压交流耐压试验要求。变频谐振试验装置广泛用于电力、冶金、石油、化工等行业，适用于大容量、高电压电容性试品的交接和预防性试验。被试品的电容与电抗器构成串联谐振连接方式；分压器并联在被试品上，用于测量被试品的谐振电压，并作过压保护信号。串联变频自动串联谐振装置主要用于 10 kV、35 kV、66 kV、110 kV、220 kV 的电力电缆、组合电器（GIS）和 SF_6 开关，主变压器、母线，发电机，套管，互感器等所有电气主设备的交流耐压试验。

谐振试验装置是针对电力电缆、大型变压器、发电机、套管、GIS 等大电流容性试品的交流耐压试验而设计的。各种高压大型设备试验要求的试验设备容量大，通常情况下采用谐振的办法进行试验，但须在 50 Hz 工频条件下或等效工频条件下进行，等效工频条件一般采用 45 ~ 65 Hz 的频率范围。如图 3-38 所示为 500 kVGIS 交流耐压试验，如图 3-39 所示为容性套管进行串联谐振耐压试验。

图 3-38　500 kV GIS 交流耐压试验

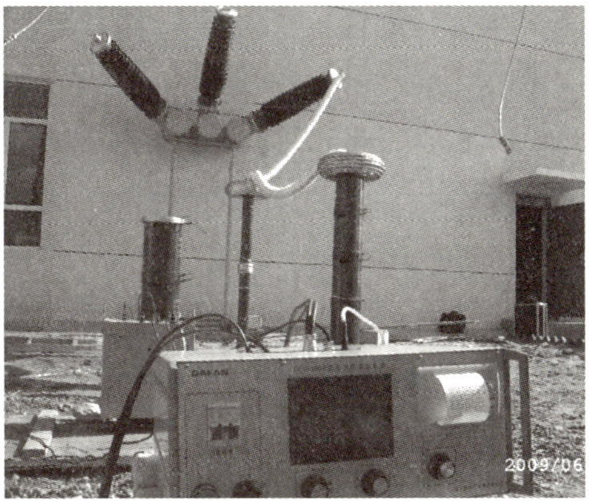

图 3-39　容性套管进行串联谐振耐压试验

五、谐振耐压试验原理

变频串联谐振试验装置基本原理是运用串联谐振原理，采用可调节（30 ~ 300 Hz）串联谐振设备与被试品电容谐振产生交流试验电压，利用励磁变压器激发串联谐振回路，调节变频控制器的输出频率，使回路电感 L 和试品 C 串联谐振，谐振电压即为加到试品上电压。电抗器 L 和被试品电容 C 组成的串联谐振都有一个固定的谐振频率 $f=1/(2\pi\sqrt{LC})$，当试验频率等于这个频率时，该电路发生谐振。通过这个原理，由调频电源提供电源送给励磁变压器，经过励磁变压器变压成中压加上 L 和被试品电容 C 上。通过改变调频电源输出频率，使回路处于串联谐振状态，再调节调频电源输出电压，使试品上电压达到所需要的电压值。串联谐振电源是利用谐振电抗器和被试品电容谐振产生高电压和大电流的，在整个系统中，电源只需要提供系统中有功消耗的部分，因此，试验所需的电源功率只有试验容量的 $1/Q$。如图 3-40 所示为调频串联谐振耐压试验装置原理图。

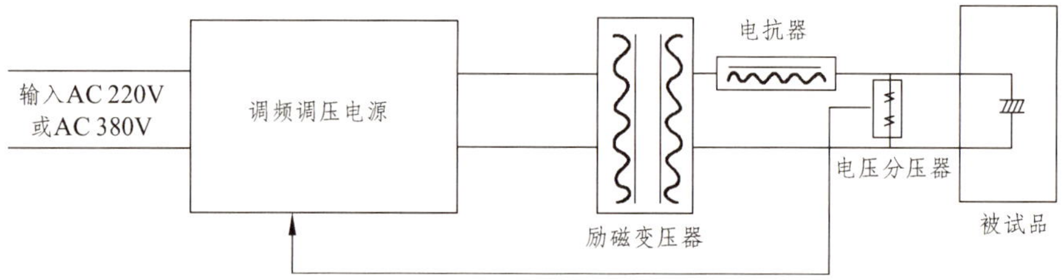

图 3-40　调频串联谐振耐压试验装置原理图

调频串联谐振耐压试验装置主要由变频电源、激励变压器、电抗器、电容分压器组成。工作模式为：全自动模式、手动模式、自动调谐手动升压模式。如图 3-41 所示为调频串联谐振耐压试验装置接线图。

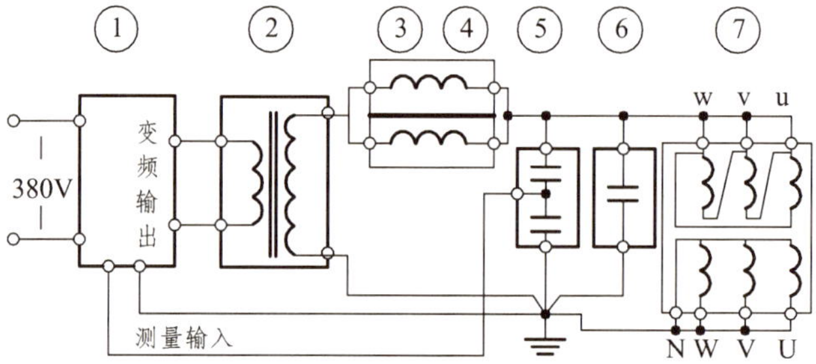

1—变频电源；2—激励变压器；3、4—电抗器；
5—分压器；6—补偿电容；7—试品变压器。

图 3-41　调频串联谐振耐压试验装置接线图

① 变频电源——既可改变其输出频率，又可改变其输出电压。

② 励磁变压器——起到耦合信号及电压变换的作用，并按自身变化来提升电压。

③ 电抗器——与被试品串联，构成 LC 串联谐振电路。当电源频率等于 $1/(2\pi\sqrt{LC})$ 时，它与被试品 C_x 发生串联谐振；电抗器的性能直接影响到系统 Q 值的大小。

④ 电容分压器——测量被试品上的电压，并作为采样信号反馈给调频电源。高压分压器是高电压测试器件，它由高压臂 C1 和低压臂 C2 组成，测量信号从低压臂 C2 上引出，作为高压电测量和保护信号。

⑤ 补偿电容——补偿小电容量被试品调整被试品频率。

六、变频串联谐振耐压试验的优点

（1）体积小、重量轻。

串联谐振电源是利用谐振电抗器和被试品电容谐振产生高电压和大电流的，不但省去了笨重的大功率调压装置和普通的大功率工频试验变压器，而且谐振激磁电源只需试验容量的 $1/Q$，使得系统重量和体积大大减少，一般为普通试验装置的 1/10 ~ 1/30，适合施工现场使用，便于运输和现场安装。

（2）试品危害性小。

在串联谐振状态，当试品的绝缘弱点被击穿时，谐振条件破坏，电路立即脱谐，短路电流小，回路电流迅速下降为正常试验电流的 $1/Q$。而并联谐振或者试验变压器方式做耐压试验时，击穿电流立即上升几十倍，两者相比，短路电流与击穿电流相差数百倍。所以，串联谐振能有效地找到绝缘弱点，又不存在大的短路电流烧伤故障点的隐患。

（3）保护电路好。

采用一点接地、进线保护、低通道滤波器、放电保护等，不仅可以在稳态下使放电或击穿电流小，而且还使暂态（瞬时）电流的破坏减小，从而保证设备和人身的安全。

（4）适用范围广。

可对电力电缆、断路器、开关进行变频交流耐压试验，对大型发电机组、电力变压器、互感器、套管等电气设备进行耐压试验，还可用于局部放电试验及测量接地电阻。

（5）谐振容易产生高压。

变频串联谐振试验装置是先在低电压下调谐振点，然后升高电压幅值达到试验所需电压，且能保持谐振点，安全可靠。利用串联谐振的方法进行交流耐压试验是完全可行的。对于试验中遇到的问题，采用调整试验频率、选择偏离谐振频率下进行试验和调整回路的品质因数的方法也是行之有效的。

（6）防止误击穿。

谐振电源是谐振式滤波电路，能改善输出电压的波形畸变，获得很好的正弦波形，有效防止了谐波峰值对试品的误击穿。

配套数字资源

视频 3.6.1　交流耐压试验

视频 3.6.2　变频谐振耐压试验装置及使用

复习与思考

1. 工频耐压试验之前应该先做什么试验？

2. 工频耐压试验与谐振耐压有什么区别？

3. 工频耐压试验的保护球间隙有什么作用？

4. 耐压试验时，电力设备绝缘不合格的可能原因有哪些？为什么要对电力设备做交流耐压试验？交流耐压试验有哪些特点？

5. 采用串级试验变压器的目的是什么？它有何优缺点？采用串联谐振法进行工频交流耐压试验的目的是什么？如何选择其参数？

6. 为什么要对变压器等设备进行交流感应耐压试验？如何获得高频率电源？ 对串级式电压互感器进行三倍频试验时，如何获得三倍频试验电源，在哪个绕组上加压？又在哪个绕组上补偿？为什么？

7. 为什么对含有少量水分的变压器油进行火花放电试验时，在不同的温度时分别有不同的耐压数值？

8. 35 kV 变压器的充油套管为什么不允许在无油状态下做耐压试验？但允许做 $\tan\delta$ 及泄漏电流试验？

9. 为什么在预防性试验中，对并联电容器不进行极间耐压试验？对电力电缆做交流耐压试验时，为什么必须直接测量电缆端的电压？

10. 工频耐压试验时的试验电压，为什么要从零升起，试验完毕又应将电压降到零后再切断电源？在工频耐压试验中可能产生的过电压有哪些？如何防止？

0.1 Hz 超低频电压在高电压试验中有哪些应用？

第七节 冲击耐压试验

电力系统高压电气设备除了承受长时期的工作电压外，在运行过程中还可能会承受短时的雷电过电压和操作过电压的作用。一般用冲击高压试验来检验高压电气设备的雷电过电压和操作过电压作用下的绝缘性能或保护性能。

能不能只做工频耐压试验而不做冲击耐压试验呢？其实工频耐压试验和冲击耐压试验作用截然不同。例如对于 GIS，交流耐压试验对检查设备是否存有杂质（如自由导电粒子）比较灵敏，雷电冲击对 GIS 异常电场分布比较明显，操作冲击电压试验对检查绝缘缺陷比较灵敏。例如对于变压器，交流耐压试验对主绝缘考核比较严格，对纵绝缘考核就没有那么明显，所以采用振荡性型冲击电压更接近设备的实际承受过电压。

冲击高压试验可分为雷电冲击高压试验和操作冲击高压试验，使用冲击电压发生器产生高压。冲击电压发生器是一种产生脉冲的高电压发生装置，原先只用于研究电力设备遭受大气过电压（雷击）时的绝缘性能，后来又用于研究电力设备遭受操作过电压时的绝缘性能。所以要求冲击电压发生器不仅能产生出现在电力设备上的雷电波形，还能产生操作过电压波形。冲击电压的破坏作用不仅决定于幅值，还与波前陡度有关，对某些设备还要采用截波来进行试验。

雷电冲击耐压考验电力设备承受雷电过电压的能力，只在制造厂进行本项试验，因为试验会造成绝缘的积累效应，所以在规定的试验电压下只施加 3 次冲击。国家标准规定额定电压≥220 kV，容量≥120 MVA 的变压器出厂时应进行本项试验，电力系统中的绝缘预防性试验，不进行本项试验，对主绝缘耐受雷电过电压的能力，由交流耐压试验等值试验完成。

操作冲击高压试验是对于≥330 kV 电力设备的出厂试验应进行本项试验。在电力系统现场进行各个电压等级变压器的耐压试验时，可采用操作冲击感应耐压方式来取代工频耐压试验。由于利用被试变压器自身的电磁感应作用来升高电压，所以冲击电源装置电压较低，装备比较简单，而且试验本身不会在绝缘中产生残留性损伤。

由于冲击高电压试验对试验设备和测试仪器的要求高、投资大，测试技术也比较复杂，所以在绝缘预防性试验中通常不列入冲击耐压试验。但为了研究电气设备在运行中遭受雷电过电压和操作过电压作用时的绝缘性能，在许多高压试验室中都装设了冲击电压发生器，用来产生试验用的雷电冲击电压波和操作冲击电压波。许多高压电气设备在出厂试验、型式试验时或大修后都必须进行冲击高压试验。

冲击电压发生器是高压试验室的基本设备之一，冲击试验电压要比设备绝缘正常运行时承受的电压高出很多。随着输电电压等级的不断提高，冲击电压发生器的最高电压也相应提高才能满足试验要求。

雷电冲击高压试验采用全波冲击电压波形或截波冲击电压波形，这种冲击电压持续时间较短，一般为数微秒至数十微秒，它可以由冲击电压发生器产生。雷电冲击电压波是一个很快地从零上升到峰值然后较慢下降的单向性脉冲电压。操作冲击电压试验采用操作冲击电压波形，其持续时间较长，一般为数百微秒至数千微秒，它利用变压器产生，也可利用冲击电压发生器产生。

一、冲击电压波形

绝缘耐受冲击电压的能力与施加的电压波形有关，而实际的冲击电压波形具有分散性，即每次的波形参数会有不同，为了保证多次冲击试验的重复性和不同试验条件下试验结果的可比性，必须规定统一的冲击电压波形参数。我国对标准冲击电压波形的规定和国际电工委员会（IEC）标准相同。如图 3-42 所示为标准冲击电压波形，如图 3-43 所示为非周期性的冲击电压波形。

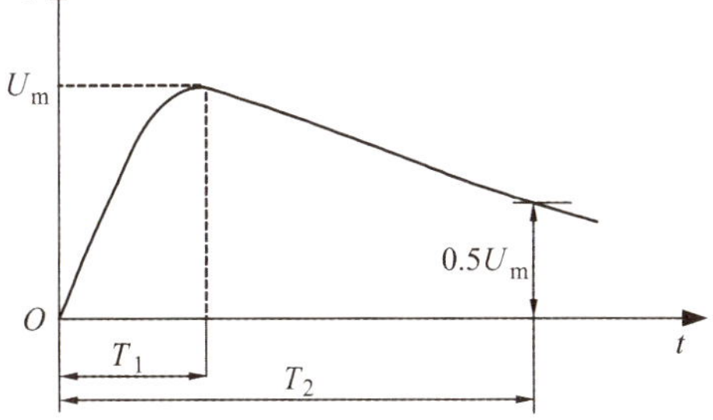

图 3-42　标准冲击电压波形

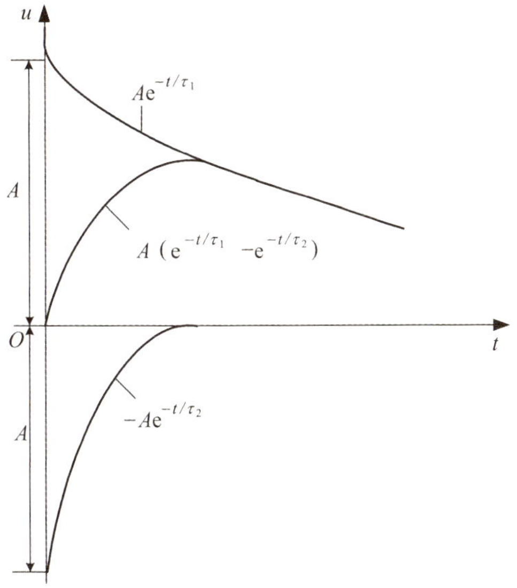

图 3-43　非周期性冲击电压波形

经过时间 T_1 时，电压从零上升到最大值，然后经过时间 $T_2 - T_1$，电压下降到最大值的一半。将电压从零上升到最大值所用的时间 T_1 称为波头时间（或波前时间），电压从零开始经过最大值又下降到最大值一半的时间 T_2 称为半峰值时间（或波长时间、波尾时间）。

非周期性的冲击电压波形由两个指数电压波形叠加组成，如图 3-22 所示，即

$$u(t) = A(e^{-t/\tau_1} - e^{-t/\tau_2}) \tag{3-5}$$

式中　τ_1——波尾时间常数；

τ_2——波头时间常数，通常 τ_1 远大于 τ_2；

A——单指数波幅值。

对于实际的冲击电压波形，其起始部分通常比较模糊，在最大值附近的波形比较平坦，很难确定起始零点和到达最大值的时间。所以实际中通常采用视在波头时间和视在半峰值时间来定义冲击电压波形。按照国际电工委员会（IEC）标准，实际冲击电压波形参数的定义如图 3-44 所示。

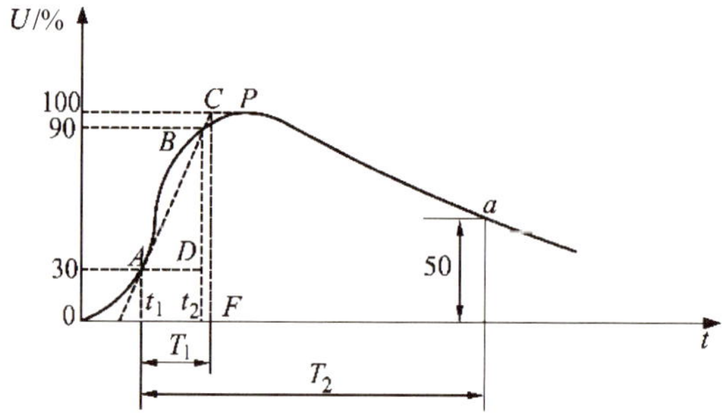

图 3-44　实际的冲击电压波形

标准冲击电压波形的参数为：

波头时间：1.2（1 ± 30%）μs；

半峰值时间：50（1 ± 20%）μs；

幅值：± 3%。

二、多级冲击电压发生器原理

由于受到高压硅堆参数等因素的限制，单级冲击电压发生器输出的冲击电压幅值一般不超过 200 ~ 300 kV，所以实际中要获得更高的冲击电压幅值，需采用多级冲击电压发生器。

多级冲击电压发生器的基本原理是：并联充电、串联放电。即先对多个电容器并联充电，然后这些电容器自动串联起来放电，以产生很高的冲击电压幅值。图 3-24 是多级冲击电压发生器的原理电路图。

图 3-45 中，首先调整各个球隙的距离，使 G_1 的放电电压为 U_0，$G_2 \sim G_4$ 的放电电压在 $U_0 \sim 2U_0$ 范围内，然后开始对各个电容器同时充电到 U_0。这时 G_1 首先击穿，导致 $G_2 \sim G_4$ 依次击穿，各个电容器串联起来对 C_2 和 R_2 放电，在输出端获得幅值很高的冲击电压。

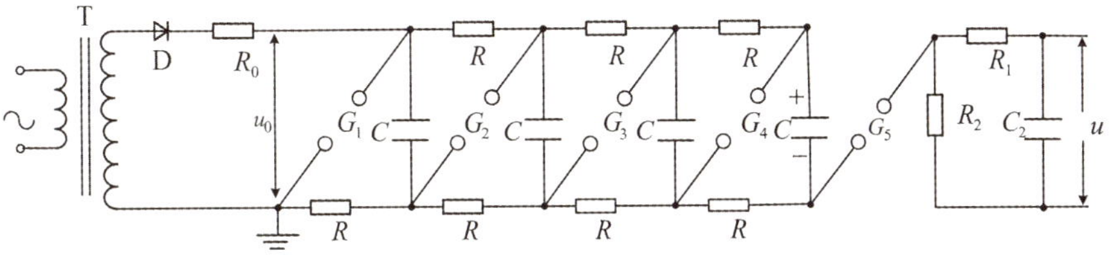

图 3-45　多级冲击电压发生器的原理电路图

冲击电压发生器的多个电容器由并联转串联是通过许多点火球隙实现的，即控制点火球隙使它放电时把多个电容器串联起来。被测设备上的电压上升速度和经过峰值后电压下降的快慢，可以通过电容电路中的电阻值调节。影响波头的电阻称为波头电阻，影响波尾的电阻称为波尾电阻。试验时，通过改变波头电阻和波尾电阻的阻值，获得标准冲击电压波的预定波头时间和半波峰值时间。改变整流电源输出电压的极性和幅值，就可以获得所需要的冲击电压波的极性和峰值，由此可以实现从几十万伏到几百万伏，甚至千万伏的冲击电压发生器。

电容器由并联充电转变为串联放电的关键是杂散电容来不及放电，而杂散电容放电的快慢一方面取决于杂散电容的大小，另一方面取决于放电电阻 R 的大小，即杂散电容放电的时间常数。在实际当中，有时为了确保各级球隙能顺利自动放电，还需要采取措施增大杂散电容。

除了冲击耐压试验外，对于变压器、电抗器等有绕组的电气设备，还要做截断时间为 2 ~ 5 μs 的截断波试验。截断可以发生在波头，也可以发生在波尾，这种截断波的产生、测量，需要用到截波装置。如图 3-46 所示为 2 250 kV（3 × 750 kV）工频高压串级装置，如图 3-47 所示为户内冲击电压发生器及截波装置。

图 3-46　2 250 kV（3 × 750 kV）工频高压串级装置

图 3-47　户内冲击电压发生器及截波装置

三、冲击电压发生器使用

1. 准备工作

选择合适容量、电压的电源，将设备按有效绝缘距离布置就位，选择合适导线正确接线。

2. 接线

接好设备的接地线，设备的接地线应相互相连，最终一点接地，连接在本体附近，接地线应采用 25 mm^2 铜皮相联。

清除发生器各部分绝缘和球隙表面的灰尘、污垢、潮气，检查控制测量系统且将控制、测量系统调整预置好。复查接线和接地是否正确，关闭试区大门及防护门。不充电，将装置先动作一遍，查看动作是否灵活，接触是否良好。

3. 调波方法

检查冲击发生器充电装置与本体及电容分压器相连部分是否正确，各部位是否良好接地。根据波头电容估算波头电阻值和波尾阻值，将估算合适的波头电阻和波尾电阻接入本体，用铝棒将操作波的外波头电阻短接。根据估测冲击电压波幅值，适当选择冲击电压分压器低压臂电容，保证低压臂电压幅值不超过 1 000 V。

在低压情况下，对本体充电，充电到整定电压与充电电压相等时触发本体对波头电容放电，波头时间偏短，增加波头电阻，半峰值时间偏短，增加波尾电阻，反之相关。

当产生操作冲击电压波时，拆除铝短接棒，将外波头电阻接入放电回路，拆除或调换各级雷电波尾电阻。当产生幅值较高的操作冲击电压波时，控制室观察走廊应有可靠接地的金属网遮栏，周围其他试验设备和物体应可靠接地。

测量仪器测出波形是否符合标准，如果波头时间偏小，增加外波头电阻阻值，反之相反。尽管在不同负荷电容下，一般操作波的半峰值时间均能符合标准偏差规定。

如图 3-48 所示为进行中的冲击放电试验。

扫一扫
彩图更清晰

图 3-48　进行中的冲击放电试验

复习与思考

1. 研究冲击放电试验的目的是做什么？
2. 研究冲击电压波形的波长和波头，有什么作用？
3. 现在最高电压的冲击装置的产生电压和试验范围。
4. 新安装的大型变压器和 GIS 设备，现场安装完成后，为什么有条件还要增加冲击电压试验？GIS 设备现场开展冲击电压前应具备什么条件？冲击电压采用什么波形？

第八节　油色谱分析

油色谱试验可分析绝缘油中溶解气体的含量，能提前预测设备的内部故障，防止设备损坏和由于设备损坏而导致的电网大面积停电事故发生。因此，利用绝缘油中溶解气体的色谱分析方法，并结合其他试验手段可以随时监视设备的运行状况，对保障设备乃至电网的安全运行能起到积极作用，对于提高整个电力系统安全运行的可靠性是非常必要的。

一、油色谱试验检测原理

油色谱分析试验，既是定期试验项目，又是检查性试验项目。例如，在运行中变压器的气体继电器动作后，作为检查性试验一般都要同时取油样及气体继电器中的气样作色谱分析。

油色谱中的特征气体是对判断充油电气设备内部有价值的气体，即氢气（H_2）、甲烷（CH_4）、乙烷（C_2H_6）、乙烯（C_2H_4）、乙炔（C_2H_2）、一氧化碳（CO）、二氧化碳（CO_2）。总烃含量是烃类气体含量的总和，即甲烷、乙烷、乙烯和乙炔含量的总和。游离气体是指非溶解于油中的气体。

变压器存在局部过热或局部放电时，故障部位的绝缘油或固体绝缘物将会分解出小分子烃类气体（如 CH_4、C_2H_6、C_2H_4、C_2H_2 等）和其他气体（如 H_2、CO、CO_2 等）。上述每种气体在油中的浓度和油中可燃气体的总浓度（TCG）均可作为变压器设备内部故障诊断的指标。

乙炔是放电性故障的特征气体，正常运行的变压器，油中不应产生乙炔，因此普遍认为，当发现乙炔从无（仪器检测不到）到有时，就应引起重视，进行跟踪和查找原因。变压器内部进水受潮也是一种内部潜伏性故障，其特征气体 H_2 含量很高，如果色谱分析 H_2 含量超标，而其他成分并没有增加时，可大致判断为设备含有水分。一般来说，为了防止受潮，绝缘应具有良好的密封性。

根据 IEC 导则分析认为：

（1）当特征气体为 CH_4、C_2H_4 主导型时，变压器异常表现为过热或接触不良；

（2）总烃超标情况下，CO 含量超过 300 μL/L 时，则可能涉及固体绝缘过热；

（3）C_2H_2 含量一直为零，表明故障性质为过热性故障，还未发展成局部放电。

一直以来油中溶解气体采用气相色谱法分析作为故障诊断的常用方法来判断浸油类电力设备的运行状况。其主要优点是能够提供油中溶解的各种气体浓度的定量分析，但其操作过程复杂。随着我国电力向大电网、大机组、高容量、高电压等级的迅猛发展，对关键电力设备运行状态的实时把握提出越来越高的技术要求，变压器油色谱在线监测从本质上改变了传统的变压器油监测方式，不但提高了企业管理运营效率，也有效保障了变压器运行的安全可靠性。

当变压器内部发生电弧放电故障时，油中溶解的故障特征气体主要是 C_2H_2、H_2，其次是大量的 C_2H_4、CH_4。变压器内部发生电弧放电时，一般 C_2H_2 占总烃 20% ~ 70%，H_2 占 30% ~ 90%。

高能量的电弧放电一般发生在变压器内的油浸固体绝缘中，不仅产生较多的 CO、CO_2，而且由于电弧放电的能量密度高，在电场力作用下会产生高速电子流，其轰击作用会对变压器固体绝缘材料产生严重的破坏。同时，产生的大量气体一方面不仅进一步降低了变压器绝缘性能，另一方面其中还含有较多的可燃气体。因此，若不及时处理电弧放电故障，极端情况下则可能造成变压器的重大损坏或爆炸事故。

当变压器内部发生火花放电时，油中气体以 C_2H_2、H_2 为主，因故障能量小，产生的烃类气体含量不大，但油中溶解的 C_2H_2 在总烃中所占比例可高达 25% ~ 90%，C_2H_4 含量占总烃的 20%以下，H_2 占总量的 30%以上。

当变压器发生局部放电时，油中溶解气体各组成部分含量随放电能量的大小而产生差异，一般总烃含量不高，主要成分是 H_2，其次是 CH_4。通常 H_2 占氢烃总量的 90%以上，CH_4 占总烃的 90%以上。当放电能量增大时也可能分解出 C_2H_2，但一般占总烃比例不超过 2%，这是变压器局部放电与电弧放电和火花放电区别的主要标志。

二、油色谱检测系统

变压器油色谱在线监测系统是在传统色谱分析技术基础上经过不断的试验和完善，实现变压器油色谱在线监测，气敏传感器可同时检测 H_2、CO、CO_2、CH_4、C_2H_6、C_2H_4、C_2H_2 这七种故障特征气体，并能辅助实现油中微水的实时检测。通过对故障特性气体的分析诊断，能及时捕捉到变压器故障信息，科学指导设备运行检修。系统分析软件对数据进行分析处理，分别计算出故障气体各组分及总烃含量；故障诊断专家系统对变压器油色谱数据进行综合分析诊断，实现变压器故障的在线监测分析。如图 3-49 所示为变压器油中气体色谱分析在线监测实物图，如图 3-50 所示为变压器气体在线监测及故障专家系统，如图 3-51 所示为变压器气体在线监测数据，如图 3-52 所示为六种故障气体与总烃的监测数据趋势图，如图 3-53 所示为变压器色谱在线监测分析。

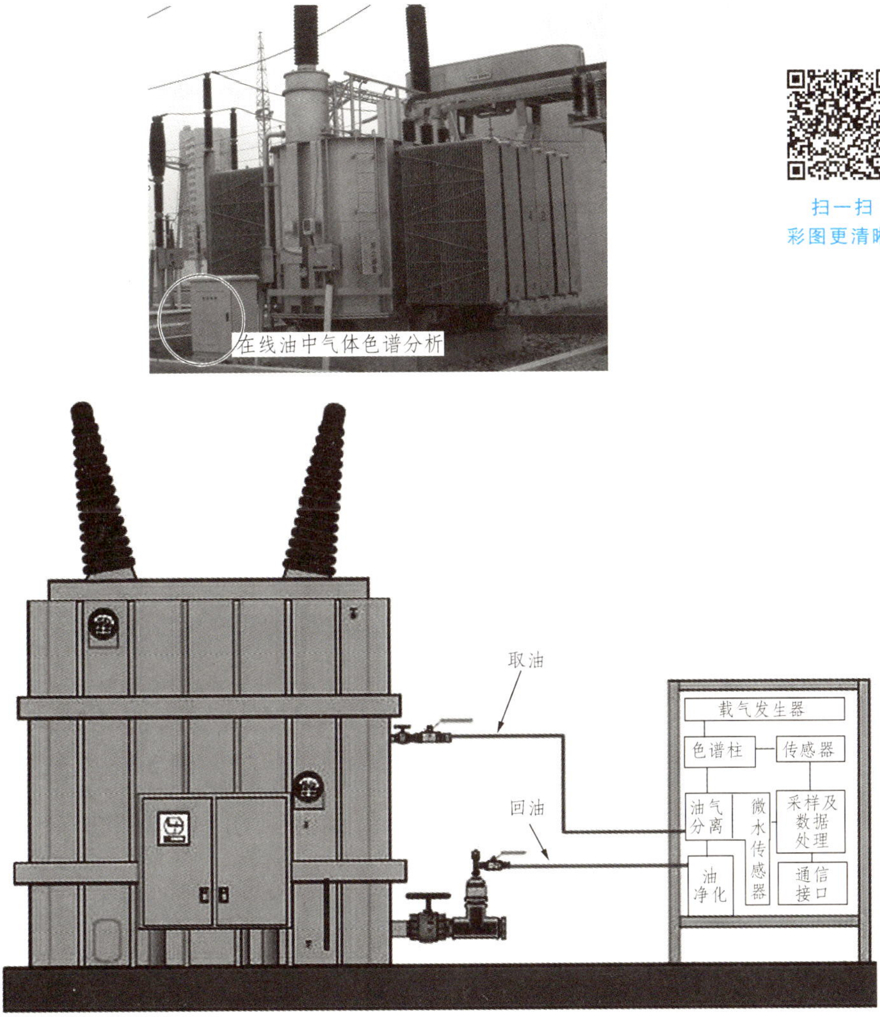

扫一扫
彩图更清晰

（a）　（b）

图 3-49　变压器油中气体色谱分析在线监测实物图

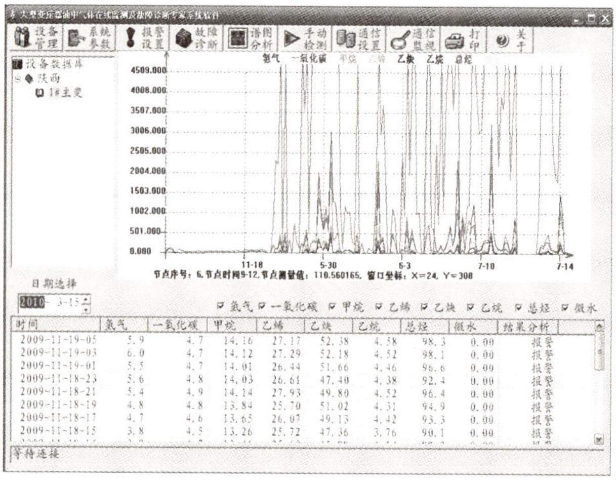

图 3-50　变压器气体在线监测及故障专家系统

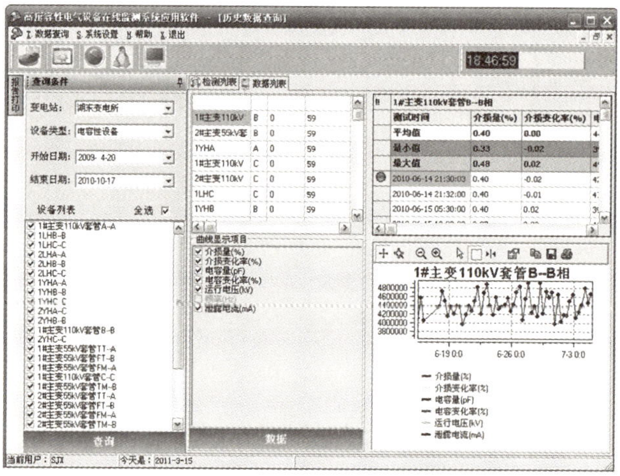

图 3-51　变压器气体在线监测数据

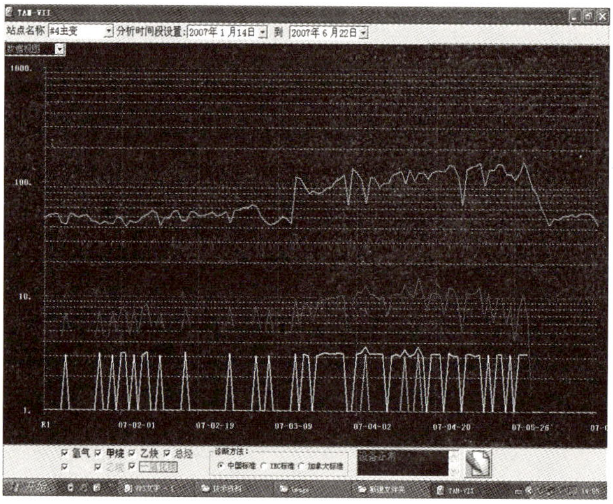

图 3-52　六种故障气体与总烃的监测数据趋势图

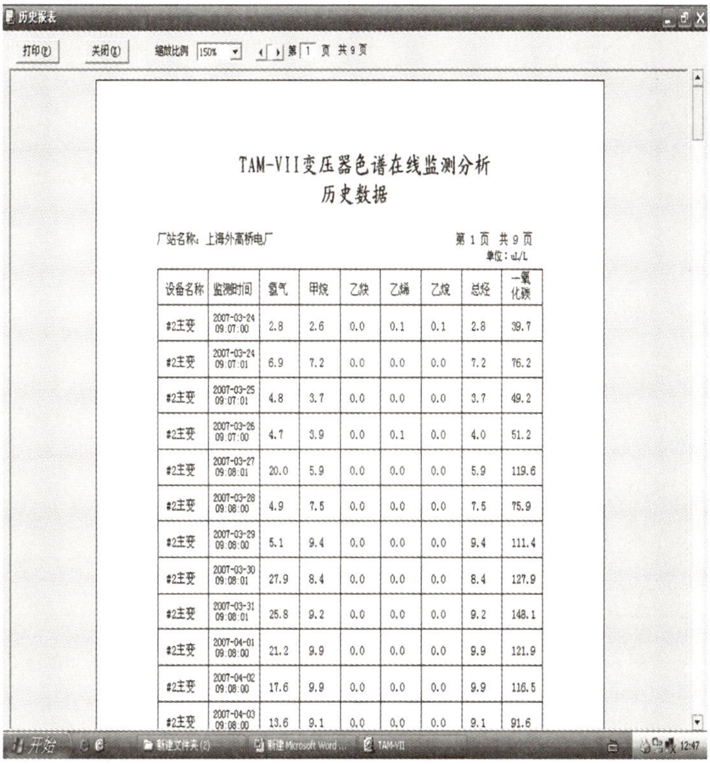

历史报表

打印(P)　关闭(C)　缩放比例 150%　第 1 页 共 9 页

TAM-VII变压器色谱在线监测分析

历史数据

厂站名称：上海外高桥电厂　　第 1 页 共 9 页

单位：uL/L

设备名称	监测时间	氢气	甲烷	乙炔	乙烯	乙烷	总烃	一氧化碳
#2主变	2007-03-24 09:07:00	2.8	2.6	0.0	0.1	0.1	2.8	39.7
#2主变	2007-03-24 09:07:01	6.9	7.2	0.0	0.0	0.0	7.2	76.2
#2主变	2007-03-25 09:07:01	4.8	3.7	0.0	0.0	0.0	3.7	49.2
#2主变	2007-03-26 09:07:00	4.7	3.9	0.0	0.1	0.0	4.0	51.2
#2主变	2007-03-27 09:08:01	20.0	5.9	0.0	0.0	0.0	5.9	119.6
#2主变	2007-03-28 09:08:00	4.9	7.5	0.0	0.0	0.0	7.5	75.9
#2主变	2007-03-29 09:08:00	5.1	9.4	0.0	0.0	0.0	9.4	111.4
#2主变	2007-03-30 09:08:01	27.9	8.4	0.0	0.0	0.0	8.4	127.9
#2主变	2007-03-31 09:08:01	25.8	9.2	0.0	0.0	0.0	9.2	148.1
#2主变	2007-04-01 09:08:00	21.2	9.9	0.0	0.0	0.0	9.9	121.9
#2主变	2007-04-02 09:08:00	17.6	9.9	0.0	0.0	0.0	9.9	116.5
#2主变	2007-04-03 09:08:00	13.6	9.1	0.0	0.0	0.0	9.1	91.6

图 3-53　变压器色谱在线监测分析

三、IEC 三比值法

IEC 三比值法是根据充油电气设备内油、绝缘在故障下裂解产生气体组分含量的相对浓度与温度的相互依赖关系，从 5 种特征气体中选取两种溶解度和扩散系数相近的气体组成三对比值，以不同的编码表示，根据编码规则和故障类型判断方法作为诊断故障性质的依据。这种方法消除了油的体积效应的影响，是判断充油电气设备故障类型的主要方法，并可以得出对故障状态较可靠的诊断。三比值法中所提的几种气体指变压器内溶解气体中乙炔和乙烯、甲烷和氢气、乙烯和乙炔的比值。表 3-13 为三比值法规则编码表，表 3-14 为三比值法对应故障类型。

表 3-13　三比值法规则编码表

特征气体的比值	比值范围编码		
	C_2H_2/C_2H_4	CH_4/H_2	C_2H_4/C_2H_6
<0.1	0	1	0
0.1 ~ 1	1	0	0
≥1 ~ 3	1	2	1
≥3	2	2	2

表 3-14　三比值法对应故障类型

<table>
<tr><th rowspan="2">序号</th><th rowspan="2">故障性质</th><th colspan="3">比值范围编码</th><th rowspan="2">典型例子</th></tr>
<tr><th>C_2H_2/C_2H_4</th><th>CH_4/H_2</th><th>C_2H_4/C_2H_6</th></tr>
<tr><td>0</td><td>无故障</td><td>0</td><td>0</td><td>0</td><td>正常老化</td></tr>
<tr><td>1</td><td>低能量局部放电</td><td>0</td><td>1</td><td>0</td><td>由于不完全浸渍引起含气孔穴中的放电，或过分饱和或高温度引起的孔穴中的放电</td></tr>
<tr><td>2</td><td>低于 150 °C 的热故障</td><td>0</td><td>0</td><td>1</td><td>一般性的绝缘导线过热</td></tr>
<tr><td>3</td><td>150 ~ 300 °C 低温过热故障</td><td>0</td><td>2</td><td>0</td><td>引线夹件螺丝松动</td></tr>
<tr><td>4</td><td>150 ~ 300 °C 低温过热故障</td><td>0</td><td>2</td><td>1</td><td>由于磁通集中引起的铁心局部过热。</td></tr>
<tr><td>5</td><td>高于 700 °C 高温过热故障</td><td>0</td><td>0，1，2</td><td>2</td><td>铁心短路，接头接触不良、焊接不良（形成丝炭）及铁心和外壳的环流、铁心多点接地</td></tr>
<tr><td rowspan="2">6</td><td>低能放电</td><td rowspan="2">2</td><td>0，1</td><td>0，1，2</td><td rowspan="2">引线时电位未固定的部件之间连续火花放电，分接抽头引线和油隙闪络，不同电位之间的油中火花放电或悬浮之间火花放电</td></tr>
<tr><td>低能放电并过热</td><td>2</td><td>0，1，2</td></tr>
<tr><td rowspan="2">7</td><td>电弧放电</td><td rowspan="2">1</td><td>0，1</td><td>0，1，2</td><td rowspan="2">绕组匝间，层间短路，相间闪络，分接头引线间油隙闪络，引线对箱壳放电，绕组熔断，分接开关飞弧，因环路电流引起电弧，导致接地放电等</td></tr>
<tr><td>电弧放电并过热</td><td>2</td><td>0，1，2</td></tr>
</table>

只有根据气体各组分含量的注意值或气体增长率的注意值有理由判断设备可能存在故障时，气体比值才是最有效的，并应予以计算。对气体含量正常且无增长趋势的设备，比值没有意义。只有油中气体各组分含量足够高或超过注意值，并且经综合分析确定变压器内部存在故障后，才能进一步用三比值法判断故障性质。如果不论变压器是否存在故障，一律使用三比值法，就有可能对正常的变压器造成误判断。

由于充油电气设备内部故障非常复杂，有典型事故统计分析得到的三比值法推荐的编码组合，在实际应用中常常出现不包括表 3-11 范围内的编码组合对应的故障。如表中编码组合 202 的故障类型为低能放电，但实际在装有带负荷调压分解开关的变压器中，由于分解开关筒里的电弧分解物渗入变压器油箱内，一般是过热与放电同时存在；对编码组合 010，通常是 H_2 组分含量较高，但引起 H_2 高的原因甚多，一般难以做出正确无误的判断。在实际中可能出现的故障没有包括在表 3-11 比值组合对应的故障类型中，例如，编码组合 202 或 201 在表中为低能放电故障，但对于有载调压变压器，应考虑切换开关油室的油可能向变压器本体油箱渗漏的情况。此时要用比值 C_2H_2/H_2 配合诊断。

故障涉及固体绝缘的正常老化过程与故障情况下的劣化分解时，将引起 CO 和 CO_2 含量明显增长，表 3-11 中无此编码组合。此时要利用下述的比值 CO_2/CO 配合诊断。

由于故障分类本身存在模糊性，每一组编码与故障类型之间也具有模糊性，三比值还未能包括和反映变压器内部故障的所有形态，可以通过把比值法与故障稳定的关系变为模糊关系矩阵来判断，以便更全面地反映故障信息。

四、油色谱试验检测案例

下面以一个案例来进行油气相色谱分析。

某变压器自 2014 年 9 月 11 日以来的变压器油气相色谱演变过程。如表 3-15 所示是主变压器油气相色谱演变过程。

表 3-15　主变压器油气相色谱演变过程（节选）　　单位：μL/L

时间	氢气 H_2	一氧化碳 CO	二氧化碳 CO_2	甲烷 CH_4	乙烷 C_2H_6	乙烯 C_2H_4	乙炔 C_2H_2	总烃
2014/09/11	3.7	258.7	2 580.3	11	3.8	8.4	0	23.2
2014/10/14	2.2	210.2	1 819.7	11.5	2.8	7	0	21.3
2015/02/29	50	570.8	2 879	171	38.9	183.4	0	393.3
2015/03/15	45.4	370.1	1 912.0	244.8	56.9	243.7	0.2	545.6
2015/04/14	106.2	810.8	3 324.2	258.9	55.4	245.61	0	559.91
2015/05/24	69.2	1 057.1	4 127.6	236.3	55.3	231.5	0	523.1
2015/06/21	111.5	651.6	3 398.8	363	109.3	476.7	0	949
2015/07/24	417.6	164.3	1 613.2	116.1	37.3	189.9	0	343.3

根据我国《变压器油中溶解气体分析和判断导则》规定的变压器油中氢和烃类气体的注意值（总烃、乙炔、氢分别为 150 μL/L、5 μL/L、150 μL/L），可见总烃严重超标，另外，CO_2、CO 含量也很高。

连续 10 个月的跟踪监察试验，组分含量中各项气体持续增加值较大的依次为乙烯、甲烷、二氧化碳、一氧化碳、氢气，而乙炔增加较少。从 2015 年 2 月开始氢气、一氧化碳、二氧化碳有了明显的增加，随后从 3 月到 5 月各项数值有不同程度的增加，但增加幅度并不大，已缓慢趋向稳定。进入 6 月，随着温度升高，#2 机频繁开停机，总烃含量又有了明显增加开始氢气、乙烯、甲烷、乙烷有了明显的增加。随后各项数值又缓慢趋向稳定。

具体来讲，特征气体有以下几个特点：

（1）总烃严重超标，气体中主要成分为 CH_4、C_2H_4 主导型；

（2）从 2 月 24 日到 6 月 29 日，总烃相对月产气速率为 48.3%，大于 10%；

（3）C_2H_2 含量一直为零；

（4）CO、CO_2 含量高，且 CO_2 与 CO 含量的比值（CO_2/CO）偏高。

1. IEC 三比值法判断故障性质

根据 IEC 导则分析认为：① 当特征气体为 CH_4、C_2H_4 主导型时，变压器异常表现为过热或接触不良；② 总烃超标情况下，CO 含量超过 300 μL/L 时，则可能涉及固体绝缘过热；③ C_2H_2 含量一直为零，表明故障性质为过热性故障，还未发展成局部放电。

根据 IEC 三比值法的编码规则，可以由 2 号主变历次变压器油气体色谱试验结果计算出“C_2H_2/C_2H_4、CH_4/H_2、C_2H_4/C_2H_6”三比值，（C_2H_2/C_2H_4）<0.1，对应编码为 0；（CH_4/H_2）在 1～3 范围内，对应编码为 2；（C_2H_4/C_2H_6）>3，对应编码为 2，均满足“0、2、2”的编码组合，当比值为“0、2、2”时，故障指示为高于 700 °C 的过热故障，为进一步求得具体的故障点温度，可按如下经验公式估算：

$$T = 322\lg(C_2H_4/C_2H_6) + 525\ (°C)$$

计算结果见表 3-16。

表 3-16　故障点温度　　单位：°C

取样日期	2 月 26 日	3 月 1 日	3 月 11 日	4 月 11 日	4 月 22 日	5 月 9 日	5 月 24 日	5 月 31 日	6 月 6 日
计算结果	740.74	725	731	734	731	721	724	741	744
取样日期	6 月 14 日	6 月 17 日	6 月 20 日	6 月 21 日	6 月 22 日	6 月 23 日	6 月 27 日	6 月 29 日	
计算结果	744	744	744	740	731	782	743	743	

综上所述，故障性质属高温过热，且可能涉及固体绝缘，故障点局部温度在 710～760 °C，最高时 6 月 23 日达到 782 °C。

2. 故障点判断

自 2015 年 2 月 26 日 2 号主变压器油气相色谱不合格以来，检修人员对该变压器故障点部位进行了多次分析与判断，总结起来，大致有以下几种判断：

（1）裸金属过热。分接开关接触不良、引线和分接开关的连接处焊接不牢。

（2）低压套管软连接部分接触不良。

（3）高压引线连接部分过热。

3. 吊罩检查项目

检修人员通过对该变压器油的气相色谱试验进行分析，对变压器进行吊罩检查，并重点检查以下 10 个项目：

（1）检查高压引线，绝缘护套，中性点套管下部连线有无烧痕现象。

（2）检查低压套管接头、连接螺栓有无过热现象。

（3）检查无励磁分接开关各触头的接触状况。

（4）检查铁心上夹件支板对油箱侧盖是否有间隙。

（5）对上铁轭的联片、接地片进行检查。

（6）对铁心上铁轭撑板绝缘进行检查。

（7）检查拉板连接螺栓有无过热现象。

（8）拆开拉带小辫，测量拉带绝缘电阻。

（9）检查低压引线连接部位的外部绝缘有无过热现象。

（10）对高压套管下部铜管芯子、均压球进行检查。

4. 吊罩检查结果

1）吊罩发现问题

吊罩后，对各部位检查过程中，发现 B 相无励磁分接开关存在以下问题：B 相无励磁分接开关 3 挡位动、静触头烧伤严重，烧痕明显。过热情况较为严重，动静触头均为贯穿性烧痕。

2）解决方案

更换 B 相无励磁分接开关。

5. 吊罩处理情况

变压器油处理采用高真空滤油机进行脱气处理，回油前对变压器整体抽真空 –0.55 MPa 达 6 h，而后用高真空滤油机回油。油处理后变压器投入运行前取油样作色谱试验，结果合格，如表 3-17 所示为变压器油处理后色谱试验结果。

表 3-17　变压器油处理后色谱试验结果　　单位：μL/L

时间	CH_4	C_2H_6	C_2H_4	C_2H_2	总烃	H_2	CO	CO_2	备注
9 月 19 日	5.4	3.9	28.5	0	42.9	2.8	12.1	290.5	油处理静止后
9 月 22 日	1.5	3.3	8.4	0	13.2	2.7	27.7	258.3	油处理 3 天后

6. 结　论

（1）对于油浸式变压器，变压器油气相色谱试验能很好地反映变压器的潜伏性故障。色谱分析法是判断变压器内部故障性质的重要方法，再结合变压器内部构造、制造工艺及其检修、运行状况，往往可以很准确地判明故障性质，特别是过热、电弧和绝缘破坏等性质的故障。

（2）就该变压器而言，B 相无励磁分接开关运行挡位 3 挡动静触头接触不良，导致接触电阻增大，致使通过该挡位的电流增大，引起过热以至触头烧损。过热后使绝缘油发生热裂分解，产生出特征气体。

（3）该变压器吊罩检修后，全部电气试验合格，油气相色谱试验合格，变压器投入运行之后，色谱跟踪试验结果如表 3-18 所示。

表 3-18 变压器投入运行后油色谱跟踪试验结果　　单位：μL/L

时　间	CH_4	C_2H_6	C_2H_4	C_2H_2	总烃	H_2	CO	CO_2
投入运行 12 小时	1	0.8	2.2	0	3.9	1.6	5.8	292.9
投入运行 24 小时	1.1	0.9	2.4	0	4.4	1.4	5.2	281.0
投入运行第 4 天	1.4	0.9	3.1	0	5.5	2.7	11.6	286.5
投入运行第 10 天	1.5	0.8	3.4	0	5.7	2.0	17.3	344.2
2006 年 1 月 19 日	10	1.5	13.5	0	25.1	24.2	384.9	2091.4
2006 年 3 月 29 日	3.1	1.3	9.3	0	13.8	16.8	416.9	2017.7

实践证明：利用色谱法进行绝缘油中的溶解气体含量分析，对于早期预报与判断故障性质、部位、严重程度以及采取处理措施都具有重要作用。当然，绝缘油中溶解气体含量与充油设备间的关系很复杂，完全靠气体的色谱分析结果判断故障的准确部位还是不可能的，应在气体分析的基础上，综合电气试验、运行、检修等情况，才能确切地判断故障、指导生产，在确定设备存在故障后，要根据故障的危险性、设备的重要性及负荷要求等情况，合理处理故障。在不具备吊罩的情况下，如某些过热性故障可以采用脱气处理控制其发展，具备条件后根据分析结果吊罩检查处理，以保证电网的安全可靠运行。

配套数字资源（变压器其他试验）

视频 3.8.1　油色谱分析试验

复习与思考

1. 油色谱测量的原理是什么？

2. IEC 三比值法测量的原理是什么？其编码规则是什么？三比值法确定变压器故障性质时应注意些什么？怎样用三比值法判断故障的性质？

3. 新变压器或大修后的变压器投入运行前，为什么要进行色谱分析？为什么说油中溶解气体色谱分析既是定期试验项目，又是检查性试验项目？

4. 运行中的电力变压器及电抗器油中溶解气体色谱分析周期是如何规定的？要求的注意值是多少？

5. 运行中的互感器和套管油中溶解气体色谱分析周期是如何规定的？要求的注意值各是多少？

6. 如何判断主变压器过热性故障回路？变压器油中气体单项组分超过注意值的原因是什么？如何处理？为什么有的运行年久的变压器糠醛含量不高？

7. 采用产气速率来预测变压器故障的发展趋势时，应注意些什么？变压器油色谱分析中会遇到哪些外来干扰？如何处理？变压器充油后甲烷增高的原因是什么？

8. 试举出实例说明变压器缺陷的综合分析判断过程。推断电力变压器绝缘老化剩余寿命的方法有哪些？

9. 大型变压器油中CO和CO_2，含量异常的判断指标是什么？如何用色谱分析法诊断电力变压器树枝状放电故障？

10. 少油设备氢含量增高的原因是什么？如何处理？高压互感器投运前氢气超标的原因是什么？如何根据色谱分析结果正确判断电流互感器和套管的绝缘缺陷？

11. 目前变压器油中溶解气体的在线监测装置主要有哪些？

第九节 微水检测

对于液体介质（如变压器油）和气体介质（如SF_6），如果掺杂有水分，绝缘性能会受到非常大的影响，所以高压电气设备运行检测中需要进行微水检测。

一、微水检测的必要性

变压器中的水分含量对变压器油的绝缘性能和绝缘纸的老化有很大的影响，监测变压器油中微水含量对评估变压器绝缘状况有着十分重要的意义。变压器中的绝缘材料主要成分为聚合纤维素纸，会随着使用时间的增长而产生劣化，由于水分扩散作用的存在，绝缘纸与变压油之间存在着水分交换。油温会使水在变压器油中的溶解度发生改变，导致油吸收或析出微量的水分，同时绝缘纸会吸收或者析出水分到变压器油中。在变压器中油中水分跟绝缘纸中的水分处在一个相对平衡的状态，因此可以通过油中微水含量来反推得绝缘纸中的水含量重量百分比。尽管油中水含量很小，但是对油的绝缘性能有很大的影响，水分能降低绝缘系统的击穿电压，增加绝缘系统的介质损耗率。如图3-54所示为微量水分测定仪，如图3-55所示为击穿电压和油中含水量的关系图，如图3-56所示为水分对油介质损耗率的影响，变压器的安全运行与其绝缘材料的状态息息相关。

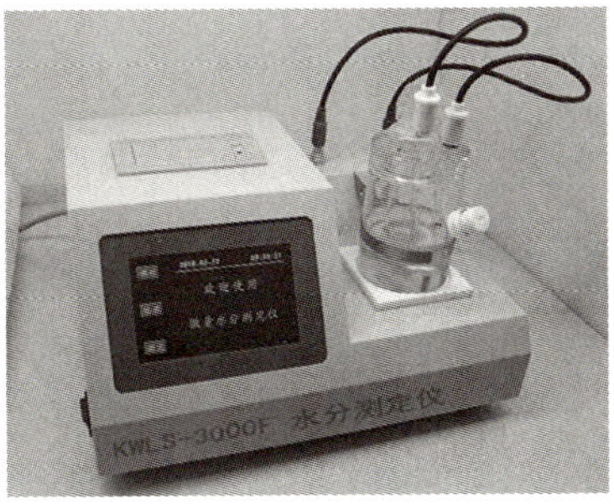

图3-54 微量水分测定仪

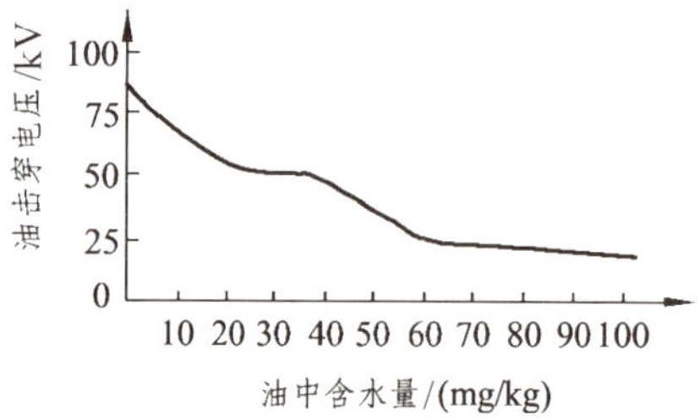

图 3-55 击穿电压和油中含水量的关系图

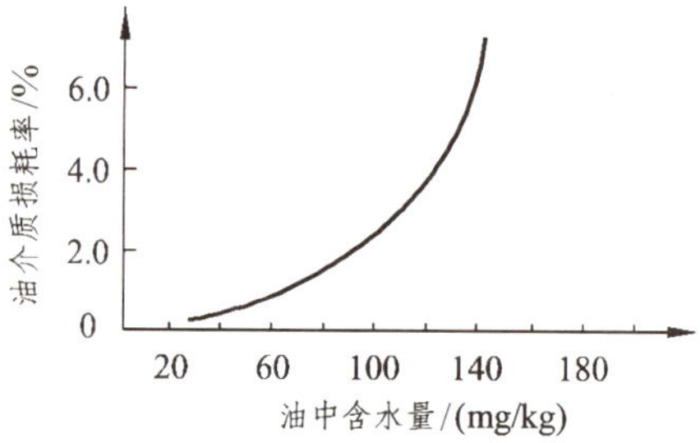

图 3-56 水分对油介质损耗率的影响

变压器中的水不仅会降低变压器油的绝缘强度，也会加速绝缘纸的老化的危害。根据 IEEE 的标准可知，在 286 kV 以上的变压器中油中水含量在 15 μL/L 以下时，不会对变压器油的绝缘强度带来很大的影响。因为水分在变压器中的分布不均匀且高压绕组附近水分容易聚集，当微水含量超过 25 μL/L 时，会给变压器的安全运行带来隐患。油中水分的增多，加剧有机酸的生成，腐蚀变压器里面的金属材料，从而形成氧化物，降低变压器油的流动性，增加变压器油的吸潮性，给变压器的运行带来风险并且影响其寿命。如图 3-57 所示为变压器油吸潮导致的绝缘下降。

图 3-57 变压器油吸潮导致的绝缘下降

变压器中微水含量过高的危害主要表现在以下几点：

（1）降低变压器油的性能。

当变压器油中水分含量增加时，会导致油的击穿电压下降。特别是因为水是极性分子，容易在电场作用下向着高压区聚集，析出自由水，从而引发事故。油中水含量 100 ~ 200 mg/kg，则使油击穿电压大幅度降至 1.0 kV，油中纤维杂质极易吸收水分，在电场作用下，在电极间形成导电的“小桥”从而容易击穿。

（2）介质损耗因数升高。

变压器油的介质损耗也与水含量有着密切的关系，水含量越高功率损耗越大。悬浮的乳化水对绝缘性能影响最大，使油介质不均匀，发热严重。变压器中的水与酸类和金属反应生成盐或者皂类，有催化氧化作用，加速油的老化。油中水分也会促进微生物的生长，形成油泥，降低变压器油的性能。

（3）促使绝缘纤维老化。

变压器中的固体绝缘材料纸板跟绝缘纸具有强烈的吸湿性，水分在绝缘纸的老化（纤维素聚合度降低）过程中起到了催化剂的作用，老化的绝缘纸的机械性能都会大幅度下降。如新出厂的绝缘纸的纤维素聚合度（DP）为 1 100，使用 30 年后的该纸的纤维素聚合度会降至 200，这就会使得纸张变得易碎而且对外力的承受力降低。过高的水含量会加速老化过程。绝缘纤维的分子是葡萄糖分子，水分进入纤维分子后降低其引力，促使其水解成低分子的物质，降低纤维机械强度和聚合度。试验证明，绝缘纤维中的水分每增加 1 倍，纤维的机械强度下降 1/2，当温度升高，油中的水增加，纤维的水降低，温度降低则相反。因此，应监视油中的微水，进而监视绝缘纤维的老化。

（4）加速金属腐蚀。

水分助长了有机酸的腐蚀能力，加速了对金属部件的腐蚀。

综上所述，油中含水量愈多，油质本身的老化、设备绝缘老化及金属部件的腐蚀速度愈快，监测油中水分的含量（尤其是溶解水的含量）十分必要。

二、微水检测方法

变压器油中微水检测的主要方法有：蒸馏法、卡尔费休法、重量法、介电常数法。各种方法各有优缺点。蒸馏法原理简单，检测时间长，受环境影响比较大，分析效率和准确度低，误差比较大。卡尔费休法分析速度快，灵敏度高，准确度高，但是对滴定池的清洁度、滴定参数以及空气相对湿度都会影响检测结果，同时对人员和环境健康有一定影响。重量法比较简单，但油中会混合其他杂质气体，导致精度不高。介电常数法可用于油中微水的在线监测，准确度比较高，但容易受到电容敏感性和环境温度的影响。

微水检测对不同介质方法也不同。对于油介质中水分检测，卡尔费休滴定检测是最常用的水分检测方法；对于绝缘气体中水分检测，使用微水测量仪，又称露点仪。

1. 微水来源

电力设备中微水有外部和内部两个主要来源。外部来源如在变压器安装时，干燥处理得不彻底。通常变压器油经历过干燥，因而具有较强的吸湿性，所以在变压器的运行和检修过程中由于密封性不好，可以从湿润的空气中吸收部分水分。内部来源在于变压器老化过程中水分，如变压器油跟绝缘纸在使用中会逐渐老化，绝缘纸中的纤维素由于老化导致其聚合程度（DP）降低，聚合度降低会释放出原来存在于聚合键中的化合水。水分也是变压器油氧化反应的产物之一。

变压器在运输、贮存、使用过程中，由外界进入或油自身氧化产生水，产生的水分会以下列游离水、颗粒水和乳化水状态存在。

游离水多为外界入侵的水分，如不搅动不易与水结合，不影响油的击穿电压，但也不允许，如果油中可能有溶解水，需立即处理。颗粒水是极度细微的颗粒溶于水，通常由空气中进入油中，急剧降低油的击穿电压，介质损耗加大，可以通过真空滤油处理。乳化水是油品精炼不良，或者长期运行油质老化，或者油被乳化物污染，都会降低油水之间的界面张力，油水混合在一起形成乳化状态。

2. 变压器绝缘油中微水的测试方法

评估绝缘材料中的湿度，是确保变压器可靠性和使用寿命的一个重要因素。绝缘油中的湿度在不断地变化，因而可能对质量造成不利影响。另外，大部分湿度分布在绝缘纸中。湿度会影响固体和液体绝缘材料的介电击穿强度，并影响纤维素绝缘材料的老化速度以及过载时的气泡形成倾向。环境温度、负载、老化、泄漏以及其他因素会引起湿度的不断变化，因此，随着变压器温度的循环变化，需连续监视和诊断，特别是对过载或峰值负载的变压器更有必要。变压器绝缘系统中的总湿度由纤维素和液体中的水分含量决定。绝缘纸和绝缘油中的湿度关系仅取决于温度。当温度增加时，水在绝缘油中的溶解性（溶液含水能力）增加，水分会从绝缘纸转移到绝缘油中。当温度降低时，这一过程则会反向进行，但水分从液体介质流动到固体绝缘材料的速度相当缓慢。因此，绝缘油冷却期间的含水量高于加热期间。要通过监视液体介质中的水分含量了解绝缘纸的真实湿度，变压器必须处于相对稳定的温度状态。

3. 露点仪的原理

若气体中含水，则对绝缘性能影响非常大。气体中含水量的测定方法有两种：重量测定法和露点测定法。其中重量测定法是用五氧化二磷吸收气体中的水分，使质量增加，从吸收前后的重量差来计算水分含量。露点测定法是利用气体中水蒸气的冷凝温度（即露点）与气体中水蒸气的含量有关，通过测量露点，从而掌握水分含量。常见的是使用露点仪测量。

露点是指空气湿度达到饱和时的温度。露点监测仪就是检测该温度的仪器。使一个镜面处在样品湿空气中降温，直到镜面上隐现露滴（或冰晶）的瞬间，测出镜面平均温度，即为露点（霜）温度。它测湿精度高，但需光洁度很高的镜面，精度很高的温控系统，以及灵敏度很高的露滴（冰晶）的光学探测系统。使用时必须使吸入样本空气的管道保持清洁，否则管道内的杂质将吸收或放出水分造成测量误差。如图 3-58 所示为精密露点仪。

在测量原理上，镜面结露的方法是最直接且精度最高的方法。随着现代科学技术的发展，光电、新材料、红外、微波、微电子、光纤、声波技术甚至纳米技术应用到气体中水分的测量。从测量原理上，露点仪可以分为冷镜式、电传感器式、电介法式、晶体振荡式、红外式、半导体传感器式露点仪等。

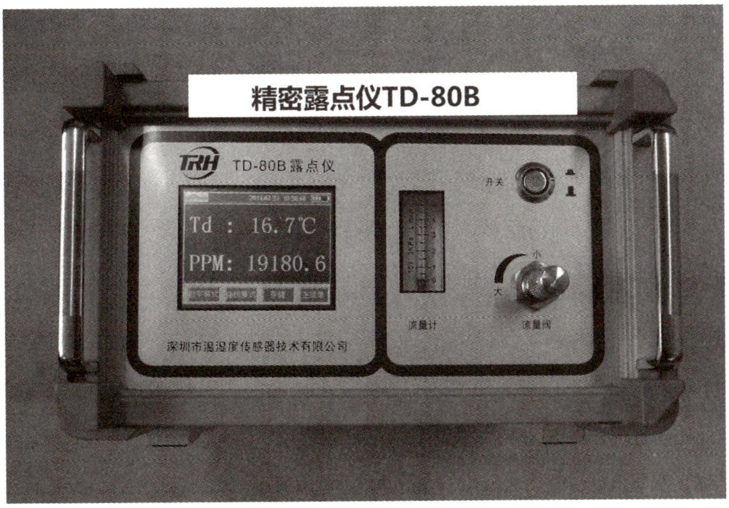

图 3-58　精密露点仪

三、微水测量仪使用方法

智能微水测量仪适用的领域非常广泛，空气、氮气、惰性气体以及任何不含腐蚀性介质的气体的湿度测量，尤其适合于 SF_6 气体的湿度测量，电力、石化、冶金、环保等部门均有采用。下面以 SF_6 微水测量仪说明其使用方法。

1. 连接 SF_6 设备

将测量管道上螺纹端与开关接头连接好，用扳手拧紧，关闭测量管道上另一端的针型阀；再把测试管道上的快速接头一端插入微水仪上的采样口；将排气管道连接到出气口。最后将开关接头与 SF_6 电气设备测量接口连接好，用扳手拧紧。

2. 检查电量

仪器一般可使用交流和直流，推荐优先使用交流电。使用直流电时，请查看右上角显示的电池电量，如果电量低于约 20%，请关机充电后继续使用。

3. 开始测量

首先全部打开仪测量管道上的针型阀，然后用面板上的流量阀调节流量，把流量调节到 0.5 L/M 左右，开始测量 SF_6 露点。第一次测量时间需要 5 ~ 10 min，其后每台设备需要 3 ~ 5 min。

4. 存储数据

设备测量完成后，可以将数据保存在仪器中，按“确定”键调出操作菜单。

5. 测量其他设备

一台设备测量后，关闭测量管道上的针型阀和微水仪上的调节阀。将转接头从 SF_6 电气设备上取下，测量结束。

6. 含水量标准

如表 3-19 所示为六氟化硫断路器含水量测量要求。

表 3-19　六氟化硫断路器含水量测量要求

测试内容	标准 (μL/L，20 °C)
六氟化硫断路器出厂和大修中（整体装复以前）应分别测量开断单元和支柱单元水分值	≤150
交接时由支柱下部充气接口测量断路器水分值	≤150
运行中由支柱下部充气接口测量断路器水分值。测试周期按“预试规程”规定	≤200
运行中，必要时（开断单元漏气、解体过开断单元）六氟化硫断路器应由联箱内自封接头处单独测量开断气室含水量	≤300

电气设备的安全运行与其绝缘材料的状态相关。绝缘材料会随着使用时间的增长而产生劣化，其劣化的速率跟其所含有水分有直接的关系，所以为了保证电气设备的安全运行，有必要对绝缘中的水分进行监测，所以监测油中微量水分含量具有现实意义。

配套数字资源（变压器其他试验）

视频 3.9.1　微水试验

复习与思考

1. 微水测量时，对温度和湿度有什么要求？
2. 微水量过高，对于变压器运行有什么影响？
3. 露点测定法的原理是什么？

第十节　在线监测

一、在线监测的发展历程

高压电气设备绝缘测量，从测量方法上也可以分为离线测试和在线测试。

1. 绝缘在线监测的必要性和迫切性

从技术角度看，离线监测的数据不能完全反映绝缘状态，因为试验条件和运行条件有较大的差异，例如，介质损耗测试的试验电压一般为 10 kV，而工作电压则远远大于这个值，因此离线试验得到的介质损耗一般要比实际损耗小得多。同时由于电气设备大多数是在户外，工作条件容易受到环境外部环境的变化影响，工作时的发热条件也不同，所以在线监测绝缘比离线测量更有实际意义。

供电系统的安全运行决定于供电设备的可靠性，开展电气设备的在线监测及其故障诊断，能发现运行设备中的隐患，防止突发性事故，将显著提高其运行可靠性，避免事故造成的直接和间接经济损失，从而带来巨大的经济和社会效益。

2. 绝缘在线监测的分类及构成

在线绝缘监测技术在 20 世纪 70 年代起步，日本着重研究油中气体在线监测和局部放电在线监测，前苏联在线监测重点研究容性设备绝缘监测和局部放电在线监测，我国在 80 年代在绝缘监测中有飞速的发展。

在线监测技术通过对运行中的高压电气设备进行绝缘检测，有效的反映出高压电气设备运行时的绝缘状态，检测时不需要进行停电，有效地保证了供电的可靠性，同时在运行状态下也能更好地反映出设备的绝缘状况，同时在线绝缘检测是随时性的行为，不需要对运行中的设备进行改变，所以其更适用于当前电力系统发展的需要，同时在线检测技术也具有非常好的发展前景,对绝缘检测技术的发展起着指导性的作用。

在线绝缘检测是安装在一次设备的辅助部件，能自动连续进行监测、数据处理和存储功能，有在线标定的功能，具有电气故障诊断功能，包括故障定位、故障性质、故障程度的判断和绝缘寿命的预测等。

（1）按安装场所分类便携式和固定式。

便携式的通用性强，针对性差，抗干扰性差，灵敏度不高，只能用于在线检测，而不能用于在线监测。固定式可对设备连续监测，功能强，成本高，适合于重要场所。

（2）按监测功能分类单参数监测和多参数综合监测。

（3）按诊断方式分类：人工诊断与自动诊断。

二、在线监测系统原理及组成

在线监测的原理是在电力设备正常运行的情况下,通过测量常规绝缘特征参数(流过设备绝缘的电流、电容量、介质损耗因数 $\tan\delta$)，从而反映设备运行的状态和是否存在问题。而影响高压电气设备的主要参数是介质损耗因数 $\tan\delta$，$\tan\delta$能及时反映设备运行存在的缺陷，灵敏度高，在线操作控制简单。

$\tan\delta$在线检测的原理主要有两种：一种是通过硬件直接测量相位角，主要有过零点相位比较法，电压比较法等；另一种是通过软件对检测信号 A/D 变换后，用软件对测量信号进行数字化处理得到 $\tan\delta$值，主要有谐波分析法。

过零相位比较法的原理：将获取的电流信号 i 和电压信号 u 进行过零整形，使之成为过零翻转的方波 I 和 U，用一个“或”门电路比较出 I 和 U 过零时的时间差方波宽度 $T(T=90°-\delta)$，用高频时钟脉冲读取方波宽度 T，根据时钟脉冲个数 n 及周期ΔT，用公式 $T=n\Delta T$，可计算出 T 的宽度，进而根据电压、电流信号频率算出δ。

谐波分析法的测试原理：首先由高灵敏度的电流互感器检测设备末端引出的电流信号，而从电压互感器二次侧抽取电压信号，经整形放大、低通滤波、程控放大后的模拟信号再经过采样保持同步采样由 A/D 转换为离散数字信号，然后利用计算机对两个离散数字信号波形进行快速傅里叶变换，得到两个信号的基波傅里叶系数，进一步求出两个基波的相位差，从而得到 $\tan\delta$。

影响 $\tan\delta$ 在线测量精确度与稳定性的主要因素有传感器角差、电磁场干扰、谐波、测量回路及系统本身的精度及稳定性，对 $\tan\delta$ 测量精度都有影响。

绝缘在线监测系统主要由信号变送系统、数据采集系统和处理诊断系统组成，如图 3-59 所示。

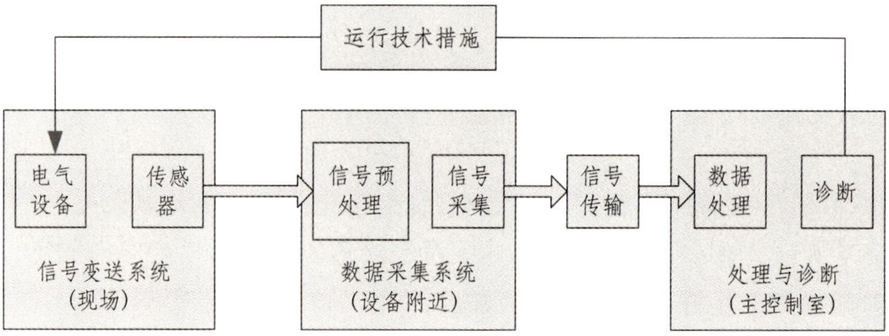

图 3-59　绝缘在线监测系统的组成

牵引变电所在供电系统中位置非常重要，其绝缘在线监测内容包括：

（1）主变压器的绝缘油中溶解气体分析；

（2）主变压器的局部放电量监测及定位；

（3）容性电气设备的介质损耗、电容电流、电容量的监测；

（4）避雷器泄漏电流的监测；

（5）瓷绝缘子的污秽泄漏电流的监测；

（6）少油开关绝缘拉杆泄漏电流的监测；

（7）系统母线电压的监测。

三、变压器绝缘在线监测内容

下面以主变压器绝缘在线监测为例，说明绝缘在线监测的原理及过程。

主变压器绝缘具主要监测的内容包括：

（1）绝缘油中溶解气体在线监测；

（2）变压器局部放电在线监测；

（3）变压器铁心接地电流监测；

（4）变压器油中含水量在线监测；

（5）变压器绝缘套管介质损耗角正切在线监测；

（6）变压器内部温升在线监测。

变压器绝缘在线监测系统监测模块及实物图如图 3-60、图 3-61 所示。

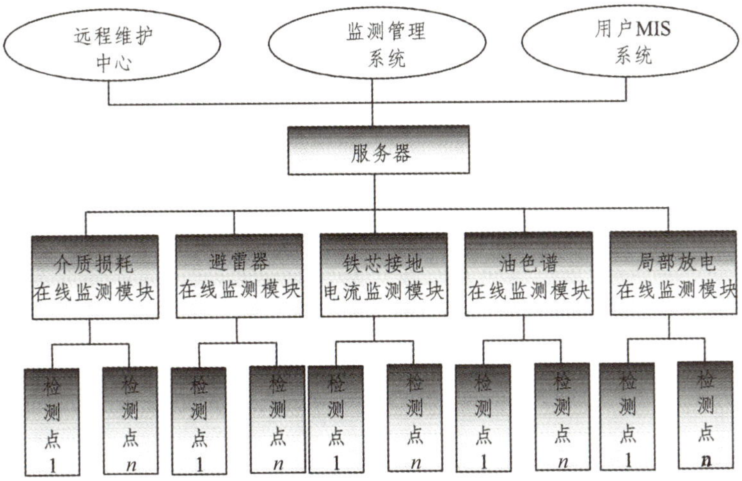

扫一扫
彩图更清晰

图 3-60 变压器绝缘在线监测系统监测模块

图 3-61 变压器绝缘在线监测实物图

绝缘在线监测系统中，对主变压器的监测参数主要有介质损耗、泄漏电流、等值电容、铁心接地泄漏电流、绝缘油中的气体。

泄漏电流是指在运行电压下流过电气绝缘体表面的电流。这里所指的污秽绝缘子泄漏电流是指在运行电压下污层受潮时流过绝缘表面的电流。显然，它是污秽程度、环境条件以及运行电压三个主要因素的综合反映和最终结果，称为反映污秽绝缘表面污秽特性的动态参数。由于泄漏电流能较全面地反映绝缘污秽状态，对泄漏电流的检测和分析作为污秽绝缘在线监测的一种方法近年来引起大量关注。这主要是因为绝缘泄漏电流和污秽沿面放电的发展过程密切相关，包含了丰富的信息，可以综合反映污秽程度、受潮程度、绝缘子耐受电压以及绝缘子形状等因素的影响，而且便于连续在线监测。同时绝缘子的泄漏电流变化也可以反映污秽的积累变化过程，所以对绝缘泄漏电流估算方法的研究对于判断污秽绝缘子的运行状态具有重要意义。

1. 变压器绝缘的介质损耗

变压器绝缘的介质损耗包括绕组绝缘介质损耗和高压套管的损耗，绕组绝缘体积大，绝缘油多，套管体积小，绝缘油少，所以套管的绝缘更容易受到外界的影响。因此，在线检测套管的介质损耗和运行中交流下的泄漏电流，更能反映变压器的绝缘实时状况。

2. 变压器泄漏电流

牵引变电所中高压设备试验参数中，泄漏电流是反映高压电气设备绝缘特性最灵敏的指标之一，在线监测关键硬件是采用微电流传感器。如图 3-62 所示为零磁通高精度微电流传感器。

图 3-62　零磁通高精度微电流传感器

需要检测的泄漏电流的对象主要有：

（1）高压套管泄漏电流，在套管末屏接地端提取信号。

（2）断路器绝缘拉杆处泄漏电流，在靠近电位端安装传感器。

（3）避雷器工作电流及绝缘泄漏电流，在靠近电位端安装传感器。

（4）各种绝缘子表面的泄漏电流，靠近地电位端安装传感器，判断绝缘表面受潮易开裂状况。

3. 等值电容

变压器的等值电容，特别是套管的等值电容反映了绝缘介质的特性，能够有效地说明设备受潮程度。

4. 铁心接地泄漏电流

铁心接地泄漏电流反映了主变压器的铁心绝缘的状况、变压器高压与低压之间的电磁能转换是否正常、涡流大小、铁心温度，泄漏电流可以监测铁心绝缘状况。

5. 绝缘油中的气体

绝缘油色谱分析是检测变压器早期故障成熟的方法，但由于在线监测变压器油色谱分析的专用传感器价格相对来比较贵，所以工程上在线检测以氢气 H_2 为主，当监测的氢气异常时再进行全面的绝缘油色谱分析，这样能够实现在线监测绝缘油中的气体，也可降低工程造价。

绝缘油中综合气体在线监测设备的关键器件是气体传感器，将气体传感器安装在油枕通道的瓦斯继电器处，油中所溶解的气体上升的过程中，经过传感器，传感器中的气敏元件根据不同的浓度输出不同的电气信号，从而检出不同气体的含量，判断是过热性故障还是放电性故障（电弧放电故障、火花放电故障、局部放电故障），如图 3-63 所示。

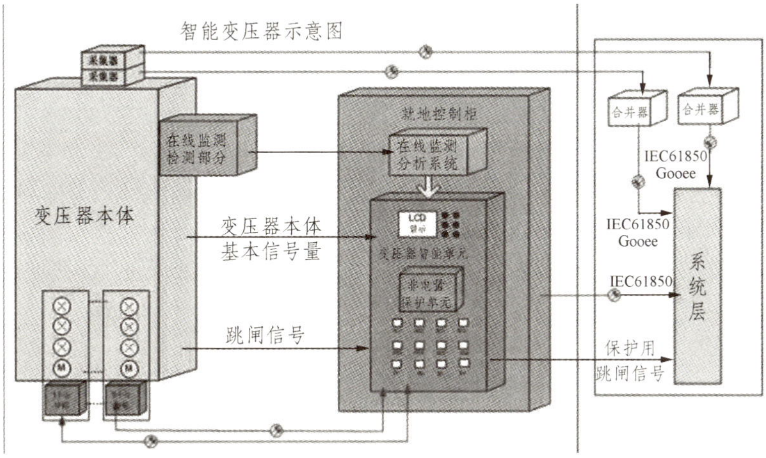

图 3-63 变压器智能集成在线监测示意图

四、避雷器在线监测

避雷器的检测参数，主要以综合泄漏电流和氧化锌避雷器泄漏电流为主，综合泄漏电流是衡量避雷器的绝缘优劣状况，氧化锌避雷器泄漏电流包括监测氧化锌避雷器的全电流、阻性电流和容性电流。避雷器的绝缘劣化时，密封变坏，将导致综合泄漏电流增大，严重时会引起避雷器爆炸，所以监测综合泄漏电流可以避免事故的发生。

在线监测氧化锌避雷器特性包括避雷器内部电压分布和泄漏电流。监测避雷器内部电压分布意义在于，如电压分布不均匀，部分阀片由于承受电压过高而损坏，一般用光电测量法监测避雷器各阀片间的电压分布。监测泄漏电流（尤其是阻性电路）的意义在于：阀片在长期工作电压下老化，引起电阻特性变化，导致流过阀片的阻性电流增大；避雷器结构不良或内部受潮，阀片泄漏电流增加；泄漏电流中阻性电流急剧增加时，阀片温度急剧上升导致热崩溃，严重时发生避雷器爆炸事故。如图 3-64 所示为氧化锌避雷器在线监测装置。

图 3-64　氧化锌避雷器在线监测装置

高压电气设备的在线检测技术，弥补了传统测量方法中出现的不足和缺陷，能够及时反映高压电气设备运行中出现的问题，保证电网系统的正常运行，为电力系统的供应可靠性提供了强有力的保障。

复习与思考

1. $\tan\delta$ 在线检测的原理是什么？

2. 变压器在线监测包括哪几个模块？

3. 油色谱分析的在线检测多种组分的装置有哪些部分组成？可以检测油中可燃气体总量装置的特点是什么？在线检测多种组分的装置有什么特点？按照油色谱分析为主线的油色谱跟踪的故障诊断程序是怎样的？

4. 局部放电在线检测技术与油色谱分析在线检测技术相比较有哪些优势？

5. 铁心多点接地故障的带电检测技术应注意哪些事项？

本章综述

每一项预防性试验项目反映不同绝缘介质的各种缺陷的特点及灵敏度各不相同，因此对各项预防性试验结果不能孤立地、单独地对绝缘介质做出试验结论，而必须将各项试验结果全面地联系起来，进行系统地、全面地分析、比较，并结合各种试验方法的有效性及设备的历史情况，才能对被试设备的绝缘状态和缺陷性质做出科学的结论。例如，当利用兆欧表和电桥分别对变压器绝缘进行测量时，如果 $\tan\delta$ 值不高，其绝缘电阻、吸收比较低，则往往表示绝缘中有集中性缺陷；如果 $\tan\delta$ 值也高，则往往说明绝缘整体受潮。

一般来说，如果电气设备各项预防性试验结果（也包括破坏性试验）能全部符合规定，则认为该设备绝缘状况良好，能投入运行。但是对非破坏性试验而言，有些项目往往不做具体规定，有的虽有规定，但试验结果却又在合格范围内出现“异常”，即测量结果合格，增长率很快。对这些情况如何作出正确判断，则是每个试验人员非常关心的问题。根据现场试验经验，现将电气设备绝缘预防性试验结果的综合分析判断概括为比较法。它包括下列内容：

（1）与设备历次试验结果相互比较，因为一般的电气设备都应定期地进行预防性试验，如果设备绝缘在运行过程中没有什么变化，则历次的试验结果都应当比较接近。如果有明显的差异，则说明绝缘可能有缺陷。

（2）与同类型设备试验结果相互比较。因为对同一类型的设备而言，其绝缘结构相同，在相同的运行和气候条件下，其测试结果应大致相同。若悬殊，则说明绝缘可能有缺陷。

（3）同一设备相间的试验结果相互比较。因为同一设备，各相的绝缘情况应当基本一样，如果三相试验结果相互比较差异明显，则说明有异常的绝缘可能有缺陷。

（4）与《电力设备预防性试验规程》规定的“允许值”相互比较。对有些试验项目，《电力设备预防性试验规程》规定了“允许值”，若测量值超过“允许值”，应认真分析，查找原因，或在结合其他试验项目来查找缺陷。

对试验结果必须全面地、历史地综合分析，掌握设备性能变化的规律和趋势，这是多年来试验工作者总结出来的一条综合分析判断试验结构的重要原则，并以此来正确判断设备绝缘状况，为检修提供依据。

如表 3-20 列出了高压试验基本方法的比较，在试验中应充分利用它们的特点去发掘绝缘缺陷。

表 3-20　高压试验基本方法的比较

试验方法	能发现的缺陷	不能发现的缺陷	评价
绝缘电阻	贯穿的集中性缺陷，整体受潮、脏污，贯穿性地受潮	未贯穿的集中性缺陷，整体老化	基本方法
吸收比	受潮，贯穿的集中性缺陷	同上	判断受潮程度
泄漏电流	同上，以及某些未完全贯穿的集中性缺陷	同上	基本方法之一，比测绝缘电阻更灵敏
介质损耗角正切值	整体受潮、老化，小体积被试品的贯穿及未贯穿性缺陷	大体积被试品的集中性缺陷	基本方法之一，对大体积被试品不灵敏
局部放电	产生局部放电的缺陷	不产生局部放电的缺陷，受潮	可与其他方法配合使用
气相色谱分析	持续性的局部过热、局部放电	导致突然性匝间短路的缺陷	基本方法之一用于检查充油设备
耐压试验	缺陷已使绝缘强度低于试验电压	缺陷尚未试绝缘强度低于试验电压	与其他方法配合检查最低电气强度

项目资讯单

项目内容		高电压检测项目		
学习方式		通过教科书、图书馆、专业期刊、上网查询问题；分组讨论或咨询老师	学时	24
资讯要求		书面作业形式完成，在网络课程中提交		
资讯问题	序号	资讯点		
	1	预防性试验项目主要有哪些？能检测哪方面的绝缘缺陷？		
	2	高压试验可分哪几种试验？非破坏性试验主要有哪些？		
	3	针对不同被试品，绝缘电阻测试仪电压等级的应如何选择？		
	4	测量泄漏电流和绝缘电阻的接线方法和测量原理等方面有何异同？		
	5	MOA 泄漏电流测量时，为什么要测量 $U_{1\,mA}$ 及 $I_{0.75U1\,mA}$ 泄漏电流？		
	6	测量绝缘电阻可以检测哪部分绝缘缺陷？		
	7	隔离开关预防性试验测量项目有哪些？与断路器相比，有哪些不同？		
	8	测量导电回路电阻是不是直流电阻值？在测量原理和方法有没有不同？		
	9	电压互感器在介质损耗测量时，需要分别测试哪几个部位？		
	10	介质损耗测量精度会受到哪方面影响？		
	11	介质损失角正切值对哪些设备比较有效？哪些无效？		
	12	测量局部放电的意义是什么？有哪些检测方法？		
	13	耐压试验可以分为哪几种？各适用于哪种设备？		
	14	感应耐压试验的原理是什么？主要应用于哪种场合？		
	15	交直流耐压试验相比，主要优缺点有哪些？		
	16	变频串联谐振耐压试验有哪些优点？		
	17	哪种情况下需要做冲击耐压试验？		
	18	油色谱试验检测原理是什么？什么是 IEC 三比值法？		
	19	哪些高压电气设备运行检测中需要进行微水检测？		
	20	在线监测系统原理是什么？主要应用在哪些设备中？		
	21	工频耐压试验过程中突然“失压”，应如何处理？		
	22	断路器和隔离开关之间为什么要加联锁？联锁方式有哪些？什么是“五防”？		
	23	断路器的停、送电操作前应做哪些准备？操作的安全要点有哪些？		
	24	如何保证隔离开关操作安全？一旦发生误拉、误合隔离开关，如何处理？		
	25	110 kV SF_6 断路器试验项目有哪些？		
资讯引导		以上问题可以在本教程的学习信息、精品网站、教学资源网站、互联网、专业资料库等处查询学习		

项目操作单

分组实操项目。全班分 7 组，每小组 5 ~ 7 人，通过抽签确认下表内容，自行安排负责人、操作员、记录员、接地及放电人员分工。考评员参考评分标准进行考核，时间 50 min，其中实操时间 30 min，理论问答 20 min。

<table>
<tr><td colspan="2">序　号</td><td colspan="5">高电压设备试验项目</td></tr>
<tr><td colspan="2">项目 1</td><td colspan="5">绝缘电阻及吸收比的测量</td></tr>
<tr><td colspan="2">项目 2</td><td colspan="5">泄漏电流的测量直流耐压试验</td></tr>
<tr><td colspan="2">项目 3</td><td colspan="5">介质损耗角正切值的测量</td></tr>
<tr><td colspan="2">项目 4</td><td colspan="5">工频交流耐压试验和谐振耐压试验</td></tr>
<tr><td colspan="2">项目 5</td><td colspan="5">色谱分析试验</td></tr>
<tr><td colspan="2">项目 6</td><td colspan="5">微水检测</td></tr>
<tr><td colspan="2">项目编号</td><td></td><td>考核时限</td><td>50 min</td><td>得分</td><td></td></tr>
<tr><td colspan="2">开始时间</td><td></td><td>结束时间</td><td></td><td>用时</td><td></td></tr>
<tr><td colspan="2">作业项目</td><td colspan="5">项目 1 ~ 6</td></tr>
<tr><td colspan="2">项目要求</td><td colspan="5">（1）说明各高压绝缘试验的原理
（2）现场就地操作演示并说明需要试验的绝缘结构及材料
（3）注意安全，操作过程符合安全规程
（4）编写试验报告
（5）实操时间不能超过 30 min，试验报告时间 20 min，实操试验提前完成的，其节省的时间可加到试验报告的编写时间里</td></tr>
<tr><td colspan="2">材料准备</td><td colspan="5">（1）正确摆放被试品
（2）正确摆放试验设备
（3）准备绝缘工具、接地线、电工工具和试验用接线及接线钩叉、鳄鱼夹等
（4）其他工具，如绝缘胶带、万用表、温度计、湿度仪</td></tr>
<tr><td rowspan="7">评分标准</td><td rowspan="5">序号 1</td><td rowspan="5">安全措施（14 分）</td><td colspan="3">（1）试验人员穿绝缘鞋、戴安全帽，工作服穿戴齐整</td><td>3</td></tr>
<tr><td colspan="3">（2）检查被试品是否带电（可口述）</td><td>2</td></tr>
<tr><td colspan="3">（3）接好接地线对高压开关进行充分放电（使用放电棒）</td><td>3</td></tr>
<tr><td colspan="3">（4）设置合适的围栏并悬挂标示牌</td><td>3</td></tr>
<tr><td colspan="3">（5）试验前，对高压开关外观进行检查（包括本体绝缘、接地、本体清洁度等），并向考评员汇报</td><td>3</td></tr>
<tr><td rowspan="2">2</td><td rowspan="2">高压开关及仪器仪表铭牌参数抄录（7 分）</td><td colspan="3">（1）对与试验有关的高压开关铭牌参数进行抄录</td><td>2</td></tr>
<tr><td colspan="3">（2）选择合适的仪器仪表，并抄录仪器仪表参数、编号、厂家等</td><td>2</td></tr>
</table>

续表

		项目名称	质量要求	满分 100 分
评分标准	2	高压开关及仪器仪表铭牌参数抄录（7 分）	（3）检查仪器仪表合格证是否在有效期内并向考评员汇报	2
			（4）向考评员索取历年试验数据	1
	3	高压开关外绝缘清擦（2 分）	至少要有清擦意识或向考评员口述示意	2
	4	温、湿度计的放置（4 分）	（1）试品附近放置温湿度表，口述放置要求	2
			（2）在高压开关本体测温孔放置棒式温度计	2
	5	试验接线情况（9 分）	（1）仪器摆放整齐规范	3
			（2）接线布局合理	3
			（3）仪器、高压开关地线连接牢固良好	3
	6	电源检查（2 分）	（1）用万用表检查试验电源	2
	7	试品带电试验（23 分）	（1）试验前撤掉地线，并向考评员示意是否可以进行试验。简单预说一下操作步骤	2
			（2）接好试品，操作仪器，如果需要则缓慢升压	6
			（3）升压时进行呼唱	1
			（4）升压过程中注意表计指示	5
			（5）电压升到试验要求值，正确记录表计指数	3
			（6）读取数据后，仪器复位，断掉仪器开关，拉开电源刀闸，拔出仪器电源插头	3
			（7）用放电棒对被试品放电、挂接地线	3
	8	记录试验数据（3 分）	准确记录试验时间、试验地点、温度、湿度、油温及试验数据	3
	9	整理试验现场（6 分）	（1）将试验设备及部件整理恢复原状	4
			（2）恢复完毕，向考评员报告试验工作结束	2
	10	试验报告（20 分）	（1）试验日期、试验人员、地点、环境温度、湿度、油温	3
			（2）试品铭牌数据：与试验有关的高压开关铭牌参数	3
			（3）使用仪器型号、编号	3
			（4）根据试验数据作出相应的判断	9
			（5）给出试验结论	2
		考评员提问（10 分）	提问与试验相关的问题，考评员酌情给分	10
考评员项目验收签字				

项目考核单

一、选择题（在每小题中，只有一项符合题目要求，把所选选项的序号填在题中的括号内）

1. 测量电力电缆的绝缘电阻时，由于电缆的电容量很大，为避免电容电流对兆欧表的反充电，应选择的操作方法是（　　）。

A. 先停止兆欧表对电缆的充电，再断开兆欧表至电缆的火线

B. 先断开兆欧表至电缆的火线，再停止兆欧表对电缆的充电

C. 断开和停止兆欧表对电缆的充电同时操作。

2. 变压器的绝缘电阻随温度增加而（　　）。

A. 增加　　B. 不变　　C. 减少

3. 一般情况下，变压器绝缘的吸收比随温度的增加而（　　）。

A. 增加　　B. 不变　　C. 减少

4. 高压电气设备绝缘的泄漏电流随温度的增加而（　　）。

A. 增加　　B. 不变　　C. 减少

5. 进行直流泄漏或直流耐压试验结束后，应对试品进行放电，放电方式最好的是（　　）。

A. 直接用导线放电　　B. 通过电阻放电

C. 通过电容放电

6. 下列条件中（　　）是影响变压器直流电阻测量结果的因素。

A. 空气湿度　　B. 上层油温

C. 散热条件　　D. 油质劣化

7. 用直流电桥测量变压器绕组直流电阻的充电过程中，电桥指示的电阻值随时间增长而（　　）。

A. 增加　　B. 不变　　C. 减少

8. 用直流电桥测量开关的接触电阻时，电桥指示的电阻值随时间增长而（　　）。

A. 增加　　B. 不变　　C. 减少

9. 测得金属氧化物避雷器直流 1 mA 下的电压值，与初始值比较，其变化应不大于（　　）。

A. ±5%　　B. ±10%　　C. ±15%

10. 金属氧化物避雷器泄漏电流 $I_{0.75U1\ mA}$ 应大于（　　）μA。

A. 25　　B. 50　　C. 100

11. 在高压电气设备的绝缘材料中，若材料中存留有小的空气隙，外施电压后，空气隙比绝缘材料的电场强度（　　）。

A. 高　　B. 相同　　C. 低

12. 几个试品并联在一起进行工频交流耐压试验时，试验电压应按各试品试验电压的（　　）选取。

A. 平均值　　B. 最高值　　C. 最低值

13. 真空断路器的金属屏蔽罩的主要作用是（　　）。

A. 降低弧隙击穿电压

B. 吸附电弧燃烧时产生的金属蒸汽

C. 加强弧隙散热

14. 停电拉闸操作必须按照（　　）的顺序依次操作，送电合闸操作应按与上述相反的顺序进行。严防带负荷拉合刀闸。

A. 路器（开关）—负荷侧隔离开关（刀闸）—母线侧隔离开关（刀闸）

B. 断路器（开关）—母线侧隔离开关（刀闸）—负荷侧隔离开关（刀闸）

C. 负荷侧隔离开关（刀闸）—断路器（开关）—母线侧隔离开关（刀闸）

15. ZN4-10/600 型断路器可应用于最大持续工作电流为（　　）。

A. 600 A　　B. 10 kA　　C. 600 kA

二、填空题

1. 工频交流耐压试验是考验试品承受______________的有效方法，对保证设备具有重要意义。

2. 交流耐压试验的电压波形、频率，均匀符合实际运行情况，因此，能有效地发现设备的_____________。

3. 交流耐压试验对于固体有机绝缘材料来说，会使原来存在的绝缘缺陷进一步发展，形成绝缘内部劣化的______________。

4. 交流耐压试验的电压越高，积累效应也愈___________，因此必须正确地选择试验电压的___________和耐压的时间。

5. 对新注油变压器，不宜在注油后立即进行耐压试验，因为油中存在_________，在耐压试验时会引起________________，造成判断上的困难，严重时会造成绝缘__________。

6. 进行变压器耐压试验时，被试绕组各部位的对地电压必须____________，因此应将被试绕组的所有出线端用导线连接在一起接火线，而非被试绕组应用导线连接在一起，然后_____________。

7. 影响变压器直流电阻测量结果的因素很多，这些因素主要是：测量仪器的_________、环境与设备的__________，以及引线的____________和___________时间等。

三、简答题

1. 试述兆欧表屏蔽环（或屏蔽端头）的作用。

2. 高压断路器的预防性试验项目主要有哪几项？

3. 简述断路器动作时间测量方法。

4. 简述断路器速度测量方法。

5. 简述如何进行断路器耐压试验。

6. 简述隔离开关需要进行哪些预防性试验。

7. 直流泄漏试验和直流耐压试验相比，其原理和测试方法有何不同？

8. 简要说明绝缘油电气绝缘强度试验的步骤。

9. 简述工频交流耐压试验时间规定为 1 min 的意义。

10. 目前国内电力系统中大量使用的高压断路器按绝缘介质和结构可分为哪几种？

第四章　城轨高压设备检测

内容导读

在轨道交通运营维护中，需要对设备进行制定检修计划。针对城轨行业特有的高压设备，进行高压试验项目。

知识要点

1. 掌握城轨交通行业中电力变压器试验，包括主变、牵引动力变和干式整流变压器等，并根据其安置位置，区别其容量、试验项目的不同。
2. 掌握城轨 110 kV 和 35 kV GIS 组合电器试验项目要求。
3. 掌握互感器试验规程。
4. 掌握城轨 AC 110 kV、35 kV、DC 1 500 V 电力电缆检测规程标准。
5. 掌握城轨避雷器试验项目要求。
6. 掌握城轨直流设备预防性试验检测。
7. 掌握城轨 AC 400 V 低压开关检测标准。

《城轨设计规范》中规定：城轨中压网络的电压等级可采用 35 kV（33 kV）、20 kV、10 kV。国外城轨和城市轨道交通的中压供电网络一般有 35 kV、20 kV、10 kV 三个电压等级，国内既有城市轨道交通的中压网络电压等级采用了 35 kV（若采用国外设备则是 33 kV）或 10 kV。

一、城轨供电方式

城市轨道交通系统的外部电源方案，根据城市电网构成的不同特点，可采用集中式、分散式、混合式等不同形式。究竟采用何种方式，应通过计算确定需要负荷之后，根据城市轨道交通路网规划、城市电网构成特点、工程实际情况综合分析确定。

（1）集中式供电：在城市轨道交通沿线，根据用电容量和线路长短，建设专用的主变电所，这种由主变电所构成的供电方案，称为集中式供电。如上海、广州、深圳、南京、香港、德黑兰等采用集中式供电。

（2）分散式供电：不设主变电所，而直接由城市电网区域变电所的 35 kV（33 kV）或 10 kV 中压输电线直接向城市轨道交通沿线设置的牵引变电所、降压变电所供电并形成环网。沈阳地铁、长春轻轨、大连轻轨、北京城铁、北京八通线、北京地铁 5 号线采用分散式供电。

（3）混合式供电：将前两种供电方式结合起来，一般以集中式供电为主，个别地段引入城市电网电源作为集中式供电的补充，使供电系统更加完善和可靠。如北京地铁一线和环线采用混合式供电。

对于集中式供电系统，牵引网络和动力照明网络可以采用相对独立的形式，即牵引动力照明网络独立网络，也可以共用混合网络；对于分散式供电系统，则采用牵引动力照明混合网络。

二、中压网络电压等级

中压网络内部结构形式涉及中压网络供电安全准则及其运行方式。国外地铁和城市轨道交通的中压供电网络一般有 33 kV、20 kV、10 kV 三个电压等级。国内现有地铁和城市轨道交通的中压供电网络有 35 kV、33 kV、10 kV 电压等级。

中压供电网络既可采用牵引和动力照明同用一个供电网络的方案，即牵引动力照明混合网络；也可以采用牵引和动力照明供电网络相对独立的两个供电网络方案，即牵引供电网络、动力照明供电网络。由于电费在城轨交通的运营成本中占很大比例，从长远的角度考虑，中压供电网络宜选择较高的电压等级，亦即 35 kV 或 20 kV 为优选方案。如图 4-1 所示为典型城轨供电结构图。

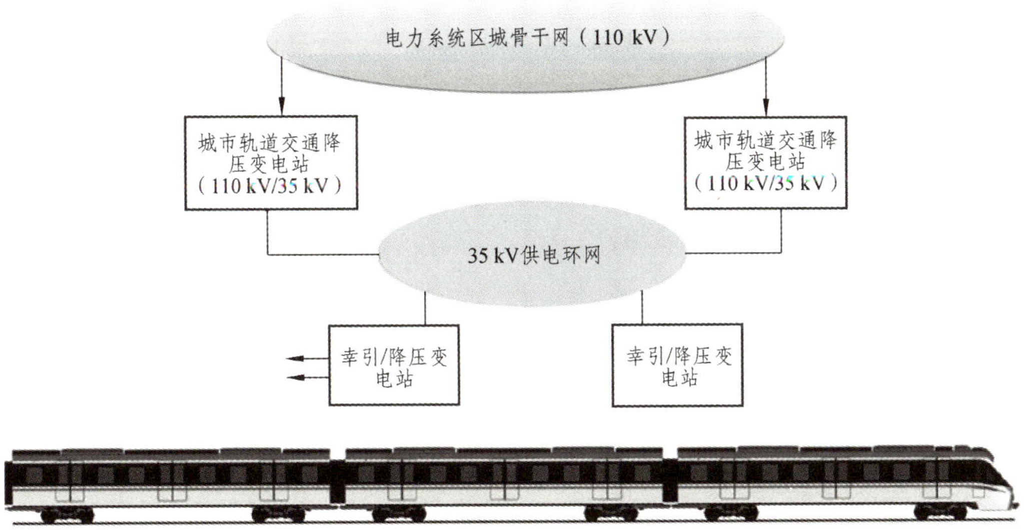

图 4-1 典型城轨供电结构图

城市轨道交通供电系统，尤其是集中式供电系统，与其他公用用户相比，相对独立，自成系统。无论从施工建设，还是运营治理、养护维修等均相对独立。从这个角度来说，城市轨道交通中压网络的电压等级不一定与外部电网电压等级相一致。实际上，上海城轨、广州地铁，刚开始建设期采用了国外的 33 kV 设备，而我国电压等级是 35 kV，并非 33 kV。另外，南京城轨、深圳城轨采用的 35 kV。换言之，在城市轨道交通中压网络电压等级与外部市网电压等级的关系上，是采用 35 kV 还是采用 33 kV 或者 20 kV，其性质和概念上是一样的。我国电力系统并未推荐过使用 33 kV 电压等级，上海、广州地铁采用此电压等级有其特殊历史原因，其他城市很少采用。

北京城轨、天津城轨、长春轨道交通环线一期工程、大连快速轨道交通 3 号线的中压网络为 10 kV；上海城轨 1、2 号线的牵引网络采用了 33 kV，动力照明网络采用了 10 kV；上海城轨明珠线的牵引网络采用了 35 kV，动力照明网络采用了 10 kV；广州地铁 1、2 号线采用了 33 kV 的牵引动力照明混合网络；南京城轨南北线一期工程、深圳城轨采用了 35 kV 的牵引动力照明混合网络；武汉轨道交通一期工程、重庆轨道交通较新线工程采用了 10 kV 的牵引动力照明混合网络。

三、城轨供电系统变电所概况

城轨供电系统变电所类型有主变电所、牵引所、牵引降压混合所、降压所和跟随所等组成，主变电所负责将高压（110 kV 及以上）变成中压（35 kV、10 kV 等）向地铁沿线的牵引所、牵引降压混合所、降压所和跟随所等供电，各变电所间通过环网电缆联络。城轨变电所设在车站内，牵引所经过降压整流后向接触网供电，为机车提供电源；降压所经降压后向车站提供动力和照明电源。城轨变电所间距离小，因此城轨供电系统变电所数量比较多，通常分布在城轨沿线各站。如图 4-2 所示为城轨主变电所供电结构。

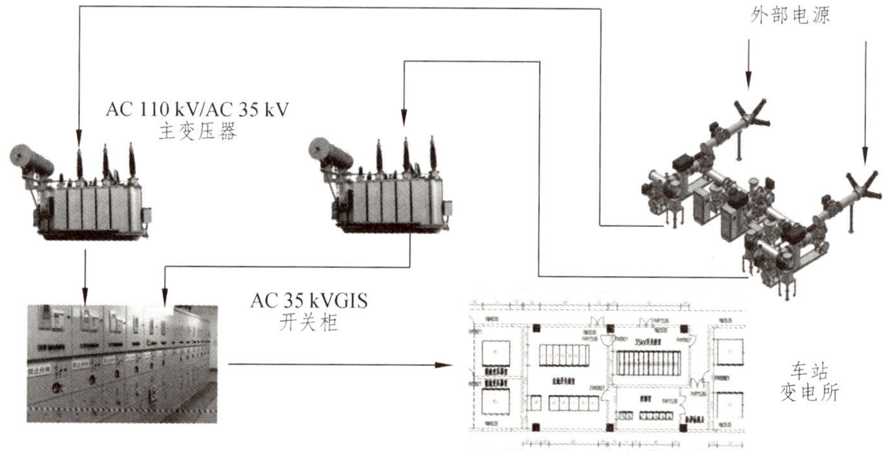

图 4-2　城轨主变电所供电结构

以城轨牵引降压混合所为例，城轨变电所含整流变压器、动力变压器、中压交流开关柜、直流开关柜、整流器柜、控制信号盘、交直流电源盘等设备。地铁空间狭小，变压器大多采用干式变压器，开关柜大多采用组合式开关柜，设备安装在相应的设备房中。如图 4-3 所示为城市轨道交通供电设备示意图。

扫一扫
彩图更清楚

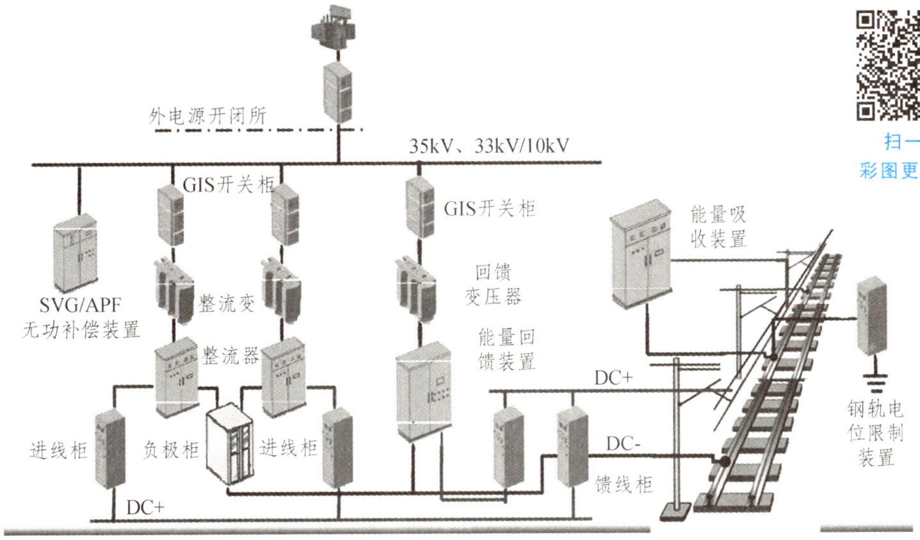

图 4-3　城市轨道交通供电设备示意图

以广州地铁一号线为例，广州地铁供电系统采用集中供电方式，110 kV、33 kV两级电压制，2 座 110 kV 主变电所，由交流高、中压系统和牵引供电系统组成；牵引电力采用 1 500 V 直流，低压配电的额定电压是 380 V/220 V。广州地铁一号线有三类变电所，它们是主变电所、降压变电所、牵引降压混合变电所。主变电所是由城市电网区域变电所获得高压 110 kV 电能，经其降压后以中压等级 33 kV 供给牵引降压混合变电所和降压变电所的一种城轨变电所。降压变电所从主变电所获得电能并降压变成低压交流电。牵引降压混合变电所从主变电所获得电能，经过降压和整流变成机车牵引所需要的直流电 1 500 V，另外还设置两台动力变压器经降压后供给低压配电用，即在有牵引变电所和降压变电所的站点合并建成一座牵引降压混合变电所。一号线的每座降压变电所均设两台动力变压器，正常运行时两台动力变压器分列运行同时供电。当任一台动力变压器因故障退出运行时，另一台动力变压器的容量能满足全所Ⅰ、Ⅱ级动力照明负荷的供电。牵引降压混合变电所和车站降压变电所，其进线电源均采用 33 kV。城轨内部由 33 kV 电压组成一个独立开环供电网络，该网络以双回路馈电电缆向各牵引降压混合变电所、降压变电所供电。如图 4-4 所示为城轨主变压所设备构成。

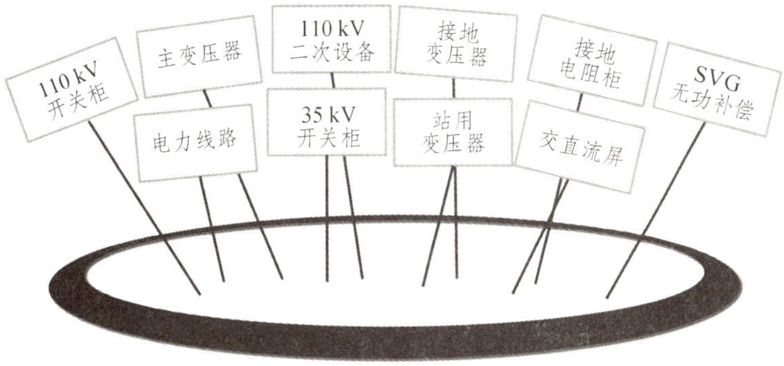

图 4-4　城轨主变压所设备构成图

以下是城轨供电中几个关键概念。

（1）主变电所：

将 110 kV（220 kV）交流电源转换为 35 kV 中压系统供电的变电所，提供牵引与动力照明之用。

（2）牵引变电所：

将 35 kV（33 kV）交流电源转换为 1500V 直流电并向接触网系统供电的变电所。

（3）降压变电所：

将 35 kV（33 kV）交流电源转换为 0.4 kV 交流电并向车站及区间动力、照明负荷供电的变电所。

（4）牵引降压混合变电所：

牵引变电所与降压变电所合建的变电所。

（5）跟随式降压变电所：

在车站规模较大（或区间较长）的情况下，在车站另一端（或区间中部）靠近负荷区增设一间降压室（包括动力变压器和 0.4 kV 开关柜）。

（6）35 kV（33 kV）GIS 开关柜：

SF_6 气体绝缘、铠装式金属封闭结构、组合式中压开关柜，多为户内型，包括柜体、高压室、低压室、灭弧室、电缆室、柜间连接、操作机构等模块单元。

（7）1 500 V 直流开关柜：

金属封闭式开关柜，地铁采用户内型，用于直流牵引供电系统直流电能的控制和传输。

四、城轨电力设备常规试验项目

扫一扫
更精彩

城轨电力系统中主要电气设备的绝缘预防性试验项目如表 4-1 所示。

表 4-1　各种电气设备的绝缘预防性试验项目

序号	电气设备	绝缘预防性试验项目											
		测量绝缘电阻	测量绝缘电阻、吸收比和极化指数	测量泄漏电流	直流耐压试验及泄漏电流	介质损耗角正切	局部放电	油的介质损耗角正切	直流电阻（回路电阻）	油色谱分析	绝缘油电气强度	测量变比或极性	交流耐压试验
1	发电机和调相机		√		√	√	√		√				√
2	电动机		√		√				√			√	√
3	电力变压器		√	√		√	√	√	√	√	√	√	√
4	电压互感器	√		√		√	√	√		√	√	√	√
5	电流互感器	√		√		√	√	√	√	√	√	√	√
6	断路器	√		√		√		√	√	√	√		√
7	隔离开关	√				√			√				√

续表

序号	电气设备	绝缘预防性试验项目											
		测量绝缘电阻	测量绝缘电阻、吸收比和极化指数	测量泄漏电流	直流耐压试验及泄漏电流	介质损耗角正切	局部放电	油的介质损耗角正切	直流电阻（回路电阻）	油色谱分析	绝缘油电气强度	测量变比或极性	交流耐压试验
8	绝缘子	√											√
9	套管	√		√		√	√						√
10	避雷器	√			√								√
11	电缆	√			√			√				√	√
12	电容器	√				√	√						√
13	电抗器	√				√			√		√		√

注：电力设备的预防性试验项目与额定电压等级、绝缘类别等多种因素有关，具体试验项目应参照国家标准《电气设备交接试验标准》和《电力行业：电气试验工职业技能鉴定规范》有关规程的执行，上述表仅针对设备的常规试验描述。

第一节 电力变压器试验

城轨变压器主要有牵引主变压器、动力变压器和干式整流变压器三种类型。

城轨主变电所采用 110 kV/35 kV 主变压器为三相油浸电力变压器，带有载调压开关和自动调压装置，连接组别 Ynyn0（d11）。城轨车站降压变电所内 10 kV 动力变压器一般使用户内环氧树脂浇注型、无载调压、自然风冷变压器。整流变压器是城轨运行特殊性的一种专用变压器，将交流电网的中压（35 kV/10 kV）转换成整流装置所需要的低压（1 180 V），然后通过大容量整流器将低压电进行整流转换为 DC 1 500 V 的直流电压，整流变压器一般也是户内环氧树脂浇注变压器。如图 4-5 所示为城轨整流变压器。

图 4-5 城轨整流变压器

一、变压器的结构

了解变压器的结构对于变压器试验有着重要的指导意义，因为试验项目及试验标准都是根据变压器的基本结构及绝缘要求而制定的。例如通过绝缘电阻测量可以判断变压器有没有整体受潮，判断定变压器本体及附件外壳是否与地网接触良好，确定套管电流互感器二次端子是否短接接地，确定变压器套管是否满油外表面是否有损伤及漏油，这些测量都是基于变压器的绝缘结构而定的。如图 4-6、图 4-7 为油浸式变压器结构图。

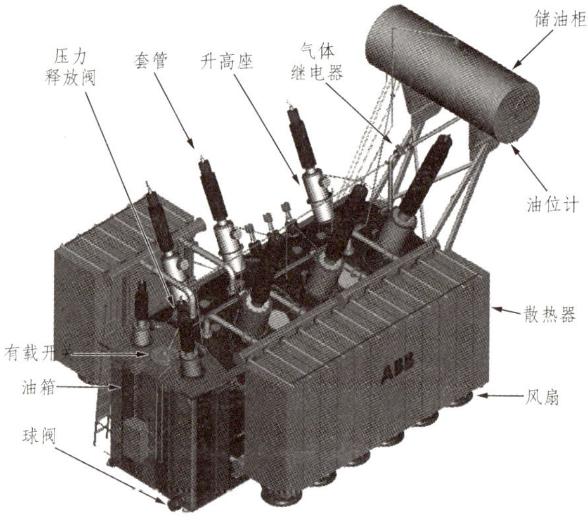

扫一扫
彩图更清晰

图 4-6　油浸式变压器结构

图 4-7　城轨 110 kV 三绕组自然风冷油浸式变压器

油浸式变压器用的绝缘材料如下：

（1）变压器油。

变压器油是最基本的绝缘材料，充满整个变压器油箱，起绝缘和散热作用。

（2）绝缘纸和纸板。

绝缘纸和纸板的品种有电容器纸、电缆纸、电话纸、卷绕纸、浸渍纸、绝缘纸板和钢纸（板和管）。用于高压电力变压器主要有电缆纸、电话纸及绝缘纸板和筒。钢纸经氯化锌处理，不能用于高压油浸变压器；胶纸板（或筒）含有游离酚等杂质，也不宜用于高压变压器。

（3）油纸绝缘。

油与纸结合使用性能非常良好。这是两种最常见和最经济的绝缘材料，其组合具有极高的耐电强度。

（4）其他的绝缘材料。

其他绝缘材料有漆布或带绝缘漆、玻璃丝或石棉电瓷。

变压器的主要绝缘材料是油和纸。在长期的运行中，由于受到电场、水分、温度和机械力的作用会逐渐劣化，最终引起故障而导致变压器寿命的终结。引起变压器绝缘劣化的主要因素：局部放电、水分、温度、机械力。如图 4-8 所示为变压器绝缘分类。

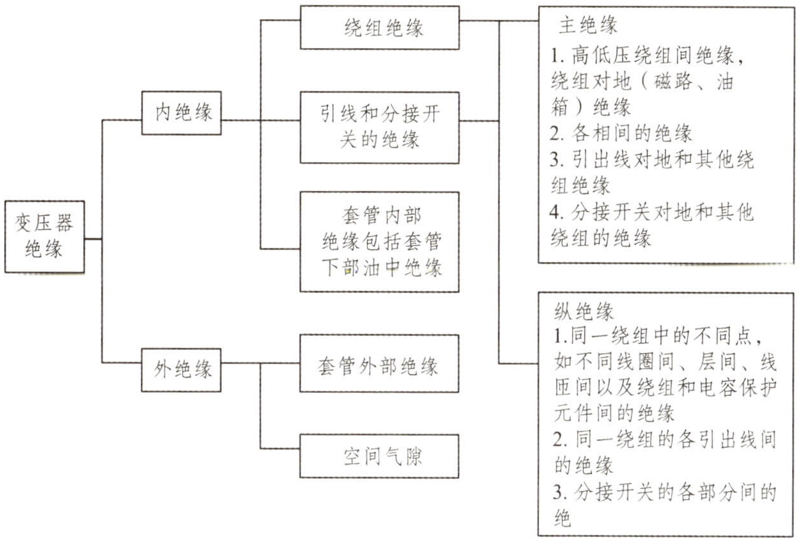

图 4-8　变压器绝缘分类

二、变压器的试验项目种类

变压器的检修导则有：

（1）《电力变压器》（GB 1094.4—2013）；

（2）《三相油浸式电力变压器技术参数和要求》（GB/T 6451—2015）；

（3）《局部放电测量》（GB/T 7354—2016）；

（4）《电气装置安装工程电气设备交接试验标准》（GB 50150—2016）;

（5）《电力变压器试验导则》（JB/T 501—2021）。

动力变压器、整流变压器试验项目如表 4-2 所示。

表 4-2　城轨 35 kV 动力变压器、整流变压器试验项目

序号	试验项目	标准要求	试验方法
1	绝缘电阻及吸收比测试	与出厂值比较 常温下吸收比不小于 1.3（35 kV、4 000 kVA 及以上时测）	绝缘电阻表耐压前后测试高-低及地、低-高及地、低压线圈间
2	绕组直流电阻测试	与同温下出厂比较不应大于 2%	用直流电阻测试仪测试
3	绕组接线组别检查	与铭牌一致	使用自动变比测试仪测试
4	变比误差测量	与铭牌比无明显差别在额定分接头位置时为 ±0.5%	使用自动变比测试仪测试
5	工频耐压试验	整流变压器： 高-低及地：60 kV、1 min 低-高及地：8.5 kV、1 min 动力变压器： 高-低及地：60 kV、1 min 低-高及地：2.6 kV、1 min	使用交流试验变压器试验
6	额定电压下冲击合闸试验	进行 5 次，第一次合闸后持续 10 min，以后每次间隔 5 min，无异常现象，中性点必须接地	低压侧空载，高压侧合闸 5 次
7	检查相位	与电网相位一致	用相序表检查

1. 出厂试验

出厂试验是根据标准和产品技术条件规定的试验项目，对每台变压器都要进行的检查和试验。其目的在于检查设计，操作，工艺的质量，每台变压器出厂前，必须进行电压比、直流电阻、联结组别、绝缘电阻、工频耐压、空载损耗和负载损耗等的检查和试验。

1）变比试验

变比试验目的主要在于检验变压器各绕组的匝数是否符合设计要求，所以把电压比试验又称匝数比试验。

2）联结组别试验

联结组别试验目的是在于检验变压器的联结组别是否与设计要求相符。实际应用中多采用交流电桥法，既可检查电压比，又可检查联结组别。

3）绕组直流电阻试验

绕组直流电阻试验可以检查出绕组内部导线的焊接质量，引线与绕组的焊接质量，绕组所用导线的规格是否符合设计。电桥法测量准确度高，灵敏度高，并具有直接读数的优点而被广泛采用。

4）绝缘电阻的测量

绝缘电阻的测量是在绝缘安全的低电压下对变压器主绝缘性能的试验，用于发现

变压器绝缘的局部缺陷和普遍的缺陷，是决定进行耐压试验和继续运行的重要参考数据之一。

5）工频耐压试验

工频耐压试验又称为外施压试验，是使变压器在不低于 80%额定频率的电压下持续 1 min 运行，用以考核主绝缘强度和绝缘的局部缺陷。试验设备包括试验变压器、可调电源、球隙、阻尼电阻、金属保护电阻等。

6）空载试验

空载试验是从变压器低压侧的绕组施加正弦波形额定频率的额定电压，在其他绕组开路的情况下测量其空载损耗和空载电流的试验。其目的是测量铁心中的空载电流和空载损耗，发现磁路中的局部或整体缺陷。

7）负载试验

负载试验是从变压器高压侧的绕组在额定分接下供给额定频率的额定电流。低压侧的绕组人为短接，通过负载试验可以确定变压器的负载损耗和阻抗电压。

2. 型式试验

型式试验是根据标准或产品技术条件规定的项目，对指定产品结构进行的鉴定性试验，目的在于检查结构性能是否符合标准和产品技术条件，型式试验包括冲击电压试验和温升试验。对已经通过国家鉴定并系列化大批量生产的产品一般不进行型式试验。

1）冲击电压试验

冲击电压试验包括雷电冲击电压试验和操作冲击电压试验。为了考核变压器冲击绝缘强度是否符合国家标准的规定和进一步研究变压器的绝缘结构，需要对变压器进行雷电冲击试验，所谓雷电冲击试验是指在变压器绕组的端子上施加冲击波，看变压器或其他绝缘结构在冲击波的作用下产生什么结果。为了考核变压器耐受的操作电压的能力，通常都是用 1 min 工频耐压或高周波耐压试验来检验的。

2）温升试验

变压器的空载损耗和负载损耗以热能形式损耗，使变压器的温度升高，从而对变压器绝缘材料的寿命造成影响，通过温升试验，对变压器的温升进行考核。干式变压器的试验方法包括直接负载法、相互负载法、循环电流法或零序法。

3. 特殊试验

特殊试验是根据变压器使用或结构特点必须在标准规定项目之外另行增加的试验项目，主要对典型结构产品或有协议要求的产品进行，包括突发短路试验、噪声试验和零序阻抗试验。

1）突发短路试验

突发短路试验模拟一种事故短路，即在变压器一次侧加上额定电压，二次侧由于事故原因，在出线端子上发生的突发短路。它是作为变压器在运行中对其动稳定强度和热稳定典型的最严格的考验。这种运行事故在实际上是极少发生的。

2）噪声试验

噪声试验是为了测定变压器额定运行时的声级和声功率级，以控制变压器的噪声，满足环境和用户的要求。

3）零序阻抗试验

仅对有零序短路回路的绕组才进行这项试验。

4. 局放试验

为了保证变压器产品质量，使其能够在系统中长期安全地运行，局放试验是一项良好而有效的检验方法。其试验设备主要有试验电源和局放仪，试验内容包括：

1）检验产品在规定电压

一般预加 1.5 倍的系统电压 30 s，然后降到 1.1 倍的系统电压，1 min 内有没有高于规定值的局部放电，以确定产品在规定电压下的放电强度。国家标准规定 10 kV 以下的变压器 30 pC 为合格，10 pC 为一等品，5 pC 为优等品。

2）确定局部放电起始电压和终止电压

施加高压，记录试品出现局部放电刚开始时的电压，这个电压称为起始电压；降低电压到局部放电刚消失时，记录此时电压值，为局部放电终止电压。

三、变压器试验项目

城轨变压器类型主要有 110 kV 主变压器、10 kV 动力变压器和整流变压器。大部分部件检修周期为 2 年一次或者大修后进行。如图 4-9 所示是城轨 10 kV 干式动力变压器。

图 4-9　城轨 10 kV 干式变压器

城轨变压器试验常用的几个关键项目包括：绝缘电阻测量、直流电阻测量、变比测量、绕组泄漏电流测量、介质损耗测量等。如表 4-3 所示为某城轨变压器试验项目表。

表 4-3　某城轨变压器试验项目表

试验报告　　　　动力变压器试验

工程名称	×××	检验类别	交接试验
系　　统	牵引供电系统	检验日期	
检验依据			
评判依据			

容　　量	1 250 kVA	组　　别	Dyn11	负载损耗	
型　　号		额定电压	33 000 V/400 V	空载损耗	
相　　数	3	额定电流		短路阻抗	
频　　率	50 Hz	系列编号		短路损耗	
出厂日期		安装代号			

高压侧						低压侧	
连　接	1	2	3	4	5		
电压/V	34 650	33 825	33 000	32 175	31 350	电压/V	400
电流/A						电流/A	

1. 外观检查

内　容	结　论	备　注
铭牌数据与设计图纸相符	√	
零部件无损伤和移位	√	
接线无松动、断裂	√	
绝缘无破损，无脏污或异物	√	

2. 绝缘电阻测试/MΩ　　温度　25　　°C　　湿度　75　　%

项　目	耐压试验前	耐压试验后	吸收比（35 kV、4 000 kVA）	标准规定值
高压侧-低压侧及地（2 500 V 兆欧表）			/	绝缘电阻不低于出厂值的 70%
低压侧-高压侧及地（500 V 兆欧表）			/	
铁心-夹件及地（500 V 兆欧表）			/	无闪络及击穿现象
穿心螺杆　铁心及地			/	

续表

<table>
<tr><td colspan="8">3. 绕组直流电阻测试/Ω</td></tr>
<tr><td rowspan="2">连接位置</td><td colspan="4">高压侧</td><td colspan="2" rowspan="2">低压侧</td></tr>
<tr><td>AB</td><td>BC</td><td>CA</td><td>标准规定值</td></tr>
<tr><td>1</td><td></td><td></td><td></td><td rowspan="5">1 600 kVA 及以下：相间差值小于平均值的4%，线间差值小于平均值的2%；
1 600 kVA 以上：相间差值小于平均值的2%。线间差值小于平均值的2%；</td><td>ao</td><td></td></tr>
<tr><td>2</td><td></td><td></td><td></td><td>bo</td><td></td></tr>
<tr><td>3</td><td></td><td></td><td></td><td>co</td><td></td></tr>
<tr><td>4</td><td></td><td></td><td></td><td></td><td></td></tr>
<tr><td>5</td><td></td><td></td><td></td><td></td><td></td></tr>
</table>

<table>
<tr><td colspan="6">4. 绕组接线组别检查</td></tr>
<tr><td colspan="6">检查结果：与铭牌相符</td></tr>
<tr><td colspan="6">5. 变比误差测量/%</td></tr>
<tr><td>连接位置</td><td>1</td><td>2</td><td>3</td><td>4</td><td>5</td></tr>
<tr><td>额定变比</td><td>86.625</td><td>84.562 5</td><td>82.500</td><td>80.4375</td><td>78.375</td></tr>
<tr><td>AB/ab</td><td></td><td></td><td></td><td></td><td></td></tr>
<tr><td>BC/bc</td><td></td><td></td><td></td><td></td><td></td></tr>
<tr><td>CA/ca</td><td></td><td></td><td></td><td></td><td></td></tr>
</table>

<table>
<tr><td colspan="4">6. 交流耐压试验　　频率　50　Hz</td></tr>
<tr><td>项　目</td><td>试验电压/kV</td><td>时间/min</td><td>结　果</td></tr>
<tr><td>高压绕组（ABC）对低压绕组及地</td><td>60</td><td>1</td><td>正常</td></tr>
<tr><td>低压绕组（abc）对高压绕组及地</td><td>2.6</td><td>1</td><td>正常</td></tr>
</table>

<table>
<tr><td rowspan="2">7.</td><td>额定电压下的合闸冲击试验</td></tr>
<tr><td>结　果：</td></tr>
<tr><td rowspan="2">8.</td><td>相位检查</td></tr>
<tr><td>结　果：</td></tr>
<tr><td rowspan="2">9.</td><td>温控器检查</td></tr>
<tr><td>结　果：</td></tr>
<tr><td></td><td>结　论：</td></tr>
<tr><td></td><td>备　注</td></tr>
</table>

1. 变压器绝缘电阻测量

配套数字资源

视频 4.1.1.1　变压器绝缘电阻现场测量

视频 4.1.1.2　变压器绝缘电阻学生实训测量

视频 4.1.1.3　绝缘电阻测量（理论讲授）

※※具体测试方法见《高压设备测试实训指导书》试验二　绝缘电阻测试。

1）试验目的

电力变压器通过绝缘电阻的测量，能够有效地发现变压器绝缘整体受潮，部件表面受潮或者脏污以及贯穿性集中性缺陷。例如绝缘子破裂、绕组引线碰壳、碰铁心、线圈之间短路、绕组围裙严重老化、绝缘油严重受潮等。所以定期检修时或大修后，都要测量绝缘电阻。

测量变压器绝缘电阻时，一般要测高压线圈对外壳、低压线圈对外壳、高压线圈对低压线圈之间的绝缘电阻，吊心检修时，还要测量穿心螺杆对铁心的绝缘电阻，但是绝缘电阻测量不能发现未贯通的集中性缺陷和绝缘整体老化。

吸收比是指 60 s 的绝缘电阻与 15 s 的绝缘电阻比值，用 K 表示：

$$K = R_{60}/R_{15} \tag{4-1}$$

其中　R_{60}——测量 60 s 时的绝缘电阻值；

R_{15}——测量 15 s 时的绝缘电阻值。

一般规定 K 不小于 1.3，绝缘受潮或者有局部缺陷的变压器吸收比接近 1。对于高压大容量的变压器，需要用极化指数判断绝缘状态。

极化指数指 10 min 的绝缘电阻与 1 min 的绝缘电阻比值，用 PI 表示：

$$PI = R_{10\ \text{min}}/R_{1\ \text{min}} \tag{4-2}$$

式中　$R_{10\ \text{min}}$——测量 10 min 时的绝缘电阻值；

$R_{1\ \text{min}}$——测量 1 min 时的绝缘电阻值。

一般规定 PI 不小于 1.5。

2）试验标准

绝缘电阻换算至同一温度下，与前一次测试结果相比应无明显变化，一般不应低于上次值的 70%（10 GΩ以上），吸收比（10 ~ 30 °C 范围）不低于 1.3 或极化指数不低于 1.5。测量电力变压器绝缘电阻一般选用 2 500 V 兆欧表，测穿心螺杆对铁心的绝缘电阻时，一般选用 1 000 V 兆欧表。

3）接线方法

当测量高压线圈或低压线圈对外壳绝缘电阻时，兆欧表上的“线路”端子接高压线圈端或低压线圈端。“接地”端子接变压器外壳。当测量高压线圈对低压线圈绝缘电阻时，兆欧表上的“线路”端子接高压线圈端，“接地”端子接低压线圈端，同时将“屏蔽”端子接外壳，如图 4-10 所示为低压侧绝缘电阻测量接线，如图 4-11 所示为高压侧绝缘电阻测量接线。读取绝缘电阻所规定时间，接上地线后，手摇式的兆欧表按 120 r/min 左右的速度转动兆欧表的手把，转动 1 min 时的读数即为绝缘电阻值，电子式的兆欧表则直接按测量键后，自动记录数据。运行中的电力变压器绝缘电阻合格的标准是，在 20 °C 时 10 kV 级及以下大于 300 MΩ；35 kV 级大于 400 MΩ。

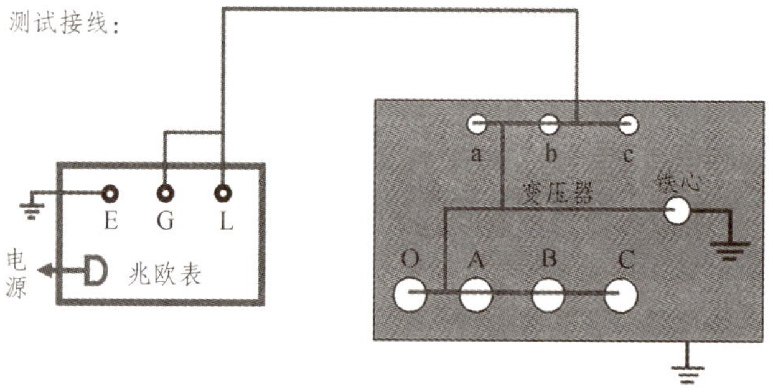

图 4-10　低压侧绝缘电阻测量接线

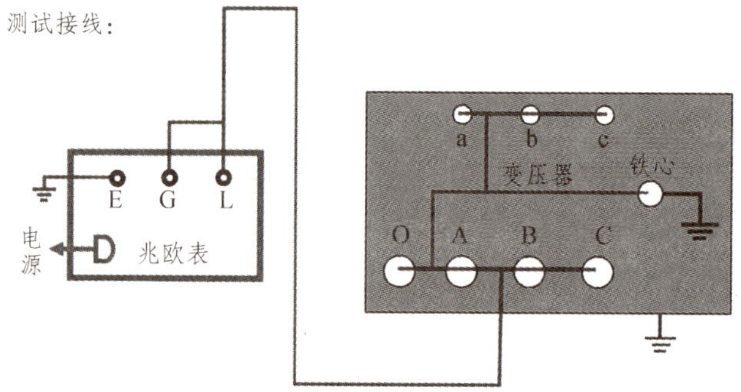

图 4-11　高压侧绝缘电阻测量接线

电力变压器的绝缘电阻受湿度和温度的影响较大。湿度增加时，表面和内部吸收水分，泄漏电流增大，绝缘电阻降低；温度升高时，带电质点因热运动加强而易导电，泄漏电流增大，绝缘电阻降低。所以在不同温度下所测量的绝缘电阻的阻值不同，温度越高，绝缘电阻越低。在不同的温度下，绝缘电阻不同。

4）注意事项

根据表面脏污及潮湿情况决定是否采用表面屏蔽或者烘干或者清擦，以消除表面脏污对绝缘电阻的影响。被试品放电时间不少于 5 min，不能用手直接接触放电导线。测量绕组端保持接触可靠，非测量绕组可靠接地。禁止在雷电时或者临近高压使用兆欧表，以免发生人身危险。测量时记录温度和湿度，并换算到 20 °C 绝缘电阻值。

2. 变压器直流电阻测试

配套数字资源

视频 4.1.2.1 三回路电阻测试仪装置及使用

视频 4.1.2.2 变压器直流电阻测量

视频 4.1.2.3 变压器绕组直流电阻测试（理论讲授）

※※具体测试方法见《高压设备测试实训指导书》试验七 变压器直流电阻测试。

1）试验目的

直流电阻是变压器的例行试验，不管是在预防性试验和制造完成，交接验收都要进行直流电阻测量，是变压器制造过程中，半成品、成品出厂试验、安装、交接试验及电力部门预防性试验的必测项目，能有效发现变压器线圈的选材、焊接、连接部位松动、缺股、断线等制造缺陷和运行后存在的隐患。

其目的主要是检查变压器以下几个方面：

（1）绕组导线连接的焊接或机械连接是否良好，有无焊接或连接不好的现象；

（2）检查引线与套管之间的连接，引线与分接开关的连接是否良好；

（3）引线和绕组的连接是否良好；

（4）导线的规格，电阻率是否符合要求；

（5）各相绕组的电阻是否平衡。

绕组电阻测量在变压器的所有试验项目中是一项较为方便且有效的考核绕组纵绝缘和电流回路连接状况的试验，它能够反映绕组匝间短路、绕组断股、分接开关接触状态以及导线电阻的差异和接头接触不良等缺陷故障，也是判断各相绕组直流电阻是否平衡、调压开关挡位是否正确的有效手段。

绕组的电阻应分别在各绕组的线端上测定。有中性点引出时，应测量其相电阻；无中性点引出时，应测量其线电阻，每一分接均要测量。

2）试验标准

一般直流电阻试验采用的是电桥法，根据被测电阻的大小又分别用单臂电桥（测量电阻 10 Ω以上），双臂电桥（电阻在 10 Ω以下）。电阻电桥精度大于 0.2%。判断标准要求三相不平衡率相电阻 $<2\%$，线电阻 $<1\%$。

（1）1.6 MVA 以上的变压器，各相绕组电阻相互间的差别不应大于三相平均值的 2%，无中性点引出的绕组，线间差别不应大于三相平均值的 1%。且三相不平衡率变化量大于 0.5%时应引起注意，大于 1%时应查明处理。

（2）1.6 MVA 及以下的变压器，各相绕组电阻相互间的差别不应大于三相平均值的 4%，无中性点引出的绕组，线间差别不应大于三相平均值的 2%。

（3）各相绕组与以前相同部位、相同温度下的历次测得值比较，其变化不应大于2%。当超过 1%时应引起注意。

（4）测试直流电阻所用的电流应取 2%～10%额定电流，不要大于 20%额定电流，避免因电流引起的绕组发热温度升高带来的误差。

（5）变压器在测量电阻时，不得切换无励磁分接开关来改变分接。无励磁分接开关改变分接时将在触头间发生电弧，引起油的分解，并形成可燃气体和碳，使变压器油质变坏。

（6）绝不允许在安装现场无油时使用分接开关改变变压器的分接。因变压器油箱中的变压器油放出后，在变压器的器身周围有变压器油的气体，其闪点是比较低的，在有直流电流下改变分接，产生的电弧或火花，会引起变压器油气体点燃，发生火灾，烧毁变压器。

3）变压器绕组直流电阻不平衡率超标分析

相电阻和线电阻不平衡率之间的关系计算时，按标准取三相直流电阻最大值减最小值作分子，三相平均值作分母算出不平衡率。

变压器绕组由于工艺和材料等原因，各相电阻可能是不相等的，标准规定不得超过不平衡率的限值。相电阻和线电阻之间存在的关系如下：

（1）相不平衡率。

设变压器三相的相电阻分别为 R_u、R_v 和 R_w，且有 $R_u > R_v > R_w$，则 R_u 为最大，R_w 为最小。

标准规定的相不平衡率 $\beta_{相}$ 是

$$\beta_{相} = \frac{R_{max} - R_{min}}{R_{avg}} = \frac{R_u - R_w}{\dfrac{R_u + R_v + R_w}{3}} = \frac{3(R_u - R_w)}{R_u + R_v + R_w} \tag{4-3}$$

（2）绕组为 Y 联结的线不平衡率。

线电阻分别是 R_{uv}、R_{vw} 和 R_{wu} 且有

$$R_{uv} = R_u + R_v$$
$$R_{vw} = R_v + R_w$$
$$R_{uw} = R_u + R_w$$

此时 R_{uv} 最大，R_{vw} 最小，线电阻的不平衡率 $\beta_{线Y}$ 是

$$\beta_{线Y} = \frac{R_{L-max} - R_{L-min}}{R_{L-avg}} = \frac{3(R_{uv} - R_{vw})}{R_{uv} + R_{vw} + R_{wu}}$$
$$= \frac{3(R_u + R_v - R_v - R_w)}{R_u + R_v + R_v + R_w + R_w + R_u} = \frac{3}{2} \times \frac{R_u - R_w}{R_u + R_v + R_w} \tag{4-4}$$

对比式（4-4）和式（4-3）可以得出 $\beta_{线Y}$ 是 $\beta_{相}$ 的二分之一。

各线绕组的引线长短不同，因此各项绕组直流电阻值就不同。变压器直流电阻不平衡率超标主要原因有：导线质量差（铜和银的含量低于国家标准规定限额）、引线连接不紧、引线与套管导杆或分接开关之间连接不紧等、分接开关接触不良、指针移位、接触点压力不够、接点表面镀层材料易氧化。

上述因素引起变压器直流电阻不平衡率超标的主要原因，并结合实际情况相应处理。需要在结构设计上采取有效措施保证接触头接触良好，同时避免分接开关器件的各部分螺钉松动。变压器受到短路电流冲击后，绕组可能断股，应及时测量其直流电阻，发现断股故障检修。直流电阻是变压器的例行试验，不管是在预防性试验和制造完成，交接验收都要进行直流电阻测。

3. 变压器变比、极性与接线组别

配套数字资源

视频 4.1.3.1 变压器变比现场测量

视频 4.1.3.2 变压器变比极性和连接组别测量

视频 4.1.3.3 变压器变比及连接组别测量（理论讲授）

※※具体测试方法见《高压设备测试实训指导书》试验六 变压器变比组别测试。

电压比测量是变压器的例行试验，不仅在变压器出厂时要进行，而且在变压器安装现场投入运行前也要进行电压比测量。

1）电压比测量的目的

（1）保证绕组各个分接的电压比在标准或合同技术要求的电压比允许范围之内。

（2）确定并联线圈或线段（例如分接线段）的匝数相同。

（3）判定绕组各分接的引线和分接开关的连接是否正确。

电压比是变压器的一个重要性能指标。电压比测量电压较低、操作简单，变压器在生产制造过程中，要进行不止一次电压比测量，以保证产品的电压比满足要求。一般在制造过程中进行多次测量：一是对未进行过匝数测量的线圈，在装到铁心上以后，进行一次电压比测量，以确定装上的线圈匝数是否正确，所有并联线圈的匝数是否相等。二是在变压器总装配后，进行最后一次电压比测量，确定绕组和开关的连接是否正确，变压器的其他连接是否正确。

2）电压比的允许偏差

《电力变压器第 1 部分 总则》（GB 1094.1—2013）规定，电压 35 kV 以下，电压比小于 3 的变压器电压比允许偏差为 ± 1%，其他所有变压器的额定分接电压比允许偏差为 ± 0.5%，其他分接的偏差应在变压器阻抗值（%）的 1/10 以内，但不得超过 1%。

对三相变压器分别测量 AB/ab，BC/bc，CA/ca 的变比误差，每一个分接均要测量。对三绕组变压器需测量两对绕组变比误差。测量仪器采用精度大于 0.2%的变比电桥。

3）测试过程及判断

将专用变压比测试仪与被测变压器的高压、低压绕组用测试线正确连接。测试前应正确输入被测变压器的铭牌、型号。根据被测变压器的铭牌、型号对变压比测试仪

进行设置。运行测试仪便可得到被测变压器的变压比、极性与接线组别。

试验结果要求各相应分接的电压比顺序应与铭牌相同，三相变压器的接线组别或单相变压器的极性必须与变压器的铭牌和出线端子标号相符。由于城轨变压器电压比大于 3，所以其变压比的允许误差在额定分接头位置时为 ± 0.5%。

4. 绕组泄漏电流测量

配套数字资源

视频 4.1.4.1　泄漏电流现场试验

视频 4.1.4.2　泄漏电流测量

视频 4.1.4.3　泄漏电流测量实训

视频 4.1.4.4　泄漏电流测量（理论讲授）

※※具体测试方法见《高压设备测试实训指导书》试验三 泄漏电流及直流耐压试验。

线圈连同套管的泄漏电流测试是电压等级为 25 kV 及以上且容量为 10 MVA 及以上的变压器须进行此项试验，试验原理与绝缘电阻测量是一致的。由于城轨主压器的容量一般在 40 MVA 和 110 kV 进线，所以这项目试验在主变电所进行，在混合降压变中不进行。

泄漏试验所用仪器是直流高压发生器，由于泄漏试验电压可以调节，以便改变泄漏电流随外施电压上升而变化的规律，与绝缘电阻测量相比，泄漏电流试验更能发现绝缘缺陷，如主变压器内部受潮、绝缘油劣化、套管开裂、绝缘纸筒沿面放电引起的绝缘缺陷。

1）试验目的

变压器绕组导线材料有铜导线和铝导线，按导线形状有圆线和扁线；按其绝缘材料可分为纸包线、漆包线和丝包线。目前电力变压器采用的主要是纸包扁铜线，绕组绝缘材料有绝缘纸、绝缘纸筒、端绝缘、匝绝缘和层绝缘、撑条、静电屏、垫块、角环、绝缘端圈等。

绕组直流泄漏试验的电压一般比兆欧表电压高，并可任意调节，因而它比兆欧表发现缺陷的有效性高，能有效地发现有些其他试验项目所不能发现的变压器局部缺陷，如瓷质绝缘的裂纹、夹层绝缘的内部受潮及局部松散断裂绝缘油劣化、绝缘的沿面炭化等。但泄漏电流与绝缘电阻有同样的缺点，受外绝缘表面污秽的影响很大。

2）试验过程

泄漏电流试验使用的是专门测量泄漏电流的成套直流高压发生器，由控制部分和倍压整流部分组成，试验时，主变压器各引线端的连接和接地部位与测量绝缘电阻时相同，被测量部分接高压发生器倍压筒的高压输出端，非被测量部分用导线短接后接主变外壳及地。所以绕组连同套管的直流泄漏电流试验是测量每个绕组对地的泄漏电流。施加试验电压 1 min，读取泄漏电流，判断测量结果。

试验电压如下：绕组额定电压 0.4 kV 的直流试验电压为 5 kV；绕组额定电压 6 ~ 10 kV 时，施加 10 kV；绕组额定电压 20 ~ 35 kV 时，施加 20 kV；绕组额定电压 63 ~ 330 kV 时，施加 40 kV。

双绕组和三绕组变压器测量泄漏电流的顺序与部位如下：双绕组变压器，分别测量高压绕组对低压绕组及地、低压绕组对高压绕组及地，共 2 次。三绕组变压器，分别测量高压绕组对中、低压绕组及地。

3）试验步骤

测量时，为了使读数准确，应将微安表接在高电位处。为消除表面影响，可在外绝缘表面接屏蔽环，接入微安表的进线侧使表面电流绕过微安表，保证测量正确性。

按照试验原理接好试验电路。检查接线，确认接线正确，接通高压电源，逐渐升高电压至需要的 10 kV 电压，停止加压，打开微安表的短路刀闸，待微安表指针稳定后读取 10 kV 时的泄漏电流值。依次测量其他不同的电压值对应的泄漏电流，数据记录完毕，调压器归零，切断电源，用接地棒连接电容器的高电位端，进行放电。

4）注意事项

（1）在整个试验过程中，要密切监视被试品、试验回路及相关表计。若有击穿、闪络、气体放电等现象发生，尤其是在加到高压为 30 kV 和 40 kV 时，此时应先将调压器归零，进行降压，然后切断电源、放电。查明原因，待妥善处理后，方可继续进行试验。

（2）每次试验完毕后，都要进行充分的放电，然后才能进行下一次的试验，放电的时候必须确定要先切断电源。

（3）每次加高压前必须检查调压器是否在零位，防止在未退至零位时就投入高压电源而产生冲击，损伤试验设备的绝缘和得到不正确的试验结果。每次切除高压时必须将调压器退至零位，这样可以防止下次通电时突然加上高压。

（4）试验要做好安全措施方可试验。试验前甩开设备所有对外连线（做好标记），并将其对地充分放电。试验现场设围栅，围栅上悬挂“止步，高压危险！”标示牌并派专人看守。试验时，操作人，监护人，接线员要互相呼唤应答。试验结束和改变接线时，将被试验设备对地充分放电。试验时，一般读取 1 min 时的泄漏电流值（升压到所规定数值时，停留一分钟再读数）。再次试验前，必须仔细检查接地线是否从被试品上移开。记录试验的温度和湿度，试验环境温度一般不低于+5 °C，并最好在被试品温度为 30 ~ 80 °C 时进行。

整理出各项试验结果，绘制出泄漏电流与试验电压的关系曲线。根据绘制的伏安特性曲线判断被试品绝缘状况。

5. 介质损耗测量

配套数字资源

视频 4.1.5.1　变压器介质损耗 $\tan\delta$ 现场测量

视频 4.1.5.2　变压器介质损耗 $\tan\delta$ 试验

视频 4.1.5.3　变压器介质损耗 $\tan\delta$ 测量实训

视频 4.1.5.4　变压器介质损耗 $\tan\delta$（理论讲授）

1）试验目的

介质损耗角正切值的测量是主变压器交接、大修和预防性试验中的一个主要项目，它可以比较灵敏地反映绝缘中分布性缺陷，尤其是绝缘整体受潮，普遍劣化或严重的局部缺陷等。按照《电力设备预防性试验规程》的规定，在对电容量为 3 150 kVA 及以上的变压器进行大修或有必要进行绕组连同套管时，应对损失角正切值 $\tan\delta$ 进行测量。若介质损耗值超标，就意味着变压器可能受潮、绝缘老化、油质劣化、绝缘上附着油泥或设备绝缘存在严重缺陷；若电介质严重发热，设备则有爆炸的危险，应立即检修。

$\tan\delta$ 试验原理是采用高压电桥原理，分别对标准回路和被试回路的电流信号进行采样，求得两回路的“相角差”和“模之比”，从而得到介质损耗值 $\tan\delta$ 和被测电容值 C_x。

2）试验标准

对于电压等级在 25 kV 及以上且容量为 3 150 KVA 及以上的主变压器必须测量线圈连同套管的介质损耗角正切值。

20 °C 时，66 ~ 220 kV 变压器 $\tan\delta$ 小于 0.8%，35 kV 以下变压器 $\tan\delta$ 小于 1.5%。$\tan\delta$ 值与历年的数值比较不应有显著变化（一般不大于 30%）。

3）测量过程

油浸式电力变压器的绝缘试验，应充满合格油静止 20 h 以上再进行测量。测量介质损耗时，对于注油和未注油的变压器，10 kV 及以上者，试验电压为 10 kV，10 kV 以下者试验电压为绕组的额定电压。

测试时分别测试以下部位参数：高压侧对地 C_1，中压侧对地 C_2，低压侧对地 C_3，高压对低中压侧 C_{12}，中压对低压侧 C_{23}，低压对高压侧 C_{13}。如图 4-12 所示为三相变压器测量部位。

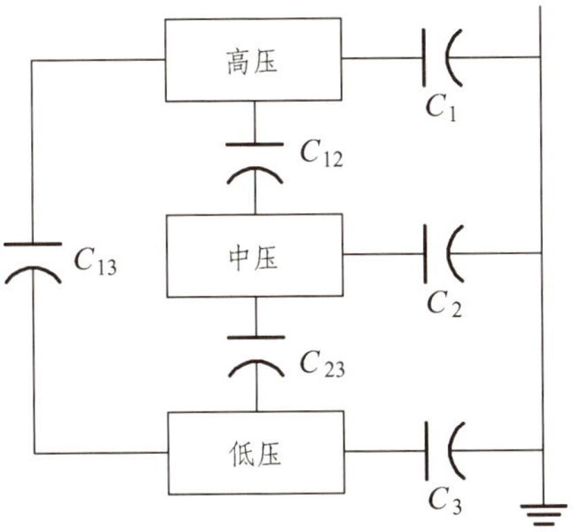

图 4-12　三相变压器测量部位

4）注意事项

（1）介质损耗测量对小体积的设备特别灵敏，所以大体积的变压器测量介质损耗时要分部位测量，主要测量套管和绕组。测量套管介质损耗时，应将大瓷套管及小套管（末屏和分压屏套管）擦干净，以免引起测量误差。

（2）试验时，远离或通过操作切除干扰源，采用屏蔽法消除电场干扰和表面泄漏的影响，用倒相法、移相法等减少测量误差。

（3）油纸电容套管的主绝缘为油纸绝缘，其介质损耗值与温度关系取决于油和纸的综合性能。正常绝缘套管的介质损耗值在 – 40 ~ +60 °C 没有明显变化，略呈下降趋势，不能沿用充油设备的换算方式。

（4）套管试验时，试验电压要符合设备的要求，试验电压对 $\tan\delta$ 的准确性有一定的影响。一般来说，良好的绝缘在其额定电压范围内，其 $\tan\delta$ 值几乎不变；但当绝缘存在缺陷时，$\tan\delta$ 值将会发生变化，且从 $\tan\delta$ 随电压而变化的曲线来判断绝缘是否受潮，以及是否含有气泡及老化程度。

（5）根据《电力设备预防性试验规程》说明，根据各地预防性试验的实践表明，正常油纸套管的介质损耗值一般在 0.4%左右，且运行试验表明，当介质损耗值大于 0.8%时属于异常，建议在套管介质损耗值大于 0.8%时，认真检查套管本体。

（6）测量绕组连同套管的介质损耗时，被测绕组两端短接，非测量绕组均要短路接地，以避免由于绕组电感与电容的串联作用改变电压与电流的相角差，从而给测量结果带来误差。

6. 工频耐压试验

配套数字资源

视频 4.1.6.1　变压器工频耐压试验

视频 4.1.6.2　变压器工频耐压试验（实训）

视频 4.1.6.3　工频耐压试验（理论讲授）

※※具体测试方法见《高压设备测试实训指导书》试验五　工频耐压试验。

1）概　述

为保证出厂的变压器符合安全可靠运行的要求，除变压器的绝缘性能、电气性能要符合国家标准外，还必须使变压器的绝缘电气强度符合要求。变压器的电气强度是考核变压器在正常工作电压和非正常状态下（如遭受雷电过电压，操作过电压等作用）能安全可靠运行的必要条件。只有通过这些作用电压和局部放电的考核，变压器才具有上网运行的基本条件。因此每台变压器均应承受如短时工频耐压，冲击耐压和局部放电测量等试验的考核。短时工频耐受电压试验是对绝缘施加一次相应的额定耐受电压（有效值），其持续时间为 1 min 和频率达数百赫而持续时间不超过 1 min 的试验，如分级绝缘的变压器的感应耐压试验。

工频耐压试验的目的是考核绕组对地和绕组之间的主绝缘强度。对于全绝缘变压器来说是考核其绕组整体绝缘状况，对于分级绝缘的变压器则考核绕组对地、铁轭的端绝缘以及绕组部分引线的对地绝缘强度，至于绕组对地和绕组之间的绝缘强度则无法考核。对此，变压器可用感应耐压试验的方法来考核绕组对地和绕组之间，以及相关引线绝缘强度。工频耐压试验不考核绕组的纵绝缘强度。

工频耐压试验时，变压器的被试绕组及其引线和与它相连的元件（如开关等）均承受同一试验电压，而非被试绕组则短路接地。对于全绝缘变压器（即绕组的首末端绝缘水平相同），绕组首末端的工频绝缘水平和工频耐受电压值一致。对于分级绝缘变压器（即绕组的首末端绝缘水平不同）外施耐压的试验值和绕组末端的工频绝缘水平一样。

2）试验设备

根据外施耐压试验的要求，在试验时对被试绕组和与它相连的引线及器件均施加同一工频电压，因此被试相与进线之间流过电容电流和绝缘介质中的泄漏电流。由于介质中的绝缘电阻阻值很高，泄漏电流和电容电流相比可以忽略，被试品在外施耐压时表现为一个纯电容。

试验电源采用可调节电源，由自耦变压器、移圈调压器、同步发电机组等来实现。可调电源的容量一般与试验变压器的容量相匹配，要求其输出电流等于试验变压器的低压侧额定电流，其输出电压等于或大于试验变压器的低压侧额定电压，为了获得较大的击穿电流，要求电源的阻抗尽可能小一些，容量尽可能大一些。

3）工频耐压试验时的保护装置

工频耐压试验时，可能发生试品击穿，球间隙放电和其他各种意外的放电，这就会引起过电流和过电压等情况，这些均能使试验设备、试品遭到不应有的损伤，因此在试验时要采取各种方法来限制过电流和过电压。一般采用球隙和保护电阻的方法。

球隙在一定和条件下，其放电电压是稳定的，因此它除了可以对高电压进行直接测量以外，还可以对试品的施加电压作限制性的保护。例如，把合适的球隙并联在被试品的两端，调节球隙距离，使它在试品所加耐压值的 50%、60%、70%、80%电压下放电，求得球间隙距离和外施电压值的关系曲线调整距离至被试品工频耐压值的 115%～120%。这样可以防止出现误操作时对试品施加过高的电压而引起不应有的损坏。

为了保证球隙有稳定的放电电压，既要限制球隙放电时所流过球极的电流，以避免球隙因烧伤而产生麻点，也要控制在试验回路中出现刷状放电时引起的过电压而使球隙发生异常放电。因此，在球隙上串联一个保护电阻，保护电阻的阻值一般取 0.1 ~ 0.5 Ω/V，保护电阻可以做成水电阻，也可以是金属电阻，它们具有足够大的热容量，以避免在试验过程中温度过高而发生意外。球的直径越大，球面积也越大，使球的热容量大、散热好，则允许取较小的数值。当球隙放电时，全部电压都降落在电阻上，为防止该电阻表面发生闪络，因此要求电阻表面有足够长的距离，一般按 100 kV/m 来选取。

4）电压测量装置

工频耐压试验在试品上所施加的试验电压值有明确的规定，例如，220 kV 级分级绝缘的变压器，中性点不固定接地，则对中性点施加的 50 Hz 1 min 耐压值为 200 kV。试验电压高了，试品会受到不应有的损伤。国标《高电压试验技术》（GB/T 16927.2—2013）规定“一般要求在额定频率下测量试验电压峰值或有效值的总不确定度应在 ± 3%范围内”。

变压器工频耐压试验时电压测量可用球隙、静电压表、高压分压器、电压互感器。

7. 感应耐压试验

1）概　述

感应耐压试验是继工频耐压试验之后考核变压器电气强度的又一重要试验项目。对于全绝缘变压器来讲，外施耐压试验只考核了主绝缘的电气强度，而纵绝缘则由感应耐压试验进行检验。对于分级绝缘变压器，外施耐压试验只考核中性点的绝缘水平，而绕组的纵绝缘即匝间、层间、段间绝缘以及绕组对地及对其他绕组和相间绝缘的电气强度仍需感应耐压试验进行考核。因此，感应耐压试验是考核变压器绝缘和纵绝缘电气强度的重要手段。

2）试验要求

感应耐压试验通常是在变压器低压绕组端子施加两倍的额定电压，其他绕组开路，其波形应尽可能为正弦波。若在额定频率下，在试品一侧施加大于其额定电压的试验电压，铁心磁密将与电压成正比增加，当外施电压约为 1.2 倍额定电压时，铁心磁密将达到饱和，使得空载电流急剧增加。

3）感应耐压试验方法

全绝缘变压器的感应耐压试验，一般采用三相对称的交流电源，在试品的低压绕组（或其他绕组）的线端施加两倍的额定电压，其他绕组开路。试品绕组星形联结的中性点端子接地，无中性点引出或非星形联结的绕组，也应选择合适的线端接地，或者使中间变压器绕组某点接地，以避免电位悬浮。

对于 110 kV 等级及以下的全绝缘变压器，各绕组相间试验电压不应超过其额定短时工频耐受电压。当三相电压不平衡（不平衡度大于 2%）时，应以测量中较高的电压为准。

4）感应耐压试验设备

变压器进行感应耐压试验所需的主要设备包括倍频试验电源、中间变压器、支撑变压器及电压、电流测量设备等。

5）感应耐压试验注意事项

提前根据被试产品结构及产品技术条件，认真计算各部之间的电位差，正确选择中间变压器变比和分压器的分压比及峰值电压表量程。根据试验电源频率，选择合适的补偿电抗器。做好试验前的其他准备工作，按试验方案接好试验线路，特别要注意油箱及绕组的接地是否正确；检查被试品状态，放出油箱及套管升高座内残留气体。

试验应在小于 1/3 试验电压下合闸，将电压尽快升至试验电压，随时监视试验电源及被试品的电压和电流有无异常变化，变压器内部有无异常声响，并做好记录。遇到异常现象，应立即降低电压掉闸进行检查。

试验时，现场监视人员要撤到安全区域，认真倾听被试品内部有无放电或击穿声音。试验现场周围必须有明显标志，防止误入场地，造成人身伤亡事故。在感应耐压试验电压的持续时间同内，如果试验电源或被试品的电压和电流不发生变化，被试品内部没有放电声，并且感应耐压试验前后的空载试验数据无明显差异，则认为被试品承受住了感应耐压试验的考核，试验合格；如果被试品内部有轻微的放电声。但在复试中消失，也视为试验合格；如果被试品内部有较大的放电声，尽管在复试中消失，应吊心检查，寻找放电部位，采取必要措施，并根据检查结果及放电部位决定是否复试。

8. 整流变压器试验

1）城轨整流变压器

城轨牵引整流变压器用于城市地铁及轨道交通的干式牵引变，随城市轨道交通的发展而得以大量应用，电压有 10 kV、20 kV、35 kV 几个等级，容量从 800 kVA 至 4 400 kVA 等。根据整流方式不同有 12 脉波整流变压器和 24 脉波整流变压器，可有效降低对电网的谐波污染。

图 4-13　整流变压器

整流机组是牵引降压混合变电所的重点设备，它包括整流变压器和整流器。整流变压器和普通变压器的原理相同。整流变压器是将交流电网的电压交换成整流装置所需要的电压，并通过相数和相位角的变换，改善交流侧及直流侧的运行特殊性的一种专用变压器，如图 4-13 所示为整流变压器。

整流变压器一般采用户内环氧树脂浇注变压器，有两个一次侧线圈和两个二次侧线圈，组别为 D/y-5 和 D/d-0，高、低压线圈为铝导体，星形及三角形线圈输出时相移 30 °C 与整流器一起形成十二相全波脉动整流。整流变压器同样为无载调压，根据整流变压器的不同容量，整流器的容量分别有 3 450 kW 和 2 200 kW 两种。整流机组设置过流保护、过负荷保护、温度保护，整流器内部设二极管故障保护及整流器侧逆流保护。

整流变压器与整流器组成整流设备将交流电源转换成直流电能，整流变压器的原边接交流电力系统，称网侧；副边接整流器，称阀侧。整流变压器的结构原理和普通变压器相同，但因其负载整流器与一般负载不同而有以下特点：

（1）整流器各臂在一个周期内轮流导通，导通时间只占一个周期一部分，所以流经整流臂的电流波形不是正弦波，而是接近于断续的矩形波；原、副绕组中的电流波形也均为非正弦波。用晶闸管整流时，滞后角越大，电流起伏的陡度也越大，电流中谐波成分也越多，这将使涡流损耗增大。由于副绕组的导电时间只占一个周期的一部分，故整流变压器利用率降低。与普通变压器相比，在相同条件下，整流变压器的体积和重量都较大。

（2）普通变压器原、副边功率相等（忽略损耗），变压器的容量就是原绕组（或副绕组）的容量。但对于整流变压器，其原、副绕组的功率有可能相等，也可能不等（当原、副边电流波形不同时，如半波整流），故整流变压器的容量是原、副边视在功率的平均值，称为等值容量。

（3）与普通变压器相比，整流变压器的耐受短路电动力的能力必须严格符合要求。因此，要求整流变压器具有良好的短路动稳定性。

城轨电力机车的牵引用直流电网，由于阀侧接架空线，短路故障较多，直流负载变化辐度大，电力机车经常起动，造成不同程度的短时过载。因此，变压器的温升限值和电流密度均取得较低，阻抗比相应的电力变压器大 30%左右。

整流变压器的产品型号由“系列代号”“规格代号”“特殊使用环境代号”组成，其间以短横线隔开，如表 4-4 所示为“系列代号”符号组成，如表 4-5 所示为“特殊使用环境代号”。

表 4-4 “系列代号”符号组成

顺 序	分 类	类 别	代表符号
1	用途	电化学、电解用	ZH
2	网侧相数	单相 三相	D —
3	线圈外绝缘介质	变压器油 空气 成形固体	— G C
4	高压方式	无激磁调压或不调压 由网侧线圈有载调压 由内附的自耦调压变压器或串联调压变压器有载调压	— Z T
5	线圈导线介质	铜 铝	— L
6	内附附属装置	平衡电抗器	K
7	内附附属装置	饱和电抗器（磁放大器）	B

表 4-5　特殊使用环境代号

符号	特殊使用环境	符号	特殊使用环境
CY	船舶用	KB	矿用隔爆型
GY	高海拔地区用	TA	干热带地区用
KY	一般矿用	TH	湿热带地区用

整流变压器“规格代号”组成如下：整流变压器型式容量（kV·A）/网侧电压等级（kV）例如型号为：ZHZK-1000/35-TH，表示电解用油浸整流变压器，湿热带型，网侧三相，内附平衡电抗器，铜线圈，网侧电压 35 kV，有载调压，型式容量为 1 000 kV·A。

2）整流变压器试验

整流变压器投入运行前应进行如下试验：

（1）绝缘电阻。

测量绝缘电阻用 2 500 V 兆欧表测量绕组的绝缘电阻，换算至出厂记录所标的温度下，其值与出厂试验记录数值相比，降低不超过 30%；同时吸收比 K 应大于 1.3。

（2）直流电阻。

测量绕组的直流电阻，并换算至出厂温度时之值，其相电阻与出厂试验之差不得在于 2%。

（3）电压比测量。

在高压侧施加一低电压（可利用变比电桥）操动分接开关，测量各挡位下的变压比，其值应与出厂试验值相近。

（4）空载试验。

电压由零值逐步上升至额定电压测量，空载电流和空载损耗，其值应与出厂值相近，并无异常响声。

（5）外施工频高压试验。

试验电压按出厂试验标准的 85%，历时 1 min。

上述试验均应在变压器注满油后 10 h 后进行，并按先后顺序进行各项试验。

（6）调整过流保护整定值。

切断电源将阀侧与整流装置接通，并调整整流装置，达到投运条件。试验完毕后，重新调整过流保护整定值，并将气体继电器的信号触头接至报警回路，跳闸触头至继电器保护之跳闸回路，再使变压器在额定电压下合闸 3 ~ 5 次，以检验在励磁电流冲击作用下继电保护装置之动作。如变压器经上述试验均合格，便可接入负载，投入运行。

变压器投入运行前，必须按上述试验项目和电力设备运行规程的有关规定进行各项检查试验，方可投入运行。变压器送电时，只许空载合闸，断电时，先去掉负载，然后拉闸。无载分接开关变换挡位时，必须先断电源，然后进行操纵，有载分接开关则可带负载进行调压。变压器若能满足以下要求，则不经干燥可投入运行。

在运行过程中，操作人员必须严格控制变压器的上层油温。上层油温度最高不超过 95 °C，为了防止变压器油劣化过速，上层油温度不宜经常超过 50 °C。上层油温升（上层油温度与环境温度之差）最高不超过 55 °C，但正常运行时，必须控制不超过 50 °C。如表 4-6 所示为某城轨整流变压器试验项目表。

表 4-6 某城轨整流变压器试验项目表

整流变压器试验

试验报告

工程名称	××××	检验类别	交接试验
系　统	牵引供电系统	检验日期	
检验依据			
评判依据			

厂　家	××××	组　别	Dy5d0（7.5°）	负载损耗	
型　号		额定电压	33 000 V/1 180 V/1 180 V	空载损耗	
相　数	3	额定电流		短路阻抗	
频　率	50 Hz	系列编号		短路损耗	
出厂日期		安装代号		温控器	

高压侧						低压侧		
连　接	1. 6. 9	2. 7. 9	3. 7. 10	4. 8. 10	5. 8. 11	—	线圈 1	线圈 2
电压/V	34 650	33 825	33 000	32 175	31 350	电压/V	1 180	1 180
电流/A						电流/A		

1. 外观检查

内　容	结果	备　注
铭牌数据与设计图纸相符	√	
零部件无损伤和移位	√	
接线无松动、断裂	√	
绝缘无破损，无脏污或异物	√	

2. 绝缘电阻测试/MΩ　　温度　26　°C　　湿度　75　%

项　目	耐压试验前	耐压试验后	吸收比（35 kV、4 000 kVA）	标准规定值
高压侧-低压侧及地（2 500 V 兆欧表）			/	绝缘电阻不低于出厂值的 70% 吸收比不小于 1.3
低压侧-高压侧及地（2 500 V 兆欧表）			/	
低压侧-低压侧（2 500 V 兆欧表）			/	
铁心-夹件及地（500 V 兆欧表）			/	无闪络及击穿现象
穿心螺杆-铁心及地（500 V 兆欧表）			/	

续表

3. 绕组连同套管的直流电阻测试/Ω						
连　接	高压侧				低压侧	
	1U　1V	1V　1W	1W　1U	标准规定值	2U　2V	
1. 6. 9				1 600 kVA 及以下：相间差值小于平均值的4%，线间差值小于平均值的2%； 1 600 kVA 以上：相间差值小于平均值的2%。线间差值小于平均值的2%	2V　2W	
2. 7. 9					2W　2U	
3. 7. 10					3U　3V	
4. 8. 10					3V　3W	
5. 8. 11					3W　3U	

4. 绕组接线组别检查
检查结果（要求符合铭牌）：

5. 变比误差测量/%							
联　接	变　比	1U　1V / 2U　2V	1V　1W / 2V　2W	1W　1U / 2W　2U	1U　1V / 3U　3V	1V　1W / 3V　3W	1W　1U / 3W　3U
1. 6. 9	29.364						
2. 7. 9	28.665						
3. 7. 10	27.966						
4. 8. 10	27.267						
5. 8. 11	26.568						

6. 交流耐压试验　　频率　　50　　Hz			
项　目	试验电压/kV	时间/min	结　果
高压绕组对低压绕组及地	60	1	正常
低压绕组1对高压绕组、低压绕组2及地	8.5	1	正常
低压绕组2对高压绕组、低压绕组1及地	8.5	1	正常

7.	额定电压下的合闸冲击试验
	结　果：
8.	相位检查
	结　果：
9.	温控器检查
	结　果：
结　论：	
备　注：	

9. 城轨变压器安装运行维护及故障处理

1）运行前的检查

检查所有紧固件、连接件是否松动，并重新紧固一次。检查运输时拆下的零部件是否重新安装妥当，并检查变压器是否有异物存在，特别是变压器高低压风道内及下垫块上。检查风机、温度控制器、温度显示仪及有载开关等附件能否正常运行工作。对于三相电源风机，应注意其转向，风机正常转向时，风从线圈底部向上吹入线圈，否则就为反转，请更换风机电源的相序。

2）运行前的试验

测量三相所有分接位置下的直流电阻，三相相电阻不平衡率应小于 4%，三相线电阻不平衡率应小于 2%。对于容量 800 kVA 以上变压器低压由于引线结构原因超过标准时，与出厂数据比较，波动范围应小于 2%，但线圈电阻平衡率应小于 2%。

测量所有分接下的电压比，以及联结组别，最大电压比误差应小于 0.5%。线圈绝缘电阻的测试时，一般情况下（温度 20 ~ 40 °C，湿度 90%），高压对低压及地 ≥300 MΩ，低压对高压及地 ≥100 MΩ。但是如变压器遭受异常潮湿发生凝露现象，则无论其绝缘电阻如何，在其进行耐压试验或投入运行前必须进行干燥处理，如用大碘钨灯进行照射。

铁心绝缘电阻的测试，一般情况下（温度 20 ~ 40 °C，湿度 90%）用 2 500 V 兆欧表测量，铁心-夹件及地 ≥1 MΩ，穿心螺杆-铁心及地 ≥1 MΩ，同样，在比较潮湿的环境下，此值会下降，只要其阻值 ≥0.1 MΩ即可运行。

对于有载调压变压器，应根据有载调压分接开关使用说明书作投入运行前的必要检查和通电试验。外施工频耐压试验，试验电压为出厂试验电压的 85%。

3）投网运行

变压器投入运行前，应根据变压器铭牌和分接指示牌将分接片或有载开关调到合适的位置。无载调压变压器如输出电压偏高，在确保高压断电情况下，将分接头的连接片往上接（1 挡方向），如输出电压偏低，在确保高压断电情况下，将分接头的连接片往下接（5 挡方向）。

变压器应在空载时合闸投运，合闸涌流峰值最高可达 10 倍额定电流左右。对变压器的电流速动保护设定值应大于涌流峰值。变压器投入运行后，所带负载应由轻到重，并检查产品有无异响，切忌盲目一次大负载投入。

变压器过负载运行应按照《干式电力变压器负载导则》（IEC 905）或厂家《干式变压器技术手册》过载能力曲线。变压器退出运行后，一般不需采取其他措施即可重新投入运行，但是如果在高湿度下，变压器已发生凝露现象，那么必须经干燥处理后，变压器方能重新投入运行。

4）变压器正常维护

为了保证变压器能正常运行，需对它进行定期检查维护。检查紧固件、连接件是否松动，导电零件有无生锈腐蚀的痕迹，还要观察绝缘表面有无爬电痕迹和碳化现象，必要时应及时通知厂家进行处理。

一般在干燥清洁的场所，每年或更长一点时间进行一次检查。在其他场合，例如，可能有大量灰尘或化学烟雾污染的空气进入时，每三至六个月进行一次检查。检查时，如发现有过多的灰尘或异物聚集，则必须清除，以保证空气流通和防止绝缘击穿。特别要注意用布清洁变压器的绝缘子、下垫块凸台处以及高压线圈外表，并使用干燥的压缩空气吹净通风气道中灰尘。

干式变压器运行若干年（建议五年）后，做一下绝缘电阻测试和直流电阻测试来判断变压器能否继续运行，一般无需进行其他测试。

操作人员应经常对变压器进行如下外观检查。检查变压器是否有渗漏油现象。观察储油柜油面高度及油色，对变压器油的检查做如下规定：简化试验——电压为 35 kV 以下的变压器每 3 年至少一次，电压为 35 kV 及以上的变压器每年至少一次，此外在变压器大修后亦应进行；耐压试验——在前后两次简化试验之间至少进行一次。

检查套管是否清洁，有无破损裂纹、放电痕迹及其他异物短接等现象。注意变压器的声音是否正常，发现异常声响，应查明原因，并采取措施消除故障。检查电缆和母线，接线端子有无局部过热等而下之不良现象发生，如有局部过热现象，应停电排除故障。检查气体继电器的油面高度，如发现油面下降应分析原因。检查吸湿器内的干燥剂是否吸潮至饱和状态，一般未受潮的干燥剂（变色硅胶）呈天蓝色，受潮后则变为红色。检查高压开关的机械和电气控制系统是否完好。在运行过程中，若发现警报及跳闸等异常现象，应及时查明原因并处理，以免事故扩大。其他一般维护要求参照水电部颁布的变压器运行规程的规定进行。

5）受潮处理

在变压器出现进水或凝露，当高低压绝缘电阻小于 3 MΩ/kV 或铁心对地为零时，最简单方法是用大灯泡直照进行烘烤，但时间较长，一般需要 10 天左右。如时间紧可采用短路法，即低压用铜排短路，短路铜排截面与低压出线铜排截面相当，高压通不超过阻抗电压的三相电压，如高压 10 kV，阻抗为 4%或 6%，以及高压 6.3 kV、阻抗 6%的产品，高压三相就可通 380 V 市电进行烤烘。当绝缘好于以上情况，可采用空载进行烘烤，将高压开路（注意绝缘距离应大于高压绝缘子长度），低压通额定电压（一般产品低压额定电压为 400 V，就可以通 380 V 左右的市电进行烘烤），时间 4 小时以上就可满足投网条件，但通电时应做防护工作，以免有人闯入。但对于没有浇铸箔式产品，在变压器出现进水或凝露时，无论缘缘电阻多少，都应该采用短路法烘烤 2 天甚至 4 天以上。

6）噪声处理

检查低压侧输出电压是否高于低压额定电压，如高于额定电压，请确保高压断电情况下，把调压分接头的连接片调至合适的分接挡。

检查紧固夹件及拉杆螺丝是否松动，以及铁心底部托盘螺丝是否松动。检查带外壳产品上下网板是否振动，在保证安全情况下，按住上下网板看噪声是否消失。

7）重大事故处理

因小动物（如老鼠或蛇）造成变压器接地跳闸，变压器线圈无开裂现象时，可将动物拿开，清除线圈表面黑迹（用砂布清除）并刷上绝缘清漆，就可投入运行。如因过载或上部漏水以及不明情况造成变压器烧黑开裂等情况，立即与厂家联系处理。

有载开关故障时，先检查变压器本体有无异常（如发黑开裂等），如无异常可将变压器按接线图接成无载（原来开关位于第几挡就将变压器接在几挡），将有载开关连线与变压器全部断开并保证一定绝缘距离，就可以重新投网运行。

变压器安装完毕投入运行之前对于无外壳的变压器，应在变压器的周围安装隔离栏栅，以避免意外事故发生。变压器投入运行以后严禁触摸变压器主体，以防事故发生。变压器的试验、安装、维护必须由有资格的专业人员承担。变压器安装在高压开关柜中，应特别注意线圈外表对开关柜绝缘距离，否则湿度大时就容易发生意外事故。

如表 4-7 所示为城轨变压器预防试验项目检测故障一览表。

项目诊断单

表 4-7　城轨变压器预防试验项目检测故障一览表

序号	试验项目	绝缘方面					套管	铁心	绕组	分接开关
		主绝缘	纵绝缘	整体受潮	局部放电	过热				
1	绝缘电阻和吸收比	√		√			√	√	√	
2	泄漏电流	√		√			√		√	
3	介质损耗	√		√			√		√	
4	绝缘油耐压			√	√	√				
5	气相色谱				√	√		√	√	√
6	绕组直流电阻	√							√	√
7	空载试验		√					√	√	√
8	操作波	√	√							
9	局部放电				√			√	√	
10	内部温度					√		√	√	
11	微水试验			√						
12	耐压试验	√	√				√	√	√	
13	变比组别测量								√	√

配套数字资源（变压器其他试验）

视频 4.1.9.1　变压器绕组变形试验

复习与思考

1. 变压器预防性试验有哪些？分别是检测哪方面的绝缘？
2. 城轨变压器有几种？各有什么作用？
3. 请分别针对城轨动力变压器和整流变压器，设计出一套预防性试验方案。
4. 测量变压器绝缘电阻和吸收比时，为什么要规定对绕组的测量顺序？
5. 大型变压器油介质损耗因数增大的原因有哪些？
6. 为什么变压器绝缘受潮后电容值随温度升高而增大？
7. 为什么要对变压器进行交流感应耐压试验？如何获得高频率电源？
8. 耐压试验时使用串级试验变压器的目的是什么？它有何优缺点？
9. 如何判断主变压器过热性故障和放电性故障？其试验特征指标是什么？
10. 如何综合判断变压器内部的潜伏性故障？
11. 750 kV 电力变压器的试验项目、试验周期和试验要求是什么？
12. 大型变压器烧损后，如何处理其中的变压器油？
13. 为什么变压器绝缘油的微水含量与温度关系很大？应如何进行微水试验？
14. 诊断变压器内部故障的电气试验项目有哪些？

第二节　GIS 试验

1. 高压 GIS 开关柜概述

高压开关设备是城轨电力供电系统中的关键设备，正常情况下，它用于控制变电所线供电，提高综合线路的运行稳定性，故障情况下，开关设备动作，用于将故障区域隔离，保证供电可靠性，同时隔离电源保证检修人员的安全。城轨电力供电系统的高压开关系统通常封闭于 GIS 开关柜中，提高了运行的可靠性和安全性。

高压 GIS 开关柜即为柜式气体绝缘金属封闭开关设备，采用紧凑式、共箱式气体绝缘的充气式环网柜，所有带电部件均在密闭的 SF_6 气室内，气体外壳由不锈钢板焊接而成，具有良好的气密性和可靠性，运行不受外界环境影响，环网柜负荷开关均采用电动操作，具备远方操作接口，通过 RTU 实现远方遥控。GIS 采用真空灭弧介质，将母线、断路器、隔离开关等中压元件集中密闭在箱体中。

2. 城轨 GIS 简介

断路器按介质可分为：油断路器（多油断路器、少油断路器）、六氟化硫断路器（SF_6断路器）、真空断路器、压缩空气断路器等。由于现在高压开关技术上多用真空或者SF_6，存在“去油化”趋势，多油断路器被淘汰了，少油断路器在铁路上也逐渐退出应用，城轨、铁路和电力部门现广泛应用SF_6为绝缘气体的 GIS 设备。如图 4-14 所示为 110 kVGIS。

图 4-14　110 kV GIS

GIS（Gas Insulated Switchgear）中文称气体绝缘全封闭组合开关电器。GIS 全部采用SF_6气体作为绝缘介质，并将所有的高压电器元件密封在接地金属筒中金属封闭开关设备。它是由断路器、母线、隔离开关、电压互感器、电流互感器、避雷器、接地开关、套管这 8 种高压电器组合而成的高压配电装置，如图 4-15、图 4-16 所示。

图 4-15　城轨 110 kV 室内 GIS

图 4-16　变电站 220 kV 户外 GIS

在高压设备中，断路器不仅可以切断或闭合高压电路中的空载电流和负荷电流，而且当系统发生故障时通过继电器保护装置的作用，切断过负荷电流和短路电流，它具有相当完善的灭弧结构和足够的断流能力。

GIS 一般由各种不同的间隔组成。一个城轨变电所主要有两进两出线及电压互感器共四个半间隔，采用了三相共箱式结构（即三相灭弧室，安装在同一壳体内）。GIS 与传统敞开式配电装置相比主要由于其具有以下几个方面的优点：

（1）GIS 具有占地面积小、体积小、重量轻，元件全部密封不受环境干扰。

（2）操作机构无油化、无气化，具有高度运行可靠性。

（3）GIS 采用整块运输，安装方便，检修工作量小、时间短，共箱式 GIS 全部采用三相机械联动，机械故障率低。

（4）优越的开断性能——断路器采用新的灭弧原理为基础的自能灭弧室（自能热膨胀加上辅助压气装置的混合式结构），充分利用了电弧自身的能量。

（5）损耗少、噪声低——GIS 外壳上的感应磁场很小，因此涡流损耗很小，减少了电能的损耗。弹簧机构的采用，使得操作噪声很低。

3. GIS 在城轨中的应用

城轨使用的开关柜主要有 110 kV 和 35 kV（33 kV）交流开关柜以及 1 500 V 直流开关柜。

1）110 kV 开关柜

110 kV 开关柜是采用 SF_6 断路器、液压操作机构，除母线为三相共箱式外，其余均为三相分箱式。城轨中户内安装的主要型号有德国西门子 8DN9 紧凑型 GIS、ABB 的 ELK 系列等。

2）35 kV 开关柜

35 kV 开关柜也采用 GIS，均为三相分箱式，采用真空断路器（3AF 型），开关柜的操作机构为弹簧贮能式，采用三工位隔离开关和接地刀闸。

目前 GIS 国外生产厂家主要有西门子、ABB、东芝、三菱、日立、阿尔斯通等，国内生产厂家有西安西开、平高集团、正泰电气、上海西门子、厦门 ABB 等，目前合资企业生产的 GIS 占国内市场相当大的份额。

3）1 500 V 直流开关柜

1 500 V 直流开关柜为标称工作电压直流 1 500 V 及以下、户内安装、空气绝缘的金属封闭式成套设备。详细内容见 4.6（本章第六节）直流开关柜。

4）SF_6 泄漏的危害

GIS 室内空间较封闭，一旦发生 SF_6 气体泄漏，流通极其缓慢，毒性分解物在室内沉积，不易排出，从而对进入 GIS 室的工作人员产生极大的危险。而且 SF_6 气体的比重较氧气大，当发生 SF_6 气体泄漏时 SF_6 气体将在低层空间积聚，造成局部缺氧，使人窒息。另一方面 SF_6 气体本身无色无味，发生泄漏后不易让人察觉，这就增加了对进入泄漏现场工作人员的潜在危险性。

4. SF_6 断路器和 GIS 电气试验

GIS 应安装完好，并充以合格的 SF_6 气体，气体密度应保持在额定值。SF_6 断路器和 GIS 的试验项目、周期和要求如表 4-8 所示。

表 4-8 SF_6断路器和 GIS（含 H-GIS）的试验项目、周期和要求

序号	项 目	周 期	要 求	说 明
1	SF_6气体的湿度（20 °C 的体积分数）μL/L	（1）投产后满 1 年 1 次，如无异常，其后 3 年 1 次 （2）大修后 （3）必要时	（1）断路器灭弧室气室 大修后：≤150 运行中：≤300 （2）其他气室 大修后：≤250 运行中：≤500	（1）按《工业六氟化硫》（GB 12022）、《六氟化硫气体湿度测定法（电解法）》（DL/T 915）和《现场 SF6 气体水分测量方法》（DL/T 506）进行 （2）必要时，如新装及大修后 1 年内复测湿度不符合要求或漏气异常时
2	SF_6气体泄漏试验	（1）大修后 （2）必要时	应无明显漏点	（1）参考《高压开关设备六氟化硫气体密封试验方法》（GB 11023）进行 （2）对检测到的漏点可采用局部包扎法检漏，每个密封部位包扎后历时 5 小时，测得的 SF_6气体含量（体积分数）不大于 30 μL/L （3）必要时，如怀疑密封不良时
3	现场分解产物测试，μL/L	（1）投产后满 1 年 1 次，如无异常，其后 3 年 1 次 （2）大修后 （3）必要时	超过以下参考值需引起注意：SO_2：不大于 3μL/L；H_2S：不大于 2 μL/L；CO：不大于 100 μL/L	（1）建议结合现场湿度测试进行，参考《六氟化硫电气设备中气体管理和检验导则》（GB 8905—2008）。 （2）必要时，如设备运行有异响，异常跳闸，开断短路电流异常时
4	实验室分解产物测试	必要时	检测组分：CF_4、SO_2、SOF_2、SO_2F_2、SF_4、S_2OF_{10}、HF	必要时，如现场分解产物测试超参考值或有增长时
5	耐压试验	（1）大修后 （2）必要时	交流耐压或操作冲击耐压的试验电压为出厂试验电压的 0.8 倍	（1）试验在 SF_6气体额定压力下进行 （2）对 GIS 交流耐压试验时不包括其中的电磁式电压互感器及避雷器，但在投运前应对它们进行试验电压为 $U_m/\sqrt{3}$ 的 5 min 耐压试验 （3）罐式断路器的耐压试验方式：合闸对地；分闸状态两端轮流加压，另一端接地 （4）对瓷柱式定开距型断路器只作断口间耐压试验 （5）耐压试验后的绝缘电阻值不应降低 （6）必要时，如对绝缘性能有怀疑时

续表

序号	项　目	周　期	要　求	说　明
6	辅助回路和控制回路绝缘电阻	（1）110 kV：6 年；220 kV、500 kV：3 年；35 kV 及 66 kV 补偿电容器/电抗器组断路器 3 年 （2）大修后	不低于 2 MΩ	（1）采用 500 V 或 1 000 V 兆欧表 （2）35 kV 及 66 kV 补偿电容器/电抗器组断路器适用于 500 kV 变电站变低侧无功补偿用断路器
7	辅助回路和控制回路交流耐压试验	（1）110 kV：6 年；220 kV、500 kV：3 年；35 kV 及 66 kV 补偿电容器/电抗器组断路器 3 年 （2）大修后	试验电压为 2 kV	可用 2 500 V 兆欧表测量代替
8	断口间并联电容器的绝缘电阻、电容量和 $\tan\delta$	（1）110 kV：6 年；220 kV、500 kV：3 年 （2）大修后 （3）必要时	（1）对瓷柱式断路器，与断口同时测量，测得的电容值偏差应在初始值的 ±5%范围内，10 kV 试验电压下 $\tan\delta$（%）值不大于下列数值： 油纸绝缘　　0.5%； 膜纸复合绝缘　　0.4%； （2）罐式断路器（包括 GIS 中的断路器）按制造厂规定	（1）大修时，对瓷柱式断路器应测量电容器和断口并联后整体的电容值和 $\tan\delta$ 作为原始数据 （2）如有明显变化时，应解开断口单独对电容器进行试验 （3）对罐式断路器（包括 GIS 中的 SF6 断路器）必要时进行试验，试验方法按制造厂规定 （4）必要时，如对绝缘性能有怀疑时
9	合闸电阻值和合闸电阻的投入时间	（1）3 年 （2）大修后	（1）除制造厂另有规定外，阻值变化允许范围不得大于 ±5% （2）合闸电阻的有效接入时间按制造厂规定校核	罐式断路器的合闸电阻布置在罐体内部，只在解体大修时测量
10	断路器的速度特性	大修后	测量方法和测量结果应符合制造厂规定	制造厂无要求时不测量
11	断路器的时间参量	（1）6 年 （2）大修后	（1）断路器的分、合闸时间，主、辅触头的配合时间应符合制造厂规定 （2）除制造厂另有规定外，断路器的分、合闸同期性应满足下列要求：相间合闸不同期不大于 5 ms；相间分闸不同期不大于 3 ms。同相各断口间合闸不同期不大于 3 ms；同相各断口间分闸不同期不大于 2 ms	在额定操作电压（气压、液压）下进行

续表

序号	项 目	周 期	要 求	说 明
12	分、合闸电磁铁的动作电压	（1）110 kV：6 年；220 kV、500 kV：3 年；35 kV、66 kV 补偿电容器/电抗器组断路器 3 年 （2）大修后	（1）并联合闸脱扣器应能在其交流额定电压的 85%～110%范围或直流额定电压的 80%～110%范围内可靠动作；并联分闸脱扣器应能在其额定电源电压的 65%～120%范围内可靠动作，当电源电压低至额定值的 30%或更低时不应脱扣 （2）在使用电磁机构时，合闸电磁铁线圈通流时的端电压为操作电压额定值的 80%(关合电流峰值等于及大于 50 kA 时为 85%）时应可靠动作。 （3）按制造厂规定	
13	导电回路电阻	（1）110 kV：6 年；220 kV、500 kV：3 年；35 kV、66 kV 补偿电容器/电抗器组断路器 1 年 （2）大修后	（1）敞开式断路器的测量值不大于制造厂规定值的 120% （2）对 GIS 中的断路器按制造厂规定	（1）用直流压降法测量，电流不小于 100 A （2）35 kV 及 66 kV 补偿电容器/电抗器组断路器适用于 500 kV 变电站变低侧无功补偿用 （3）必要时，如怀疑接触不良时
14	分、合闸线圈直流电阻	更换线圈后	试验结果应符合制造厂规定	
15	运行中局部放电测试	（1）投产 1 年内每 3 个月 1 次；如无异常其后，1 年 1 次 （2）必要时	应无明显局部放电信号	（1）只对运行中的 GIS 进行测量 （2）必要时，如对绝缘性能有怀疑时，巡检发现异常或 SF_6 气体成分分析结果异常时
16	红外检测	（1）500 kV：1 年 6 次或以上；220 kV：1 年 4 次或以上；110 kV 及以下：1 年 2 次或以上 （2）必要时	按《带电设备红外诊断应用规范》（DL/T 664—2008）执行	（1）敞开式断路器在热备用状态下，应对断口并联电容器进行测量 （2）用红外热像仪测量 （3）结合运行巡视进行 （4）必要时，如怀疑有过热缺陷时

5. AC 35 kV 开关柜试验

集中式供电的城轨开关柜主要采用 35 kV（33 kV）的开关柜（简称 GIS），分散式供电主要采用 10 kV 的空气开关柜（简称 AIS）。

35 kV 交流开关柜采用一定压强的 SF_6 气体绝缘开关柜，断路器采用真空断路器。表 4-9 所示为 35 kV 交流开关柜试验项目、周期和要求。

表 4-9　35 kV 交流开关柜试验项目、周期和要求

序号	试验项目		标准要求	试验方法	备注
1	外观及结构检查 （1）所有元器件符合图纸要求 （2）开关柜排列符合图纸要求 （3）接地母线安装完好 （4）主回路相序标识正确 （5）所有铭牌张贴整齐、牢固、参数正确 （6）开关柜吊环、终端盖板已正确安装 （7）低压室网络板上元器件整齐、正确 （8）各门板安装平整、密封性好，油漆完整无损伤 （9）开关柜门锁牢固、能可靠锁紧 （10）开关柜各间隔内清洁无杂物		设计图纸厂家技术说明书	观察	
2	电流互感器试验	变比误差	与铭牌相符	角、比差用互感器校验仪或双表法 绝缘电阻表 交流试验变压器	仅做保护线圈用 2 500 V 兆欧表 1 min 代替交流耐压
		极性	减极性		
		励磁特性曲线	仅作参考		
		绝缘电阻	与厂家值比较		
		工频耐压	二次 2 000 V/min		
3	电压/电流传感器和带电显示装置试验	绝缘电阻	与厂家值比较	兆欧表 交流试验变压器 采用双表法： 分别采用升流器和高压试验变压器从主回路加入电流和电压进行测试	用 2 500 V 兆欧表 1 min 代替 2 000 V 工频耐压，需用专用电缆试验插头
		工频耐压	二次 2 000 V 1 min 耐压		
		显示误差	符合厂家技术要求		
4	主回路、断路器断口间绝缘电阻和工频耐压试验： （1）分别测量相间及对地绝缘电阻 （2）将高压分别加入主回路每一相，其余两相接地 （3）升压至 72 kV 试验电压后持续 1 min （4）试验后再测量相间及对地绝缘电阻		绝缘电阻与厂家值比较 >200 MΩ 主回路、断路器断口间工频耐压值：72 kV/min	用兆欧表； 用交流试验变压器依次施加到主回路各相导体上	耐压前后均应测绝缘电阻，需专用电缆试验插头

续表

序号	试验项目	标准要求	试验方法	备注
5	辅助与控制回路绝缘电阻、工频耐压试验： （1）回路中的元器件和表计如已按各自标准通过试验，则可免试 （2）测量各待测回路对地绝缘电阻 （3）分别对各回路进行 2 000 V/min 耐压试验 （3）耐压试验后测试各回路对地绝缘电阻	绝缘电阻与厂家值比较>1 MΩ DC＞60V 耐压值：2 000 V/min DC≤60 V 耐压值：500 V/min	兆欧表； 交流试验变压器	
6	主回路电阻测量	不大于 50 μΩ	从进线开关柜构成回路，用接触电阻测试仪加入 100 A 电流测试，每相应接地测试一次	接地法测试值仅作参考
7	气室 SF_6 气体含量、露点测量及密封检查	$T\leqslant-25$ °C（露点） $G\geqslant95\%$（含量） 密封检查：中等不报警	用露点仪检测 SF_6 气体含量及露点，用检漏仪对各气室密封部位、管接头等处检测，用压力表检测气体压力	记录气压表读数
8	断路器机械分、合闸操作及机械联锁试验： （1）在规定的操作条件下，对断路器机械特性进行检查，应符合技术条件的规定 （2）对断路器机械操作进行试验，应承受空载操作 5 次 （3）对接地开关及隔离开关机械操作进行试验，应承受空载操作 5 次 （4）对断路器与接地开关及隔离开关的闭锁关系进行试验，应符合要求	不得拒动、运动自如、无卡阻、无任何机械故障	机械操作	
9	断路器电气分、合闸操作及电气联锁试验： （1）当断路器储能弹簧未储能时，断路器不能合闸 （2）当隔离开关处于分闸位置时，断路器不能合闸 （3）当断路器处于分闸状态时，隔离开关可以分闸，反之不能分闸 （4）当合闸命令及分闸命令同时作用于主开关时，机械、电气均无法合闸	符合厂家技术要求	电气操作	

续表

序号	试验项目	标准要求	试验方法	备注
10	断路器合闸、分闸线圈最低动作电压试验： （1）直流操作电压在（85%～110%）U_n 范围内时，断路器应可靠合闸 （2）直流操作电压大于 65%U_n 时，断路器应可靠分闸，小于 30%U_n 时，不应分闸	符合厂家技术要求	使用继电保护测试仪进行测试	
11	断路器合、分闸时间测定： （1）对断路器进行合闸操作 （2）对断路器进行分闸操作	符合厂家技术要求：合闸时间：60～95 ms，分闸时间：50～70 ms 三相同期：合闸弹跳	用高压开关测试仪进行测试	三相同时测试，需专用电缆试验插头三个
12	继电保护装置试验及继电器界面测试： （1）对继电保护装置进行调试和整定 （2）对继电器界面进行测试	继电保护装置动作正常、电气性能满足厂家技术要求，继电器界面完好、操作正常	用继电保护测试仪进行测试	
13	各回路接线正确性检查： （1）用万用表检查加热器阻值，加热回路是否正确 （2）用继电保护测试仪从端子排加入电压、电流，检查保护、测量回路的正确性，并对各指示仪表误差进行检验 （3）对控制、信号回路进行检查 （4）对开关柜单体进行整组联动试验	与设计图纸相符 误差满足要求	用万用表、继电保护测试仪进行检查、测试，加入 20%、50%、100%额定电压或电流时指示仪表、计量回路指示值与实际值相符。二次升流模拟保护跳闸，动作正常，动作信号、位置信号显示正确，各种报警正常	电流/电压传感器和带电显示装置二次回路已在第 3 项中检查过

6. 耐压试验

GIS 应已完成各项现场试验项目后才进行耐压试验。试验时，GIS 加压范围内的所有电流互感器的二次绕组应短路并接地，电磁式电压互感器的二次绕组应开路并单点接地。扩建部分耐压时，原有相设备应停电并接地。否则，应考虑突然击穿对原有部分造成的损害采取措施。

GIS 耐压时，以下设备应采取隔离措施，避免施加试验电压：

（1）高压电缆和架空线。

（2）电力变压器和并联电抗器。

（3）电磁式电压互感器。

耐压试验阶段允许带上电磁式电压互感器。采用变频电源时，电磁式电压互感器经厂家确认不会引起磁饱和的，也可以和主回路一起耐压，但应保证试验频率高于厂家要求值。

（4）避雷器。

耐压试验阶段允许带上避雷器，但耐压时必须将避雷器短路接地。

按规定试验方法布置试验接线，如图 4-17 所示为调频串联谐振原理示意图。

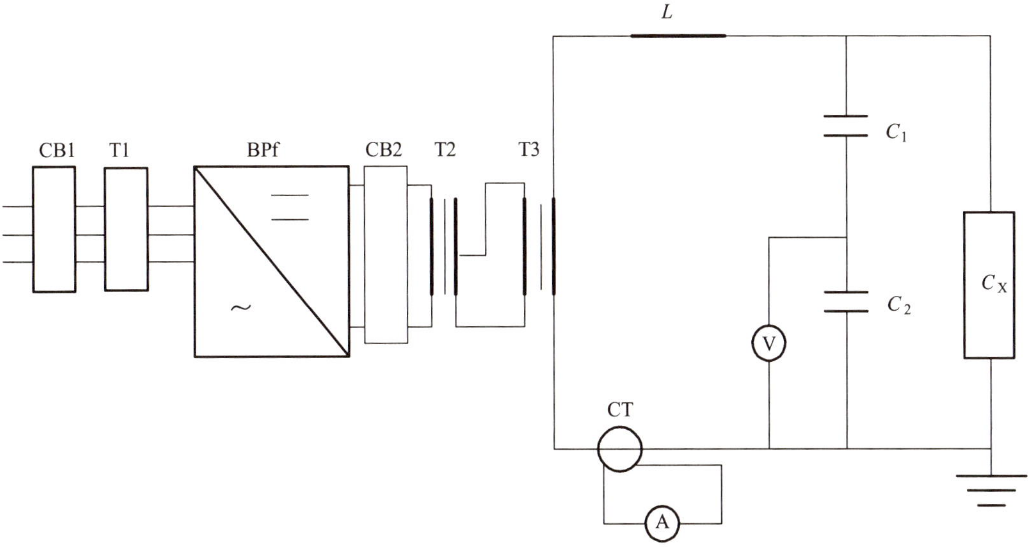

CB1、CB2—电源（控制）开关；T1—隔离变压器；T2—调压器；T3—励磁变压器；BPf—调频电源柜；L—高压电抗器；C_x—被试 GIS；C_1、C_2—电容分压器；CT—电流互感器；V—电压表；A—电流表。

图 4-17　调频串联谐振原理示意图

加压方式一般只做主回路耐压，即规定的试验电压应施加到每相主回路和外壳之间，每次一相，此时其他相的主回路应和接地外壳相连。如怀疑 GIS 的断路器或隔离开关的断口在运输、安装过程中受到损坏解体，应做该断口耐压试验，则试验电压应接到相应断口上，断口的一侧与试验电源相连，另一侧与其他相导体和接地的外壳相连。

试验程序按两步进行：

① 耐压试验：耐压试验电压值与加压时间应从《气体绝缘金属封闭开关设备现场耐压及绝缘试验导则》（DL/T 555—2004）中的方案中选择或与制造厂协商。如对于 500 kV GIS，耐压试验常用最高运行相电压（318 kV）施加 15 min。

② 交流耐压：现场交流耐压值应为出厂试验电压的 80%。如对于 500 kV GIS，根据出厂试验电压的不同，有 544 kV 和 592 kV 两种耐压值。耐压时间 1 min。

将耐压试验设备安装好并进行调试，确认试验设备状态良好，对试验准备工作进行检查确认，将试验用导线接到加压套管 A 相，其余两相可靠接地。用兆欧表（2 500 V）测量绝缘电阻并做好记录，数据无异常方可进行耐压试验；将试验回路调至谐振状态，在此过程中高压输出电压不得高于 100 kV；将试验电压逐渐升高至耐压试验电压，保持 15 min；将试验电压升高至耐压试验电压，保持 1 min，并快速降压至零，断开试验电源，高压端挂接地线。

试验过程中如果发生闪络、击穿或异常情况，应暂停试验。试验方应检查试验设备是否损坏，如有损坏须立即检修。如属 GIS 内部放电，厂家应确定放电位置，根据情况进行检修。待双方都准备好时才恢复试验，根据放电发生时刻，试验方与业主、厂家协商重新试验的加压程序。

耐压完成后对 GIS 充分放电后再测量绝缘电阻并记录，依次试验其余两相；试验结束，拆除接线、吊装耐压试验设备并将 GIS 的一、二次接线恢复至试验前状态。

配套数字资源

视频 4.2.1　GIS 绝缘电阻测试

视频 4.2.2　GIS 避雷器直流泄漏电流及直流耐压试验

视频 4.2.3　GIS 导电回路电阻试验

视频 4.2.4　GIS 气密性试验

视频 4.2.5　GIS 分合闸线圈直流电阻

视频 4.2.6　GIS 断路器分、合闸同期性测试

视频 4.2.7　GIS 主回路耐压试验

项目诊断单

表 4-10　GIS 高压试验项目检测故障一览表

序号	试验项目	绝缘方面				开关断口
		主绝缘	整体受潮	局部放电	过热	
1	主回路、断路器断口间绝缘电阻	√	√			√
2	辅助与控制回路绝缘电阻		√			√
3	分合闸线圈直流电阻					√
4	耐压试验	√	√			√

续表

序号	试验项目	绝缘方面				开关断口
		主绝缘	整体受潮	局部放电	过热	
5	分合闸线圈直流电阻					√
6	SF_6 气体密度试验	√				
7	微水试验	√				√
8	局部放电			√		
9	分合闸动作特性					√

复习与思考

1. 城轨 GIS 试验内容包括哪些？请制订一个 35 kV GIS 检修计划方案书。
2. 城轨 35 kV GIS 开关柜主要采用哪种断路器？其检修周期是如何安排的？
3. 如何进行 SF_6 断路器的泄漏电流测试？
4. 做 GIS 交流耐压试验应注意什么问题？分哪三步进行？各需要多少时间？
5. 目前有哪些方法可对 GIS 的局部放电进行在线测量？
6. 当 GIS 进行交流耐压试验时，如果有电压互感器、氧化锌避雷器时应如进行避雷器及电压互感器交接试验项目？有什么要求？

第三节　互感器试验

1. 互感器型号分类

互感器是完成各种电气量测量以及向继电保护装置输入电流电压电量而必不可少的电气设备。互感器有电流互感器和电压互感器两种类型。

1）电流互感器

电流互感器型号的含义如下：

第一字母：L—电流互感器；

第二字母：A—穿墙式；Z—支柱式；M—母线式；D—单匝贯穿式；V—结构倒置式；J—零序接地检测用；W—抗污秽；R—绕组裸露式；

第三字母：Z—环氧树脂浇注式；C—瓷绝缘；Q—气体绝缘介质；W—与微机保护专用；

第四数字：B—带保护级；C—差动保护；D—D 级；Q—增强型；J—接地或增大容量；

第五数字：电压等级、产品序号。字母后面的数字一般表示使用电压等级。

35 kV 电流互感器按绝缘介质分油浸、干式、气体，以城轨电流互感器 LDJ-35-0.5/5P10-500/5A 为例，其含义为：LDJ 表示其为带触头盒加强型单匝贯穿式电流互感器，电压等级为 35 kV，双二次绕组：0.5，仪表用 CT 准确等级，5P10 是保护用 10 倍额定电流 5%误差，5 是复合误差，10 是准确限值系数，即意义就是当一次流过短路电流达到额定电流的 10 倍时互感器的复合误差小于 5%，变比：一次侧 500 A，二次侧 5 A。

2）电压互感器

电压互感器型号由以下几部分组成，各部分字母，符号表示内容：

第一个字母：J—电压互感器；

第二个字母：D—单相；S—三相；

第三个字母：J—油浸；Z—浇注；

第四个字母：数字—电压等级（kV）。

例如：JDJ-10 表示单相油浸电压互感器，额定电压 10 kV。

配套数字资源

视频 4.3.2.1　互感器认知

2. 互感器特性试验

互感器的试验内容主要分绝缘特性试验和电气特性试验两部分。电气特性试验的主要项目有：极性试验，误差试验；电压互感器空载特性试验和电流互感器励磁特性试验。

1）极性试验

配套数字资源

视频 4.3.2.2　电压互感器极性试验

无论电压或电流互感器，用在电气量测量及继电保护回路中，均有极性要求。试验方法可使用极性试验器，详见变压器极性试验。

2）误差试验

配套数字资源

视频 4.3.2.3　电流互感器变比试验　　视频 4.3.2.4　电压互感器变比试验

互感器误差试验是为了校核互感器的变比误差是否符合出厂时确定的准确级次，以保证互感器用于电量测量时的准确性及用于继电保护装置的角、比差试验及电压互感器的比差试验。

（1）电流互感器的角、比差试验。

采用被试电流互感器与标准互感器比较的方法。

电流互感器检定接线图如图 4-18 所示。试验电流及角、比差标准如表 4-11 所示。

（2）电压互感器误差试验。

电压互感器误差试验，采用标准互感器与被试互感器相比较，用互感器校验仪读取误差值。但由于标准电压互感器体积较大，不易携带，故牵引变电所试验电压互感器均采用变比电桥测试误差。

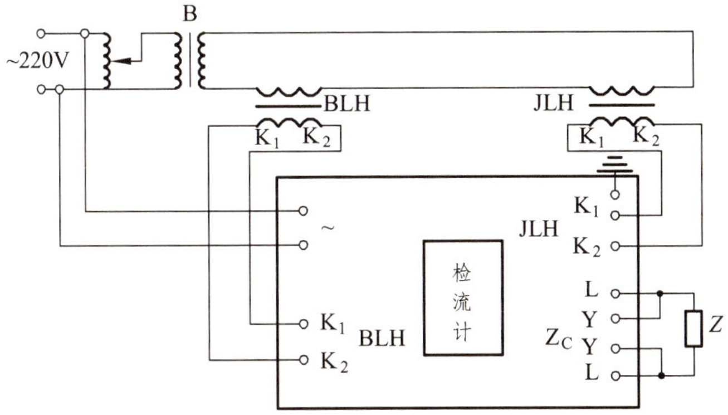

B—升流器；BLH—标准电流互感器；JLH—被检电流互感器；
Z—被检电流互感器次极回路负载阻抗。

图 4-18　电流互感器检定接线图

表 4-11　电流互感器试验电流及角、比差标准

电流互感器准确级次	一次试验电流/（I_H%）	允许最大误差	
		比差/%	角差/%
0.2	100～120	±0.2	±10
	20	±0.35	±15
	10	±0.5	±20
0.5	100～120	±0.5	±40
	20	±0.75	±50
	10	±1.0	±60
1	100～120	±1.0	±80
	20	±1.5	±100
	10	±2.0	±120
3	50～120	±3.0	无规定
10	50～120	±10.0	无规定

3）电流互感器励磁特性曲线试验

配套数字资源

视频 4.3.2.5　电流互感器励磁特性试验　　视频 4.3.2.6　电压互感器励磁特性试验

用于牵引变压器差动保护中的电流互感器，根据差动保护的要求，应测试电流互感器的励磁特性曲线，接线图如图 4-19 所示。

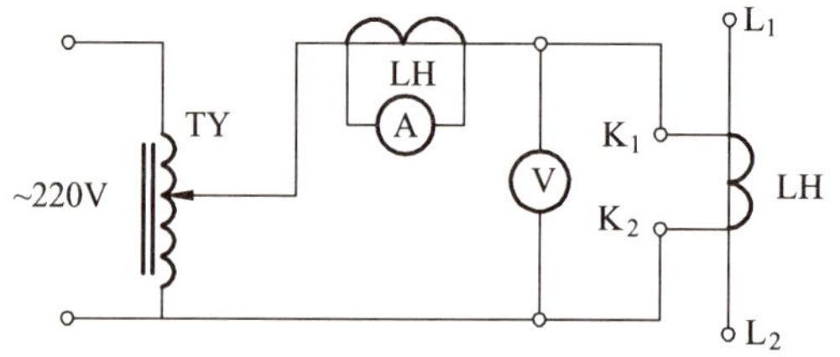

图 4-19　电流互感器励磁特性曲线试验接线图

励磁特性曲线是在电流互感器一次侧开路时，表明二次侧励磁电流与所加电压间相互关系的曲线，该曲线可明显表示出电流互感器铁心饱和程度，还可以通过其计算出 10%误差曲线。如表 4-12 所示为励磁特性曲线电流选点表。

表 4-12　励磁特性曲线电流选点表

电流/A	0.02/0.04	0.06/0.08	0.1/0.2	0.3/0.4	0.5/0.6	0.7/0.8	1.0/1.2
电压/V							

试验用主要仪器有：单相调压器（3～5 kVA）1 台；电流互感器（0～50/5 A）1 块；电流表（0～5 A）1 块；平均值电压表 1 块；开关板、连接线若干。

试验步骤如下：

（1）按图接线。

（2）调压器由零逐渐升压，按电流读取点读取电压值。

（3）读取电压值绘制曲线。

（4）试验时通入电压或电流的限值，以不超过制造厂技术条件为准。

（5）试验电源应有足够的容量，且电压不应波动，否则应用稳压器稳压。

4）电压互感器空载试验

将互感器低压侧开路，在互感器高压侧通入额定电压并测试高压侧空载电流。由于施工现场条件限制，一般多采用高压侧开路，在低压侧施加电压和测试电流的方法。

由于牵引变电所中使用的电压互感器多为单相结构，空载试验使用仪器仪表较少，方法简单。

试验用仪器仪表有：单相调压器（2～5 kVA）1 台；电压表（0～300 V）1 台；电流表（0～5 A）1 块；开关板、连接导线若干。

试验按下述步骤进行：

（1）按图 4-20 所示接线图接线。

（2）调压器由零逐渐升压至额定值、读取电流值。

（3）当有需要时，可继续升压至 1.3 倍额定值，并持续 3 min，观察电流应无较大摆动或急剧上升现象。

（4）将电压退回零位、断开电源，试验结束。

（5）测试空载电流值可与制造厂出厂测量值比较，应无太大差别。

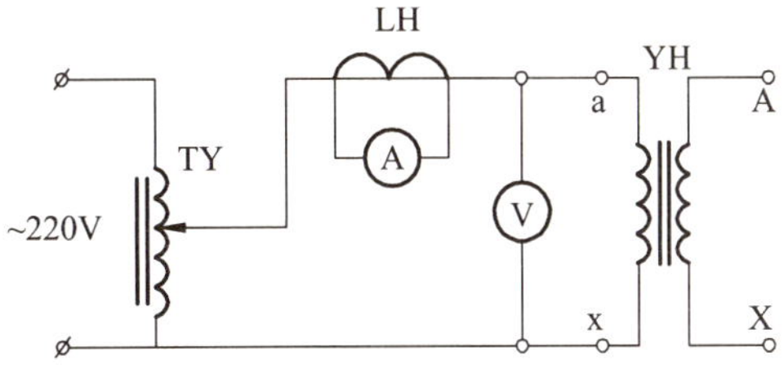

图 4-20　电压互感器空载试验接线图

3. 油浸式电流互感器

油浸式电流互感器（35 kV 及以上）的试验项目、周期和要求如表 4-13 所示。

配套数字资源

视频 4.3.2.7　电流互感器一次绕组绝缘电阻测试

视频 4.3.2.8　电流互感器末屏绝缘电阻测试

视频 4.3.2.9　电流互感器二次绕组对地及末屏之间的绝缘电阻测试

视频 4.3.2.10　电流互感器一次绕组段间的绝缘电阻测试

表 4-13　油浸式电流互感器的试验项目、周期和要求

序号	项目	周　期	要　求	说　明
1	绕组及末屏的绝缘电阻	（1）3 年 （2）大修后 （3）必要时	（1）一次绕组对末屏及地、各二次绕组间及其对地的绝缘电阻与出厂值及历次数据比较，不应有显著变化。一般不低于出厂值或初始值的 70% （2）电容型电流互感器末屏绝缘电阻不宜小于 1 000 MΩ	（1）有投运前数据 （2）用 2 500 V 兆欧表 （3）必要时，怀疑有故障时

续表

<table>
<tr><th>序号</th><th>项目</th><th>周　期</th><th>要　求</th><th>说　明</th></tr>
<tr><td>2</td><td>tanδ 及电容量</td><td>（1）3 年
（2）大修后
（3）必要时</td><td>（1）主绝缘 tanδ（%）不应大于下表中的数值，且与历次数据比较，不应有显著变化
<table>
<tr><td colspan="2">电压等级，kV</td><td>35</td><td>110</td><td>220</td><td>500</td></tr>
<tr><td rowspan="4">大大修后</td><td>油纸电容型</td><td>1.0</td><td>1.0</td><td>0.7</td><td>0.6</td></tr>
<tr><td>充油型</td><td>3.0</td><td>2.0</td><td>—</td><td>—</td></tr>
<tr><td>胶纸电容型</td><td>2.5</td><td>2.0</td><td>—</td><td>—</td></tr>
<tr><td>充胶式</td><td>2.0</td><td>2.0</td><td>2.0</td><td>—</td></tr>
<tr><td rowspan="4">运行中运</td><td>油纸电容型</td><td>1.0</td><td>1.0</td><td>0.8</td><td>0.7</td></tr>
<tr><td>充油型</td><td>3.5</td><td>2.5</td><td>—</td><td>—</td></tr>
<tr><td>胶纸电容型</td><td>3.0</td><td>2.5</td><td>—</td><td>—</td></tr>
<tr><td>充胶式</td><td>2.5</td><td>2.5</td><td>2.5</td><td>—</td></tr>
</table>
（2）电容型电流互感器主绝缘电容量与初始值或出厂值差别超过 ±5%时应查明原因
（3）当电容型电流互感器末屏对地绝缘电阻小于 1 000 MΩ时，应测量末屏对地 tanδ，其值不大于 2%</td><td>（1）当 tanδ 值与出厂值或上一次试验值比较有明显增长时，应综合分析 tanδ 与温度、电压的关系，当 tanδ 随温度明显变化或试验电压由 10 kV 到 $U_m/\sqrt{3}$，tanδ（%）变化绝对量超过 ±0.3，不应继续运行
（3）必要时，如怀疑有故障时</td></tr>
<tr><td>3</td><td>带电测试 tanδ 及电容量</td><td>（1）投产后半年内
（2）一年
（3）大修后
（4）必要时</td><td>（1）可采用同相比较法，判断标准为：同相设备介质损耗测量值差值（$\tan\delta_X-\tan\delta_N$）与初始测量值差值比较，变化范围绝对值不超过 ±0.3%，电容量比值（C_X/C_N）与初始测量电容量比值比较，变化范围不超过 ±5%。同相同型号设备介质损耗测量值（$\tan\delta_X-\tan\delta_N$）不超过 ±0.3%
（2）采用其他测试方法时，可根据实际制定操作细则</td><td>对已安装了带电测试信号取样单元的电容型电流互感器进行，超出要求时应：
（1）查明原因
（2）缩短试验周期
（3）必要时停电复试</td></tr>
<tr><td>4</td><td>油中溶解气体色谱分析及油中水分含量测定</td><td>（1）3 年
（2）大修后
（3）必要时</td><td>（1）油中溶解气体组分含量（μL/L）超过下列任一值时应引起注意：总烃：100；H_2：150；C_2H_2：1（220 kV、500 kV）；2（110 kV）
（2）油中水分含量（mg/L）不应大于下表规定：
<table>
<tr><td>电压等级，kV</td><td>投运前</td><td>运行中</td></tr>
<tr><td>110</td><td>20</td><td>35</td></tr>
<tr><td>220</td><td>15</td><td>25</td></tr>
<tr><td>500</td><td>10</td><td>15</td></tr>
</table></td><td>（1）制造厂明确要求不能取油样进行色谱分析时可不进行
（2）对于 H_2 单值升高的，或出现 C_2H_2，但未超注意值可以考虑缩短周期；C_2H_2 含量超过注意值时，应考虑更换
（3）500 kV 站 35 kV 互感器具体要求参考 110 kV 规定执行</td></tr>
</table>

续表

序号	项目	周　期	要　求		说　明
5	绝缘油击穿电压/kV	（1）大修后 （2）必要时	投运前 （1）35 kV： ≥35 kV； （2）110 kV 220 kV：≥40 kV； （3）500 kV： ≥60 kV	运行中 （1）35 kV： ≥30 kV （2）220 kV： ≥35 kV （3）500 kV： ≥50 kV	（1）全密封电流互感器按制造厂要求进行 （2）电极形状应严格按相应试验方法的规定执行，220 kV 及以下设备采用平板电极，500 kV 设备采用球形和球盖型电极，参考 GB/T507—2002 或 DL 429.9—91 （3）必要时，如怀疑有绝缘故障时
6	局部放电试验	110 kV 及以上；必要时	在电压为 $1.2U_m/\sqrt{3}$ 时，视在放电量不大于 20 pC		必要时，如对绝缘性能有怀疑时
7	极性检查	大修后	与铭牌相符合		
8	交流耐压试验	（1）大修后 （2）必要时	（1）一次绕组按出厂值的 0.8 倍进行 （2）二次绕组之间及末屏对地的工频耐压试验电压为 2 kV，可用 2 500 V 兆欧表代替		必要时，如对绝缘性能有怀疑时
9	各分接头的变比检查	（1）大修后 （2）必要时	（1）与铭牌标志相符合 （2）比值差和相位差与制造厂试验值比较应无明显变化，并符合等级规定		（1）对于计量计费用绕组应测量比值差和相位差 （2）必要时，如改变变比分接头运行时
10	校核励磁特性曲线	继保有要求时	（1）与同类互感器特性曲线或制造厂提供的特性曲线相比较，应无明显差别 （2）多抽头电流互感器可在使用抽头或最大抽头测量		
11	绕组直流电阻	大修后	与出厂值或初始值比较，应无明显差别		包括一次及二次绕组
12	红外检测	（1）500 kV：1 年 6 次或以上；220 kV：1 年 4 次或以上；110 kV：1 年 2 次或以上 （2）必要时	按《带电设备红外诊断应用规范》（DL/T 664—2008）执行		（1）用红外热像仪测量 （2）结合运行巡视进行，试验人员每年至少进行一次红外检测，同时加强对电压致热型设备的检测，并记录红外成像谱图 （3）必要时，如怀疑有过热缺陷时

注：每年定期进行运行电压下带电测试 $\tan\delta$ 及电容量的，对序号 1、2 的项目周期可调整为 6 年

4. SF_6 电流互感器

SF_6 电流互感器（35 kV 及以上）的试验项目、周期和要求如表 4-14 所示。

表 4-14　SF_6 电流互感器的试验项目、周期和要求

序号	项目	周　期	要　求	说　明
1	SF_6 气体湿度（20 °C 的体积分数）（μL/L）	（1）投产后 1 年 1 次，如无异常，3 年测 1 次 （2）大修后	运行中：≤500 μL/L 大修后：≤250 μL/L	（1）按《工业六氟化硫》（GB 12022）、《六氟化硫气体湿度测定法（电解法）》（DL/T 915）和《现场 SF_6 气体水分测量方法》（DL 506）进行 （2）必要时，如新装及大修后 1 年内复测湿度不符合要求或者设备异常时
2	SF_6 气体泄漏试验	（1）大修后 （2）必要时	应无明显漏点	（1）按《电力设备预防性试验规程》、《运行中变压器用六氟化硫质量标准》、《高压开关设备六氟化硫气体密封试验方法》进行 （2）对检测到的漏点可采用局部包扎法检漏，每个密封部位包扎后历时 5 小时，测得的 SF_6 气体含量（体积分数）不大于 30 μL/L
3	现场分解产物测试，μL/L	（1）投产后 1 年 1 次，如无异常，3 年 1 次 （2）大修后 （3）必要时	超过以下参考值需引起注意： （1）SO_2：不大于 3 μL/L （2）H_2S：不大于 2 μL/L （3）CO：不大于 100 μL/L	（1）建议结合现场湿度测试进行，参考《六氟化硫电气设备中气体管理和检验导则》（GB 8905—2012） （2）必要时，如怀疑有故障时
4	实验室分解产物测试	必要时	检测组分：CF_4、SO_2、SOF_2、SO_2F_2、SF_4、S_2OF_{10}、HF	必要时，如现场分解产物测试超参考值或有增长时
5	绕组的绝缘电阻	（1）大修后 （2）必要时	一次绕组对地、各二次绕组间及其对地的绝缘电阻与出厂值及历次数据比较，不应有显著变化。一般不低于出厂值或初始值的 70%	（1）采用 2 500 V 兆欧表 （2）必要时，如怀疑有故障时
6	极性检查	大修后	与铭牌标志相符合	

续表

序号	项目	周期	要求	说明
7	交流耐压试验	（1）大修后 （2）必要时	（1）一次绕组按出厂值的0.8倍进行 （2）二次绕组之间及对地的工频耐压试验电压为2 kV，可用2 500 V兆欧表代替	必要时，如怀疑有绝缘故障，或补气较多时（表压小于0.2 MPa），或卧倒运输后
8	各分接头的变比检查	（1）大修后 （2）必要时	（1）与铭牌标志相符合 （2）比值差和相位差与制造厂试验值比较应无明显变化，并符合等级规定	（1）对于计量计费用绕组应测量比值差和相位差 （2）必要时，如改变变比分接头运行时
9	校核励磁特性曲线	必要时	（1）与同类互感器特性曲线或制造厂提供的特性曲线相比较，应无明显差别 （2）多抽头电流互感器可在使用抽头或最大抽头测量	
10	红外检测	（1）500 kV：1年6次或以上；220 kV：1年4次或以上；110 kV：1年2次或以上 （2）必要时	按《带电设备红外诊断应用规范》（DL/T 664—2008）执行	（1）用红外热像仪测量 （2）结合运行巡视进行，试验人员每年至少进行一次红外检测，同时加强对电压致热型设备的检测，并记录红外成像谱图 （3）必要时，如怀疑有过热缺陷时

5. 电压互感器项目

1）电磁式电压互感器（油浸式绝缘）

电磁式电压互感器（油浸式绝缘）的试验项目、周期和要求如表4-15所示。

表4-15 电磁式电压互感器（油浸式绝缘）的试验项目、周期和要求

序号	项目	周期	要求	说明
1	绝缘电阻	（1）35 kV、110 kV：6年；220 kV：3年 （2）大修后 （3）必要时	不应低于出厂值或初始值的70%	（1）采用2 500 V兆欧表 （2）必要时，如怀疑有绝缘缺陷时

续表

<table>
<tr><th>序号</th><th>项目</th><th>周期</th><th>要求</th><th>说明</th></tr>
<tr><td>2</td><td>tanδ（35 kV及以上）</td><td>（1）绕组绝缘：35 kV、110 kV：6年；220 kV：3年；大修后；必要时
（2）110 kV及以上串级式电压互感器支架</td><td>（1）tanδ（%）不应大于下表中数值：
<table>
<tr><td colspan="2">温度（°C）</td><td>5</td><td>10</td><td>20</td><td>30</td><td>40</td></tr>
<tr><td rowspan="2">35 kV</td><td>大修后</td><td>1.5</td><td>2.5</td><td>3.0</td><td>5.0</td><td>7.0</td></tr>
<tr><td>运行中</td><td>2.0</td><td>2.5</td><td>3.5</td><td>5.5</td><td>8.0</td></tr>
<tr><td rowspan="2">110 kV及以上</td><td>大修后</td><td>1.0</td><td>1.5</td><td>2.0</td><td>3.5</td><td>5.0</td></tr>
<tr><td>运行中</td><td>1.5</td><td>2.0</td><td>2.5</td><td>4.0</td><td>5.5</td></tr>
</table></td><td>前后对比宜采用同一试验方法</td></tr>
<tr><td></td><td></td><td></td><td>（2）与历次试验结果相比无明显变化
（3）支架绝缘tanδ一般不大于6%</td><td></td></tr>
<tr><td>3</td><td>油中溶解气体色谱分析及油中水分含量测定</td><td>（1）35 kV以上设备：3年
（2）大修后
（3）必要时</td><td>（1）油中溶解气体组份含量（μL/L）超过下列任一值时应引起注意：总烃：100；H_2：150；C_2H_2：2（220 kV）/3（110 kV）
（2）油中水分含量（mg/L）不应大于下表规定：
<table>
<tr><td>电压等级/kV</td><td>投运前</td><td>运行中</td></tr>
<tr><td>220</td><td>15</td><td>25</td></tr>
<tr><td>110</td><td>20</td><td>35</td></tr>
</table></td><td>（1）全密封互感器按制造厂要求进行
（2）出现C_2H_2时，应缩短试验周期，C_2H_2含量超过注意值时，应考虑更换
（3）必要时，如怀疑有内部放电时</td></tr>
<tr><td>4</td><td>交流耐压试验</td><td>（1）大修后
（2）必要时</td><td>（1）一次绕组按出厂值的0.8倍进行
（2）二次绕组之间及其对地的工频耐压标准为2 kV，可用2 500 V兆欧表代替</td><td>（1）串级式或分级绝缘式的互感器用倍频感应耐压试验，同时应考虑互感器的容升电压（频率150 Hz时，110 kV为5%，220 kV为10%）
（2）耐压试验前后，应检查绝缘情况
（3）必要时，如怀疑有绝缘缺陷时</td></tr>
<tr><td>5</td><td>局部放电测量</td><td>必要时</td><td>油浸式相对地电压互感器在电压为$1.2U_m/\sqrt{3}$时，放电量不大于20 pC</td><td>（1）只对110 kV及220 kV进行测量
（2）必要时，如对绝缘性能有怀疑时</td></tr>
<tr><td>6</td><td>空载电流和励磁特性</td><td>大修后</td><td>（1）在额定电压下，空载电流与出厂值比较无明显差别
（2）在下列试验电压下，空载电流不应大于最大允许电流：中性点非有效接地系统$1.9U_n/\sqrt{3}$，中性点接地系统$1.5U_n/\sqrt{3}$</td><td></td></tr>
</table>

续表

序号	项目	周　期	要　求		说　明
7	连接组别和极性	更换绕组后	与铭牌和端子标志相符		
8	电压比	更换绕组后	与铭牌标志相符		
9	绕组直流电阻测量	大修后	与初始值或出厂值相比较，应无明显差别		
10	绝缘油击穿电压，kV	（1）大修后 （2）必要时	投运前，额定电压 35 kV 要求大于 35 kV，额定电压 110 kV 或 220 kV，要求大于 40 kV	运行中，额定电压 35 kV 要求大于 30 kV，额定电压 110 kV 或 220 kV，要求大于 35 kV	（1）电极形状应严格按相应试验方法的规定执行，表中指标是 220 kV 及以下设备采用平板电极 （2）必要时，如对绝缘有怀疑时
11	红外检测	（1）220 kV：1 年 4 次或以上；110 kV：1 年 2 次或以上 （2）必要时	按《带电设备红外诊断应用规范》（DL/T 664—2008）执行		（1）用红外热像仪测量 （2）结合运行巡视进行，试验人员每年至少进行一次红外检测，同时加强对电压致热型设备的检测，并记录红外成像谱图 （3）必要时，如怀疑有过热缺陷时

2）电磁式电压互感器（SF_6 气体绝缘）

电磁式电压互感器（SF_6 气体绝缘）的试验项目、周期和要求如表 4-16 所示。

表 4-16　电磁式电压互感器（SF_6 气体绝缘）的试验项目、周期和要求

序号	项目	周　期	要　求	说　明
1	SF_6 气体的湿度（20 °C 的体积分数）（μL/L）	（1）投产后 1 年 1 次，如无异常，3 年 1 次 （2）大修后 （3）必要时	运行中：≤ 500 μL/L 大修后：≤ 250 μL/L	（1）按《工业六氟化硫》（GB 12022）、《六氟化硫气体湿度测定法（电解法）》（DL/T 915）和《现场 SF_6 气体水分测量方法》（DL 506）进行 （2）必要时，如：新装及大修后 1 年内复测湿度不符合要求，漏气超过表 12 中序号 2 的要求，设备异常时

续表

序号	项目	周期	要求	说明
2	SF_6气体泄漏试验	（1）大修后 （2）必要时	应无明显漏点	（1）按《电力设备预防性试验规程》、《运行中变压器用六氟化硫质量标准》、《高压开关设备六氟化硫气体密封试验方法》进行 （2）对检测到的漏点可采用局部包扎法检漏，每个密封部位包扎后历时5小时，测得的SF_6气体含量（体积分数）不大于30 μL/L
3	现场分解产物测试（μL/L）	（1）投产后1年1次，如无异常，3年1次 （2）大修后 （3）必要时	超过以下参考值需引起注意： （1）SO_2：不大于3 μL/L （2）H_2S：不大于2 μL/L （3）CO：不大于100 μL/L	（1）建议结合现场湿度测试进行，参考《六氟化硫电气设备中气体管理和检验导则》（GB 8905—2012） （2）必要时，如怀疑有故障时
4	实验室分解产物测试	必要时	检测组分：CF_4、SO_2、SOF_2、SO_2F_2、SF_4、S_2OF_{10}、HF	必要时，如现场分解产物测试超参考值或有增长时
5	绝缘电阻	（1）大修后 （2）必要时	不应低于出厂值或初始值的70%	（1）采用2 500 V兆欧表 （2）必要时，如怀疑有绝缘缺陷时
6	交流耐压试验	（1）大修后 （2）必要时	（1）一次绕组按出厂值的0.8倍进行 （2）二次绕组之间及末屏对地的工频耐压试验电压为2 kV，可用2 500 V兆欧表代替	（1）用倍频感应耐压试验时，应考虑互感器的容升电压 （2）必要时，如怀疑有绝缘故障时；补气较多时（表压小于0.2 MPa）
7	空载电流和励磁特性	大修后	（1）在额定电压下，空载电流与出厂值比较无明显差别 （2）在下列试验电压下，空载电流不应大于最大允许电流：中性点非有效接地系统$1.9U_n/\sqrt{3}$；中性点接地系统$1.5U_n/\sqrt{3}$	
8	联结组别和极性	更换绕组后	与铭牌和端子标志相符	
9	电压比	更换绕组后	与铭牌标志相符	

续表

序号	项目	周　期	要　求	说　明
10	绕组直流电阻	大修后	与初始值或出厂值比较，应无明显差别	
11	红外检测	（1）220 kV：1 年 4 次或以上；110 kV：1 年 2 次或以上； （2）必要时	按《带电设备红外诊断应用规范》（DL/T 664—2008）执行	（1）用红外热像仪测量 （2）结合运行巡视进行，试验人员每年至少进行一次红外检测，同时加强对电压致热型设备的检测，并记录红外成像谱图 （3）必要时，如怀疑有过热缺陷时

项目诊断单

表 4-17　电流互感器（CT）高压试验项目检测故障一览表

序号	试验项目	绝缘故障				绕组
		主绝缘	整体受潮	放电	过热	
1	绝缘电阻	√	√			
2	介质损耗与电容量	√	√			√
3	绝缘油	√	√			
4	气相色谱	√	√	√	√	
5	绕组直流电阻					√
6	局部放电			√		
7	极性试验					√
8	耐压试验	√	√			√

表 4-18　电压互感器（PT）高压试验项目检测故障一览表

序号	试验项目	绝缘故障				绕组	铁心
		主绝缘	整体受潮	放电	过热		
1	绝缘电阻	√	√				
2	20 kV 及以上互感器的 $\tan\delta$	√	√			√	
3	一、二次绕组直流电阻					√	
4	气相色谱	√	√	√	√		√
5	耐压试验	√	√			√	√

复习与思考

1. 请阐述电磁式电压互感器（油浸式绝缘）的试验项目、周期和要求。
2. 请列出电流互感器（CT）高压试验项目，并说明可以检测哪些故障。

第四节　电力电缆检测

1. 城轨电缆试验

由于城轨电压等级原因，有 110 kV 和 35 kV、10 kV 和 DC 1 500 V。采用 110 kV 电缆和 35 kV（33 kV）电缆均为单芯铜电缆，110 kV 交联聚乙烯电缆常用型号 2XKLDE2Y，带波纹铝护套，其规格是 64 kV/110 kV，400 mm^2；33 kV 交联聚乙烯电缆规格是 18/30（36）kV，横截面有 300 mm^2 和 240 mm^2 两种，对电缆的保护主要是导引线差动保护。如图 4-21 所示为城轨常用三种电压电缆。

（a）110 kV　（b）35 kV　（c）0.4 kV

图 4-21　城轨常用三种电压电缆

在城轨电缆试验中，需要对电缆以下指标参数进行检测，这都是衡量电缆最关键的指标点。

1）导线直流电阻的测量

导线直流电阻是电缆电气性能的主要指标，通过此项的检查可以发现生产工艺中的某些缺陷：如导线断裂或其中部分单线断裂；导线截面不符合标准；产品的长度不正确等。对电力电缆，还可检查其是否会影响电缆产品的运行中允许载流量。对导体直流电阻的测量有单臂直流电阻法和双臂直流电桥法，后者的准确度较前者高一些。测试步骤也较前者复杂。

2）绝缘电阻的测试

绝缘电阻是反映电线电缆产品绝缘特性的重要指标，与耐电强度、介质损耗以及绝缘材料在工作状态下的逐渐劣化等均有密切的关系。测定绝缘电阻可以发现工艺中的缺陷，如绝缘干燥不透或护套损伤受潮；绝缘受到污染和有导电杂质混入；各种原因引起的绝缘层开裂等。在电缆的运行中，经常要检测绝缘电阻和泄漏电流，以此作为是否能够继续安全运行的主要依据。目前电缆绝缘电阻的测量，除了用欧姆表（摇表）外，常用的有检流计比较法、高阻计法（电压-电流法）。

配套数字资源

视频 4.4.1　电力电缆绝缘电阻测试

3）电容及损耗因数的测量

电缆的电容是电缆的主要的电性能参数之一。在交流电场中，电缆中的绝缘体由于泄漏电流和各种极化存在,会形成介质损耗,以介质损耗因数或损耗角正切值($\tan\delta$)来表示，消耗电能同时也会使介质绝缘体发热，加速绝缘老化，因此 $\tan\delta$ 也是电缆主要参数。通过电容和损耗因数的测量可以发现绝缘受潮，绝缘层和屏蔽层脱落等各种绝缘劣化现象，因此无论在电缆制造或电缆运行中都进行电容和 $\tan\delta$ 的测量。对高压电缆，C_x 和 $\tan\delta$ 的测量都在其工作条件下，即工频高压下进行的，通常使用的都是高压西林电桥。

4）绝缘强度试验

电缆的绝缘强度是指绝缘结构和绝缘材料承受电场作用而不发生击穿破坏的能力，为了确保证电缆能安全运行，所有绝缘类型的电缆一般都要进行绝缘强度试验。绝缘强度试验可分为耐压试验和击穿试验。

耐电压试验是在一定条件下对试品施加一定的电压，在经历一定时间后，以是否发生击穿作为判断试品是否合格的标准。施加的电压一般高于该试品的额定工作电压，具体电压值和耐压时间，产品标准中均有规定，通过耐压试验可以考验产品在工作电压下运行的可靠性和发现绝缘中的严重缺陷，也可发现生产工艺的一些缺点，如：绝缘有严重外部损伤，导体上有使电场急剧畸变的严重缺陷；绝缘在生产中有穿透性缺陷或大的导电杂质等。

击穿试验是在一定的试验条件下，升高电压直到试品发生击穿为止，测量击穿场强或击穿电压。通过击穿试验可以考核电缆承受电压的能力与工作电压之间的安全裕度。击穿场强是电缆设计中的重要参数之一。电缆在运行中一般承受的是交流电压，但在直流输电系统中及某些特殊场合也有承受直流电压的，对于高电压电缆还可能要遭受大气电压（雷电）和操作过电压的袭击。因此，按试验电压波形的不同，可以分为交流（工频）电压、直流电压、冲击电压三种绝缘强度试验。

5）局部放电测量

充油电缆基本上没有局部放电，油纸电缆即使有局部放电，通常也是很微弱的，因此这些电缆在出厂试验中可以不测局部放电。对于挤塑电缆，不但产生局部放电的可能性大，而且局部放电对塑料、橡皮的破坏也比较严重，随着电压等级的提高，工作场强的提高，这问题就显得更加严重，因此对高压挤塑电缆，在出厂试验中都要做局部放电测量。局部放电的测量方法很多，可以根据放电产生的瞬时电荷交换，测量放电脉冲（电测法）；也可根据放电时产生的超声波，测量其电压（声测法）；还可根据放电产生的光，测量光的强度（光测法）。对于电缆基本上都是采用电测法。

配套数字资源

视频 4.4.2　电缆局放试验

2. AC 35 kV 电力电缆试验

1）试验设备

直流耐压测试仪 1 套、隔离变 1 台、绝缘堵头 1 组（3 个）、试验堵头 1 组（3 个）、高频对讲机 1 对、磁式手摇电话机 1 对。

2）试验方法

试验时电缆两头各需 4 人，其中一头为试验侧，另一头为防护侧，两侧分别指定 1 人负责通信联络和安全防护工作，另 3 人分别负责试验和拆装绝缘罩。一次性安装好一组（3 个）绝缘罩后开始试验。对于所内电缆可使用高频对讲机进行通信联络，对于环网电缆，可利用磁式手摇电话机通过所间另一组高压电缆或所间差动保护光纤钢芯与地作为通道进行通信联络。所间两组电缆试验完后，试验侧不动，防护侧转移至相邻另一所开始另一所间电缆试验。

3）试验项目

主要试验项目如下：绝缘电阻测试、直流耐压与泄漏电流测试、相位检查。如表 4-19 所示是某城轨 35 kV 交流电缆试验项目表。

表 4-19　35 kV 交流电缆试验

试验报告

<table>
<tr><td>工程名称</td><td colspan="2">×××</td><td>检验类别</td><td>交接试验</td></tr>
<tr><td>系　　统</td><td colspan="2">牵引供电系统</td><td>检验日期</td><td></td></tr>
<tr><td>检验依据</td><td colspan="4"></td></tr>
<tr><td>评判依据</td><td colspan="4"></td></tr>
<tr><td>厂　　家</td><td colspan="2"></td><td>型　　号</td><td></td></tr>
<tr><td>长　　度</td><td colspan="2"></td><td>芯　　数</td><td>1</td></tr>
<tr><td>敷设路径</td><td colspan="2"></td><td>额定电压</td><td>21/35 kV</td></tr>
<tr><td>出厂日期</td><td colspan="4"></td></tr>
<tr><td>相　线</td><td>L1</td><td>L2</td><td>L3</td><td>标准规定值</td></tr>
</table>

续表

1. 绝缘电阻测试					单位：MΩ
耐压试验前的绝缘值					/
耐压试验后的绝缘值					
2. 直流耐压试验及泄漏电流测量					
试验电压/kV	时间/min				泄漏电流稳定，不随时间延长而上升
14 kV	1				
25 kV	1				
40 kV	1				
55 kV	1				
63 kV	15				
3. 相位检查					
结　果：					
结　论：					
备　注：					

配套数字资源

视频 4.4.3　电缆核相

视频 4.4.4　电力电缆检修

视频 4.4.5　电缆路径查找

视频 4.4.6　电缆故障查找

3. 1 500 V 直流电缆试验

主要试验项目如下：绝缘电阻测试、直流耐压与泄漏电流测试、接线检查。如表 4-20 所示是某城轨 1 500 V 直流电缆试验项目表。

表 4-20　1 500 V 直流电缆试验

检验报告

项　　目	××××	检验类别	交接试验
系　　统	牵引供电系统	检验日期	
检验依据			
评判依据			

制造厂家	××××	型号规格	DWZA-YJS54-1.5-（1*400）	出厂日期：	
额定电压	1 500 V	截　　面	400 mm^2		

电缆敷设路径								标准规定值
1. 绝缘电阻测试　　单位：MΩ								
耐压试验前的绝缘值								/
耐压试验后的绝缘值								

2. 直流耐压试验及泄漏电流测量

试验电压/kV	时间/min	泄漏电流/μA							
1 kV	1								
2 kV	1								泄漏电流稳定，不随时间延长而上升
3 kV	1								
4 kV	1								
5 kV	1								
6 kV	15								

3. 接线检查

结　果：

结　论：

备　注：

项目诊断单

表 4-21　电缆高压试验项目检测故障一览表

序号	试验项目	绝缘方面				护套	缆芯
		主绝缘	整体受潮	局部放电	过热		
1	绝缘电阻	√	√			√	
2	直流耐压试验及泄漏电流测量	√	√			√	
3	交流耐压试验	√	√			√	
4	$\tan\delta$ 的测量	√	√		√		
5	检查电缆线路的相位						√
6	局部放电			√			
7	电缆故障查找	√				√	√

复习与思考

1. 城轨供电系统有哪几种电压等级的电缆？各用于哪个场所的电压？
2. 交流和直流电缆在耐压试验中有何不同？

第五节　避雷器试验

目前城轨主变电所从外电源获得电力的主要方式为：电缆和架空线路两种方式。如果采用 110 kV 电缆供电，城轨 110 kV 系统地下一般不设置避雷器，但是在出口处设置避雷器，防止操作过电压。架空线路供电方式时，需设置避雷器。如图 4-22 所示为不同电压等级金属氧化物避雷器。

以 10 kV 电站型氧化锌避雷器 HY5WZ-17/45 为例说明其型号含义及测量参数。

- HY：复合绝缘外套；
- 5：标称放电电流 5 kA；
- W：无间隙；
- Z：电站型；
- 17 kV：额定电压；
- 45 kV：标称放电电流下残压；
- 系统电压是：10 kV；
- 持续运行电压：136 kV；
- 直流 1 mA 参考电压：24 kV；

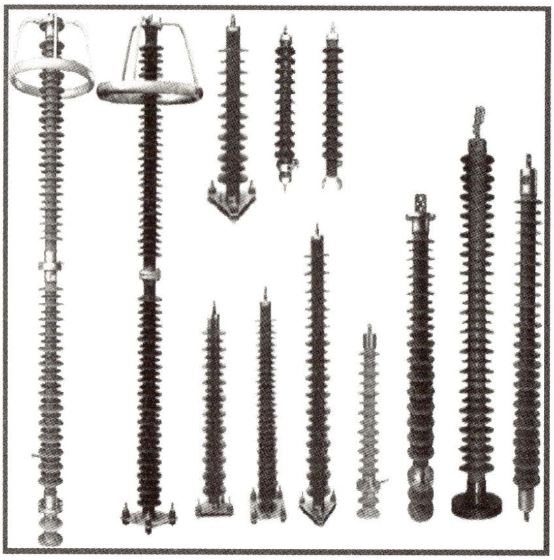

图 4-22 不同电压等级金属氧化物避雷器

- 陡波冲击残压：51.8 kV；
- 2 ms 的方波电流：200A。

配套数字资源

视频 4.5.1 氧化锌避雷器认知

城轨 35 kV（33 kV）电压系统通过 GIS 开关两路接入，在每段母线上设置一组避雷器，交流 35 kV 电压母线上设置的避雷器一般采用金属氧化物避雷器。

城轨避雷器类型主要为 AC 35 kV（33 kV）和 DC 1 500 V 两种电压，城轨避雷器试验项目内容主要有：

1. 城轨交流避雷器试验项目

根据《电力设备预防性试验规程》(以下简称《规程》) 的规定，预防性试验项目一般包括：绝缘电阻测试、直流 1 mA 下的直流参考电压 $U_{1\ mA}$ 测试、$0.75U_{1\ mA}$ 直流电压下的泄漏电流测试、运行电压下的交流泄漏电流测试以及检验放电计数器动作情况。

1）绝缘电阻测试

测量避雷器的绝缘电阻，可以初步了解其内部是否受潮，还可以检查内部熔断件是否断掉，从而及时发现缺陷。《规程》规定对 35 kV 及以下的避雷器，用 2 500 V 兆欧表测量，测量的绝缘电阻值不应低于 1 000 MΩ。2）直流 1 mA 下的直流参考电压 $U_{1\ mA}$ 测试测量避雷器的 $U_{1\ mA}$ 主要是检查其阀片是否受潮，确定其动作性能是否符合要求。对测量结果采用比较法进行判断，《规程》规定，$U_{1\ \mathrm{mA}}$ 与初始值相比较，变化值应不大于+5%。

2）$0.75U_{1\ \mathrm{mA}}$ 直流电压下的泄漏电流测试

测量时应首先测出 $U_{1\ \mathrm{mA}}$，然后再在 $0.75U_{1\ \mathrm{mA}}$ 下读取相应的泄漏电流值 $I_{0.75U1\ \mathrm{mA}}$。根据《规程》规定，$0.75U_{1\ \mathrm{mA}}$ 下的泄漏电流值应不大于 50 μA。

3）运行电压下的交流泄漏电流

在交流电压作用下，避雷器的总泄漏电流包含阻性电流（有功分量）和容性电流（无功分量）。在正常运行情况下，流过避雷器的主要电流为容性电流，阻性电流只占很小一部分，为 10% ~ 20%。但当阀片老化，避雷器受潮、内部绝缘部件受损以及表面严重污秽时，容性电流变化不多，而阻性电流却大大增加。根据《规程》规定，测量值与初始值比较，不应有明显变化。

4）放电计数器动作情况

利用放电计数器校验仪器检验计数器动作情况。根据《规程》规定，测试 3 ~ 5 次，均应正常动作。

2. 城轨直流避雷器试验项目

城轨直流 1 500 V 电压等级避雷器预防性试验按照种类的不同，预防性试验方法也不尽相同。整流器及直流母排上设置的避雷器由于采用的也是金属氧化物避雷器，故预防性试验项目及方法同 35 kV 电压等级避雷器基本相同，只是不需做运行电压下的交流泄漏电流。

接触网或接触轨上设置的避雷器，既有普通的金属氧化物避雷器，也有带串联间隙氧化物避雷器，故其试验内容与金属氧化物避雷器有不同之处。串联间隙氧化物避雷器，就是在一个无串联间隙氧化物避雷器的本体上，再串联一个间隙而构成。此间隙主要起到绝缘和放电的作用。串联间隙氧化锌避雷器的一般预防性试验项目包括：绝缘电阻测试、泄漏电流测试、直流放电电压测试以及放电计数器动作检验情况。绝缘电阻测试以及放电计数器动作情况测试方法同交流中所述相同。

1）泄漏电流测试

在避雷器两端施加直流系统额定电压，其电压脉动系数不得超过 3%，测量的泄漏电流值不得大于 10 μA。测量直流 1 mA 时直流参考电压 $U_{1\ \mathrm{mA}}$ 和 $75\%U_{1\ \mathrm{mA}}$ 时直流泄漏 $I_{0.75U1\ \mathrm{mA}}$。

2）直流放电电压测试

本试验使用的直流电压，其电压脉动系数不得超过 3%。试验应在完整的避雷器上进行，施加到试品上的电压应从零开始在电压表能准确读出条件下均匀地升到试品放电为止，每次放电后，应在时间为 0.5 s 内切断电源，通过试品的直流电流应限制在 0.05 ~ 0.1 A，每次施加电压的时间间隔应小于 10 s。测试次数不少于 3 次，每次放电电压应不小于 3.6 V。

3. 避雷器试验标准

金属氧化物避雷器的试验项目、周期和要求见表 4-22。

表 4-22 金属氧化物避雷器的试验项目、周期和要求

序号	项 目	周 期	要 求	说 明
1	运行电压下的交流泄漏电流带电测试	（1）35 kV 及以上：新投运后半年内测量一次，运行一年后每年雷雨季前 1 次 （2）怀疑有缺陷时	（1）测量运行电压下全电流、阻性电流或功率损耗，测量值与初始值比较不应有明显变化 （2）测量值与初始值比较，当阻性电流增加 50%时应该分析原因，加强监测、适当缩短检测周期；当阻性电流增加 1 倍时应停电检查	（1）35 kV 及以上运行中避雷器应采用带电（或在线）测量方式，如避雷器不具备带电测试条件时（如变压器中性点避雷器、500 kV 主变的 35 kV 避雷器等），应结合变压器停电周期安排停电测试 （2）应记录测量时的环境温度、相对湿度和运行电压 （3）带电测量宜在避雷器外套表面干燥时进行；应注意相间干扰的影响 （4）避雷器（放电计数器）带有全电流在线检测装置的不能替代本项目试验，应定期记录读数（至少每 1 个月一次），发现异常应及时带电或停电进行阻性电流测试
2	红外检测	（1）500 kV：1 年 6 次或以上；220 kV：1 年 4 次或以上；110 kV：1 年 2 次或以上 （2）怀疑有缺陷时	按《带电设备红外诊断应用规范》（DL/T 664—2008）执行	（1）采用红外热像仪 （2）发现热像图异常时应结合带电测试综合分析，再决定是否进行停电试验和检查 （3）结合运行巡视进行
3	检查放电计数器动作情况	（1）每年雷雨季前 （2）怀疑有缺陷时	测试 3～5 次，均应正常动作	结合带电测试进行
4	绝缘电阻	（1）35 kV、110 kV：6 年；220 kV、500 kV：3 年 （2）怀疑有缺陷时	（1）35 kV 以上：不小于 2 500 MΩ （2）35 kV 及以下：不小于 1 000 MΩ	采用 2 500 V 及以上兆欧表

续表

序号	项 目	周 期	要 求	说 明
5	直流 1 mA 电压 $U_{1\,mA}$ 及 $0.75U_{1\,mA}$ 下的泄漏电流	（1）35 kV、110 kV：6 年；220 kV、500 kV：3 年 （2）怀疑有缺陷时	（1）不低于 GB 11032 规定值 （2）$U_{1\,mA}$ 实测值与初始值或制造厂规定值比较，变化不应大于±5% （3）$0.75U_{1\,mA}$ 下的泄漏电流不应大于 50 μA	（1）要记录环境温度和相对湿度，测量电流的导线应使用屏蔽线 （2）初始值系指交接试验或投产试验时的测量值 （3）避雷器怀疑有缺陷时应同时进行交流试验
6	底座绝缘电阻	（1）35 kV、110 kV：6 年；220 kV、500 kV：3 年 （2）怀疑有缺陷时	不小于 5 MΩ	采用 2 500 V 及以上兆欧表
7	工频参考电流下的工频参考电压	35 kV 及以上；怀疑有缺陷时	应符合 GB 11032 或制造厂的规定	（1）测量环境温度（20±15）°C （2）测量应每节单独进行，整相避雷器有一节不合格，宜整相更换
注：（1）每年定期进行运行电压下全电流及阻性电流带电测量的，对序号 4～7 的项目可不做定期试验 （2）安装在变电站终端塔上的无间隙金属氧化物避雷器的预防性试验周期和要求等同于变电站内金属氧化物避雷器，如进行交流阻性电流带电测试有困难时可加强红外检测、全电流监视和巡视频度，或采取抽检的方式，也可结合线路停电安排停电试验				

4. GIS 用金属氧化物避雷器

GIS 用金属氧化物避雷器的试验项目、周期和要求如表 4-23 所示。

表 4-23 GIS 用金属氧化物避雷器的试验项目、周期和要求

序号	项 目	周 期	要 求	说 明
1	运行电压下的交流泄漏电流	（1）新投运后半年内测量一次，运行一年后每年雷雨季前 1 次 （2）怀疑有缺陷时	（1）测量全电流、阻性电流或功率损耗，测量值与初始值比较，不应有明显变化 （2）当阻性电流增加 50%时应分析原因，加强监测、缩短检测周期；当阻性电流增加 1 倍时必须停电检查	（1）采用带电测量方式，测量时应记录运行电压 （2）避雷器（放电计数器）带有全电流在线检测装置的不能替代本项目试验，应定期记录读数（至少每 3 个月一次），发现异常应及时进行阻性电流测试
2	检查放电计数器动作情况	怀疑有缺陷时	测试 3～5 次，均应正常动作	

5. 线路用带串联间隙金属氧化物避雷器

线路用带串联间隙金属氧化物避雷器的试验项目、周期和要求如表 4-24 所示。

表 4-24　线路用带串联间隙金属氧化物避雷器的试验项目、周期和要求

序号	项　目	周　期	要　求	说　明
1	本体绝缘电阻	必要时	（1）35 kV 以上不低于 2 500 MΩ （2）35 kV 及以下不低于 1 000 MΩ	采用 2 500 V 及以上兆欧表
2	本体直流 1 mA 电压 $U_{1\ \mathrm{mA}}$ 及 $0.75U_{1\ \mathrm{mA}}$ 下的泄漏电流	必要时	（1）不得低于 GB 11032 规定值 （2）$U_{1\ \mathrm{mA}}$ 实测值与初始值或制造厂规定值比较，变化不应大于 ±5% （3）$0.75U_{1\ \mathrm{mA}}$ 下的泄漏电流不应大于 50 μA	
3	本体运行电压下的交流泄漏电流	必要时	（1）测量全电流、阻性电流或功率损耗，测量值与初始值比较，不应有明显变化 （2）当阻性电流增加 50%时应分析原因；当阻性电流增加 1 倍时应退出运行	
4	本体工频参考电流下的工频参考电压	必要时	应符合 GB 11032 或制造厂的规定	
5	检查放电计数器动作情况	必要时	测试 3～5 次，均应正常动作	
6	复合外套、串联间隙及支撑件的外观检查	必要时	（1）复合外套及支撑件表面不应有明显或较大面积的缺陷（如破损、开裂等） （2）串联间隙不应有明显的变形	
注：线路用带串联间隙金属氧化物避雷器主要强调抽样试验，必要时指： （1）每年根据运行年限和放电动作次数等因素确定抽样比例，将运行时间比较长或动作次数比较多的避雷器拆下进行预防性试验 （2）怀疑避雷器有缺陷时				

项目诊断单

表 4-25 避雷器高压试验项目检测故障一览表

序号	试验项目	绝缘方面				瓷套	计数器
		主绝缘	整体受潮	局部缺陷	过热性故障		
1	绝缘电阻	√	√			√	
2	直流 1 mA 电压（$U_{1\,\mathrm{mA}}$）及 $0.75U_{1\,\mathrm{mA}}$ 下的泄漏电流（氧化物）	√	√	√	√	√	
3	底座绝缘电阻	√	√			√	
4	检查放电计数器动作情况						√
5	运行电压下的交流泄漏电流	√		√	√	√	
6	工频参考电流下的工频参考电压	√		√		√	

配套数字资源

视频 4.5.2 避雷器绝缘电阻测量

视频 4.5.3 氧化锌避雷器测量仪及使用

视频 4.5.4 避雷器泄漏电流试验

视频 4.5.5 避雷器泄漏电流试验（理论讲授）

视频 4.5.6 避雷器计数器测量

复习与思考

1. 测量直流 1 mA 下的直流参考电压 $U_{1\,\mathrm{mA}}$ 测试的工程应用意义是什么？
2. 测量 $0.75U_{1\,\mathrm{mA}}$ 直流电压下的泄漏电流的目的是什么？
3. 如何测量金属氧化物避雷器的工频参考电压？
4. 请说明避雷器 JS 型放电记录器的原理及检查方法。

第六节　直流开关柜

通常轨道交通的供电系统是将 35 kV（33 kV）高压交流电通过变压器和高负荷牵引整流器转换为 1 500 V 直流电压，然后将 1 500 V 直流电压引入直流开关柜，通过开关柜分配到各个供电母排，通过第三轨或者接触网对机车进行供电。直流开关柜是城轨直流供电系统中重要的一个环节，目前最常用的是 1 500 VDC 架空接触网双边供电方式的供电方式。

直流开关柜作为城市轨道交通直流牵引系统主电路、过载保护之用。直流开关柜按照用途可以分为：进线柜（又称正极柜）、馈线柜（备用柜）、负极柜和轨电位保护柜四种基本类型。目前主流的直流开关柜的额定工作电压为 DC 750 V 及 DC 1 500 V，额定工作电流为 6 000 A 以下。常见的直流开关柜有：断路器手车进线柜（馈线柜）、电动隔离开关进线柜（馈线柜、负极柜）、带隔离开关的手车进线柜（馈线柜）等。

直流开关柜属于快速开断设备，它是空气绝缘、户内安装的封闭分隔式成套设备。开关柜由一系列标准化单元组合，开关柜内按用户要求可隔成不同的功能小室，功能小室通常有低压控制室、断路器手车室、主母线室、一次电缆室、隔离开关室等。如图 4-23 所示为 DC 1 500 V 开关柜。

图 4-23　DC 1 500 V 开关柜

直流系列开关设备按结构分类，可分为两大类：

（1）由断路器手车组成的抽出式开关柜；

（2）由隔离开关组成的固定式开关柜。

直流开关柜主要由断路器、隔离开关、隔离器变送器和终端保护（又称继保）四大部件组成。

一、城轨直流设备概述

直流 1 500 V 供电系统由 1 500 V 直流开关柜、整流变压器、整流器、排流柜等主要设备组成。直流开关柜主要用于 DC 1 500 V 的电能分配，通过正线柜及馈线柜给接触网供电，再通过列车回流到负极柜，最后回到负极。直流开关柜可通过开关对接触网的供电进行控制，合理分配电能。

1 500 V 直流开关柜为具有标准防护等级的金属封闭结构，包含正极柜（进线柜）、馈线柜和负极柜。断路器或电动隔离开关的操作设备和控制、测量、保护元件，以及母排、电源和辅助连接等二次元件。这些设备除完成当地控制、测量保护功能所需的必要元件外，还装设为实现远方监控所必需的各种转换开关和数据传输、电光转换所必需的元件。如图 4-24 所示为城轨直流开关柜组成。

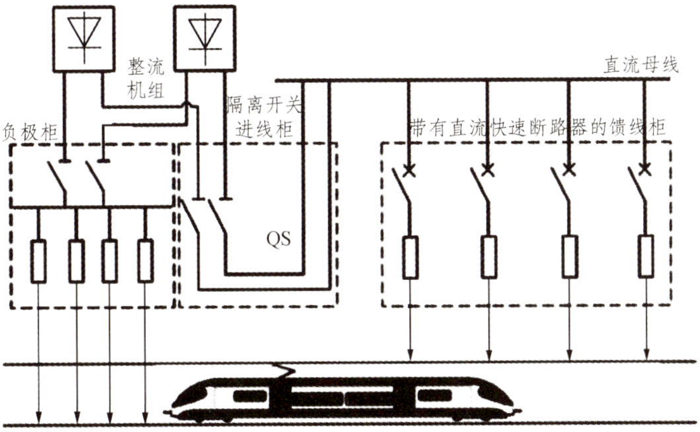

图 4-24　城轨直流开关柜组成

1. 1 500 V 直流开关柜

1）馈线柜

馈线柜是安装于 1 500 V 直流正极母线与接触网上网隔离开关之间的设备，其内配置 1 500 V 正极母线、直流快速断路器、分流器以及微机综合保护控制装置，实现向牵引网直流馈电的控制和保护。

2）进线柜（正极柜）

进线柜是用于连接整流器阀侧正极与 1 500 V 正极母线间的开关设备，实现整流机组向 1 500 V 直流正极母线馈电的控制。进线柜采用电动隔离开关，其合 / 分操作与 35 kV 整流变开关有硬接线的电气联锁。还有一组 PLC，可对正极柜内的电动隔离开关进行控制，并实现各柜信号收集、电流采集及正极电动隔离开关的控制功能。

3）负极柜

负极柜是连接于整流器阀侧负极与回流钢轨之间的开关设备，柜内装设手动隔离开关，开关柜前部设可锁住的金属门，上部有一个低压元件室。负极柜内还设置一套 Simatic PLC，用于框架故障保护、信息（隔离开关位置等）采集和变电所综合自动化系统进行通信，具有与当地 PC 和所内综合自动化 SCADA 系统进行通信的两个独立的标准通信接口。

2. 整流变压器、整流器

整流变压器的主要作用是将 35 kV 的交流电转换成 1 180 V 的交流电，与整流器结合在一起，再将交流电转换成 1 500 V 的直流电，用于列车的运行。牵引变电所的两套整流机组接于同一段 35 kV 母线，两套整流机组并列运行。两进线隔离开关合闸，所有馈线柜断路器合闸，分别给不同区间的接触网区段供电，两台负极隔离开关合闸。

3. 排流柜

排流柜是杂散电流腐蚀防护系统中的重要设备，主要是由硅二极管 D_1、可调节电阻 R_1、固定限流电阻 R_2、自动排流部分、显示部分和保护部分组成。利用硅二极管的正向导通反向截止的特性，实现杂散电流的极性排流。

直流开关设备为标称工作电压直流 1 500 V 及以下、户内安装、空气绝缘的金属封闭式成套设备。结构上分各种功能小室。功能小室通常有：低压室、断路器手车室、母线室、电缆室。其主要用于直流牵引供电系统，作为直流电能分配，实现对馈线，接触网或接触轨等设备的测控、保护和上位监控设备的总线通信。直流开关设备除了带有完成当地控制测量、保护功能所必需的元器件外，还配置了为实现远方监控用的转换开关及数据传送用的界面接口。

二、1 500 V 直流开关柜试验

城轨直流设备主要设备为 1 500 V 直流开关柜，断路器采用直流快速断路器。如表 4-26 所示为 1 500 V 直流开关柜试验项目。

表 4-26　1 500 V 直流开关柜试验项目

序号	试验项目	标准要求	试验方法
1	主回路绝缘电阻和工频耐压试验	（1）绝缘电阻与厂家值比较>200 MΩ （2）主回路耐工频压值：6 kV（1 min）	（1）用兆欧表 （2）用交流试验变压器依次施加到主回路导体上（耐压前后均应测绝缘电阻）
2	辅助与控制回路绝缘电阻、工频耐压试验： （1）回路中的元器件和表计如已按各自标准通过试验，则可免试 （2）测量各待测回路对地绝缘电阻 （3）分别对各回路进行 2 000 V/1 min 耐压试验 （4）耐压试验后测试各回路对地绝缘电阻	（1）绝缘电阻与厂家值比较>1 MΩ （2）DC>60 V 耐压值：2 000 V/1 min （3）DC≤60 V 耐压值：500 V/1 min	（1）兆欧表 （2）交流试验变压器
3	断路器接触电阻测量	满足厂家技术要求或不大于 17 μΩ	使用接触电阻测试仪加入 100 A 电流测试

续表

序号	试验项目	标准要求	试验方法
4	断路器机械分、合闸操作及机械联锁试验： （1）在规定的操作条件下，对断路器机械特性进行检查，应符合技术条件的规定 （2）对断路器、接地开关及隔离开关机械操作进行试验，应承受空载操作5次 （3）对断路器与接地开关及隔离开关的闭锁关系进行试验，应符合要求	不得拒动、运动自如、无卡阻、无任何机械故障	机械操作
5	断路器电气分、合闸操作及电气联锁试验： （1）当断路器储能弹簧未储能时，断路器不能合闸 （2）当隔离开关处于分闸位置时，断路器不能合闸 （3）当断路器处于分闸状态时，隔离开关可以分闸，反之不能分闸 （4）当合闸命令及分闸命令同时作用于主开关时，机械、电气均无法合闸	符合厂家技术要求	电气操作
6	断路器合、分闸时间测定： （1）对断路器进行合闸操作 （2）对断路器进行分闸操作	符合厂家技术要求：合闸时间（100±15）ms，分闸时间<90 ms	用高压开关测试仪进行测试
7	（1）保护继电器调试和整定（馈线柜DPU96） （2）框架保护监控单元（负极柜） （3）逆流保护调试与整定（进线柜） （4）线路检测与自动重合闸装置调试（馈线柜） （5）联跳装置调试（馈线柜） （6）故障显示装置检查与调试	继电保护装置动作正常、电气性能满足厂家技术要求，按设计提供定值整定	用继电保护测试仪进行测试
8	各回路接线正确性检查及整组联动试验 （1）测量、保护、控制、信号等回路接线正确性检查 （2）分流器及电流变换器误差校验 （3）分压器及电压变换器误差校验 （4）指示仪表误差校验 （5）对开关柜单体进行整组联动试验	与设计图纸相符误差满足要求	用万用表、继电保护测试仪进行检查、测试，加入20%、50%、100%额定电压或电流时指示仪表、计量回路指示值与实际值相符，二次升流模拟保护跳闸，动作正常，动作信号、位置信号显示正确，各种报警正常
9	柜体绝缘电阻测试	与设计要求相符	用兆欧表测试

上述是 DC 1 500 V 直流开关柜的试验项目。根据直流开关柜的三种类型：馈线柜、进线柜、负极柜，以下分别是三种柜的试验报告项目。

如表 4-27 所示为 1 500 V 直流开关柜试验（馈线柜）试验项目。

表 4-27　1 500 V 直流开关柜试验（馈线柜）

试验报告

工程名称	×××		检验类别	交接试验	
系　　统	牵引供电系统		检验日期		
检验依据					
评判依据					
厂　　家	×××	系列编号	MC01	出厂日期	
型　　号	S303	额定电压	2 000 V	额定电流	4 000 A
安装代号		开断容量	80 kA/10 ms		
直流高速断路器： 制造商：×××			型号：UR40-82S 序列号：1000221*9.1/04		

1. 外观检查

内　容	结　果	备　注
开关柜排列符合图纸要求	√	
所有元器件符合图纸要求	√	
主回路标识正确	√	
所有铭牌张贴整齐、牢固、参数正确	√	
各门板安装平整、密封性好，油漆完整无损伤	√	
开关柜门锁牢固、能可靠锁紧	√	
开关柜各间隔内清洁无杂物	√	

2. 绝缘电阻及交流耐压试验　　　　环境温度　22 °C

内　容	测试值	标准规定值	交流耐压/（kV/min）	参考值
框架对地	/	≥50 kΩ		0.5
正极母线对负极母线		≥10 MΩ		8.7
正极母线对框架母线		≥10 MΩ		8.7
断口之间		≥100 MΩ		8.7

3. 接触电阻测定

内　容	测试值/μΩ	标准规定值
断路器接触电阻测定		≤120 μΩ
主回路接触电阻测定		≤120 μΩ

续表

4. 断路器分、合闸时间测定		
内　容	测试值/μΩ	标准规定值
分闸时间		
合闸时间		

5. 断路器机械、电气操作试验			
项　目	操　作	正确要求	检查结果
机械合闸功能	机械合断路器	能合闸	是 □　否 □
机械分闸功能	机械分断路器	能分闸	是 □　否 □
电气合闸（就地）	电气合断路器	能合闸	是 □　否 □
电气分闸（就地）	电气分断路器	能分闸	是 □　否 □
电气合闸（远方）	电气合断路器	不能合闸	是 □　否 □
电气分闸（远方）	电气分断路器	不能分闸	是 □　否 □

6. 开关柜与外部接线（一、二次回路）正确性检查		
项　目	正确结果	备注
直流电源检查	正确 □　不正确□	
断路器动作情况检查（包括动作计数）	正确 □　不正确□	
各种保护动作检查（框架、逆流）	正确 □　不正确□	
各种信号检查（包括复归）	正确 □　不正确□	
各种闭锁检查	正确 □　不正确□	

7. 保护及综合控制/保护单元性能试验（DPU96）

（1）保护整定

保护种类	整定		实际动作值	备注
di/dt	整定值	30 A/ms		
	时间	40 ms		
ΔI	整定值	6 000 A		
	时间	1 ms		
定时限过电流	整定值	3 000 A		
	时间	30 s		
I_{max}	整定值	7 500 A		

（2）功能检查（正确打√）

检查种类	正确	不正确
监视功能：测量值（电压、电流、电流上升率等）及馈线电缆的状态等		

续表

储存功能：储存测量值、参数、状态、跳闸原因、系统报告、故障录波等信息		
通讯功能：与变电所综合自动化系统实时通讯		
控制功能：当地/远方控制转换，开关间的联锁、闭锁、联动功能		
显示功能：显示各种测量值、参数、断路器状态、跳闸/报警信号、故障信号等		
线路自动测试及重合闸功能		
框架故障处理		
快速脱扣检查		
结论：		
备注：		

如表 4-28 所示为 1 500 V 直流开关柜试验（进线柜）试验项目。

表 4-28　1 500 V 直流开关柜试验（进线柜）

试验报告

工程名称	××××		检验类别	交接试验	
系　　统	牵引供电系统		检验日期		
检验依据					
评判依据					
厂　　家		系列编号	MC05	出厂日期	
型　　号	S303	额定电压	2 000 V	额定电流	4 000 A
安装代号		开断容量	80 kA/10 ms		
直流高速断路器： 制造商：××××			型号：UR40-82S 序列号：1000221*10.1/18		
1. 外观检查（正确打√）					

内　　容	结　果	备　注
开关柜排列符合图纸要求		
所有元器件符合图纸要求		
主回路标识正确		
所有铭牌张贴整齐、牢固、参数正确		
各门板安装平整、密封性好，油漆完整无损伤		
开关柜门锁牢固、能可靠锁紧		
开关柜各间隔内清洁无杂物		

续表

2. 绝缘电阻及交流耐压试验　　　环境温度　22 °C

内　容	测试值	标准规定值	交流耐压/（kV/1 min）	参考值
框架对地	/	≥0.5 MΩ		0.5
正极母线对负极母线		≥10 MΩ		8.7
正极母线对框架母线		≥10 MΩ		8.7
断口之间		≥100 MΩ		8.7

3. 接触电阻测定

内　容	测试值/μΩ	标准规定值
断路器接触电阻测定		≤120 μΩ
主回路接触电阻测定		≤120 μΩ

4. 断路器分、合闸时间测定

内　容	测试值/ms	标准规定值
分闸时间		/
合闸时间		/

5. 避雷器试验

编　号	/	/	/	/	标准规定值
绝缘电阻/MΩ			/	/	与出厂值比无明显变化
直流 1 mA 时电压/kV			/	/	符合产品技术条件
75%$U_{1\ \mathrm{mA}}$时直流泄漏电流 $I_{0.75U1\ \mathrm{mA}}$/μA			/	/	符合产品技术条件

6. 断路器机械、电气操作试验

项　目	操　作	正确结果	检查结果
机械合闸功能	机械合断路器	能合闸	是 □　否 □
机械分闸功能	机械分断路器	能分闸	是 □　否 □
电气合闸（就地）	电气合断路器	能合闸	是 □　否 □
电气分闸（就地）	电气分断路器	能分闸	是 □　否 □
电气合闸（远方）	电气合断路器	不能合闸	是 □　否 □
电气分闸（远方）	电气分断路器	不能分闸	是 □　否 □

7. 开关柜与外部接线（一、二次回路）正确性检查（正确打√）

项　目	正确结果	备　注
直流电源检查	正确 □　不正确□	
断路器动作情况检查（包括动作计数）	正确 □　不正确□	

续表

各种保护动作检查（框架、逆流）	正确 □　不正确□	
各种信号检查（包括复归）	正确 □　不正确□	
各种闭锁检查	正确 □　不正确□	

8. 保护及综合控制/保护单元性能试验（S7）

（1）保护整定

保护种类	整定	实际动作值	备注
逆流	整定值 100 A	100 A	
	时间	/	

（2）功能检查（正确打√）

检查种类	正确	不正确
信息采集功能：PLC 数字输入模块采集断路器和小车的位置信号、开关柜内的所有事故、报警信号。PLC 模拟输入模块对电流、电压模拟量的采集		
测量功能：进线电流、母线电压的测量，测量值可在进线柜当地显示并可上传至远方控制中心		
通讯功能：通过 RS485 与变电所综合自动化通信网络进行通信。实现对保护的编程、调试、整定、就地访问和遥信、遥测和遥控等远动功能		
控制功能：当地/远方控制转换，开关间的连锁、闭锁、联动功能。逆流保护动作后，可向整流机组 35 kV 断路器发出跳闸信号，并闭锁合闸。接收整流机组 35 kV 测保护联跳信号		
断路器状态、跳闸/报警信号、故障总信号		
框架故障处理		
快速脱扣检查		

结论：

备注：

如表 4-29 所示为 1 500 V 直流开关柜试验（负极柜）试验项目。

表 4-29　1 500 V 直流开关柜试验（负极柜）

试验报告

检验报告	负极柜试验	
1. 外观检查		
内　容	结　论	备　注
所有元器件符合图纸要求		
开关柜排列符合图纸要求		

续表

门板安装平整、密封性好，油漆无损伤		
门锁牢靠、能可靠锁紧		
无机械损坏		

2. 绝缘电阻测试和耐压试验　　环境温度　°C

内　容	试验前绝缘值/MΩ	试验后绝缘值/MΩ	试验电压/V	试验时间	结　果
主回路					
>60 V 辅助及控制回路					
<60 V 辅助及控制回路					
柜　体					

3. 隔离开关接触电阻测量/μΩ

2012		2022	

4. 隔离开关机械，电气操作和联锁试验

（1）解除闭锁前手动操作		不可以 □	2022	不可以 □
（2）解除闭锁后手动操作		可以 □	2022	可以 □

5. 接线是否正确 □　　接线是否与图纸相符 □　　已做更改 □

6. 仪表校验

安装代号	型号	编号	最大误差/%	结果

7. 框架保护装置试验

框架保护装置电压：________ 绝缘放大器：________ 制造商：________ 型号：________ 序号：________ $U_{\text{进}}=$________ $U_{\text{出}}=$________	框架保护装置电流：________ 绝缘放大器：________ 制造商：________ 型号：________ 序号：________ $I_{\text{进}}=$________ $I_{\text{出}}=$________ 分流器：$U=$________mV
告警层：$U>$____V 跳闸：U_{prim} [V] = ____ U_{sec}[V] = ____ y/n = ____	跳闸： $I>$______（A），$U=$______（mV）
保护协调性检查	正确 □　　不正确 □
闭所功能检查	正确 □　　不正确 □

8. 监控单元功能试验　　正确 □　　不正确 □

三、整流器柜试验

整流柜为户内式结构，装有整流臂及快速熔断器臂。柜内配有继电、配电、保护等系统，并装有端子排，以便对外连接。如表 4-30 所示为整流器柜试验项目与标准。

表 4-30　整流器柜试验项目与标准

序号	试验项目	标准要求	试验方法
1	主回路及辅助回路绝缘电阻和工频耐压试验	绝缘电阻仅作参考 （1）主回路耐工频压值：5 kV/1 min； （2）辅助回路：DC>60 V 耐压值：2 000 V/1 min；DC≤60 V 耐压值：500 V/1 min	（1）用兆欧表 （2）用交流试验变压器（耐压前后均应测绝缘电阻）
2	轻载试验	回路正确，二极管合格	整流变压器高压侧加交流电源，直流侧短路电流 100 A 时用钳形表抽查二极管不小于 10%的电流
3	保护装置检查	对保护装置检查、调试应符合厂家技术要求	使用继电保护测试仪测试
4	二次回路接线正确性检查	（1）测量、保护、信号等回路接线正确性检查，测量装置、指示仪表误差校验与设计图纸相符 （2）要求误差满足要求	用万用表、继电保护测试仪进行检查、测试，加入 20%、50%、100%额定电压或电流时指示仪表、计量回路指示值与实际值相符
6	柜体绝缘电阻测试	与设计要求相符	用兆欧表测试

四、排流柜试验

排流柜的主要作用是减少杂散电流对金属结构的腐蚀和对人身的危害，利用排流柜内二极管的单向导通性能为杂散电流提供一条从结构钢到负母线的通路。排流柜安装于正线牵引变电所内，排流柜的一端接负极柜内的直流负母排，另一端接牵引变电所地母排、地下车站结构排流端子、地下段整体道床排流端子或高架段轨道梁排流端子，使结构钢筋中的杂散电流单方向流回牵引变电所内的负极柜，防止杂散电流对结构钢筋的腐蚀。

排流柜主要由负荷开关、快速熔断器、二极管、限流电阻、IGBT 调阻单元、显示单元、控制单元和保护单元组成。排流柜调试和检查内容：排流柜投入运行是否正常；电流采集量是否准确；故障信号（IGBT 故障、熔断器故障、通信故障）上传是否准确；排流控制装置运行是否正常，通信及上传量是否正确。如表 4-31 所示为排流柜试验项目与标准。

表 4-31　排流柜试验项目与标准

序号	试验项目	标准要求	试验方法
1	主回路及辅助回路绝缘电阻	（1）2 500 V 兆欧表测试主电路对柜体外壳的绝缘电阻值应大于 5 MΩ （2）500 V 兆欧表测试辅助回路对柜体外壳绝缘电阻值应大于 1 MΩ，比较潮湿的地方可大于 0.5 MΩ （3）500 V 兆欧表测试柜体框架对地的绝缘电阻值应大于 1 MΩ	用兆欧表测试 1 min，同时记录试验时的环境温度、湿度
2	主回路及辅助回路的工频耐压试验	（1）主回路相互绝缘的带电体之间对地施以工频 3 000 V 电压，当回路绝缘电阻值在 10 MΩ以上时，可采用 2 500 V 兆欧表代替 （2）辅助回路试验电压 1 000 V，当绝缘电阻值在 10 MΩ以上时，可采用 2 500 V 兆欧表代替	用交流试验变压器施加高压试验持续时间为 1 min，（耐压前后均应测绝缘电阻），应无闪络及击穿现象。把 IGBT 等电力电子元件短接，控制线拆开或短接
3	排流回路是否对应	检查排流控制装置上的排流回路编号和实际的排流回路及指示灯是否对应。同时与上传值核对。将转换开关打到远方位，让后台依次遥合、遥分各个排流回路	依次投入接地开关测试
4	排流仪表回路接线检查和定值校验	测量、保护、信号等回路接线正确性检查，测量装置、指示仪表误差校验与设计图纸相符。要求误差满足要求	用万用表、继电保护测试仪进行检查、测试，加入 20%、50%、100%额定电压或电流时指示仪表、计量回路指示值与实际值相符
6	排流控制器信号核对	（1）检查面板上的绿色运行指示灯、黄色通信指示灯是否正常时闪烁，并与后台核对 （2）模拟排流控制器通信故障，与上传信号核对 （3）模拟 IPM 模块故障报警和熔断器熔断报警，观察面板故障指示灯	如果指示灯常亮或常灭，表明装置没有接收到上位机数据或接收数据不正确，结果要求与设计要求相符
7	杂散电流监测装置信号核对	（1）检查面板上的绿色运行指示灯、黄色通信指示灯是否正常时闪烁 （2）模拟杂散电流检测装置通信故障，与上传信号核对	（1）通过显示屏的“电压”可以查看监测点的实时电位和相对电位 （2）从参考电极接线盒处加模拟电压（－8 V 到 +8 V），观察监测装置监测点实时电位值是否与所加电压值相符，同时核对上传的实时电位值是否与监测装置数据相符

项目诊断单

表 4-32　1 500 V 直流开关柜试验高压试验项目检测故障一览表

序号	测试项目	设备				
		馈线柜	进线柜	负极柜	整流器柜	排流柜
1	绝缘电阻	√	√	√	√	√
2	交流耐压试验	√	√	√	√	√
3	断路器分、合闸时间测定	√	√	√		
4	接触电阻	√	√	√		
5	断路器机械、电气操作试验	√	√	√		
6	控制/保护单元性能试验	√	√	√	√	√
7	一、二次回路试验	√	√		√	√
8	避雷器试验		√			
9	排流回路校定					√

配套数字资源

视频 4.6.1　断路器绝缘电阻测试

视频 4.6.2　断路器导电回路电阻试验

视频 4.6.3　断路器动作电压测定

视频 4.6.4　断路器动作线圈电阻测量

视频 4.6.5　断路器分合闸时间测试

视频 4.6.6　断路器同期性测试

视频 4.6.7　断路器机械参数分合闸速度测定

视频 4.6.8　真空断路器真空度测量

视频 4.6.9　隔离开关绝缘电阻测试

视频 4.6.10　隔离开关导电回路电阻试验

复习与思考

1. 直流开关柜在城市轨道交通牵引系统中有哪些作用？如何分类？各应用于什么系统中哪些位置？

2. 城轨供电系统中 1 500 V 直流开关柜中的进线柜有哪些试验项目？

第七节　城轨低压设备试验检测

对于城轨交流 400 V 的低压电气设备试验，主要是检查所有的电气盘柜及用电设备的性能，检查所有连接线的正确性，检查电气与消防、自控的连接接头或信号，确保实现电气与各专业的接口连接。

一、环控电控柜及低压开关柜调试

低压开关柜为封闭式户内成套设备，其功能为车站、车辆段及控制中心所有低压用电设备供电，满足城轨用电设备安全、连续正常使用，结构紧凑，便于安装和维护。

低压开关柜采用固定分隔式柜体，也可采用配有插入式或者与插入式相类似功能单元的柜体。低压开关柜内的主要元器件为断路器、继电器、智能监控单元、联锁控制 PLC、表计、按钮、指示灯等。同时包含与变电所综合自动化系统、电能质量监测系统接口的以太网交换机。

对于变压器容量不大于 800 kVA 的情况，塑壳断路器分断能力不低于 50 kA；对于变压器容量为 1 600 kVA，塑壳断路器的分断能力不低于 65 kA；400 ~ 415 V 范围内 $I_{cs}=100\%I_{cu}$。

为更好保证系统稳定及维护使用安全，塑壳断路器应为限流型断路器，短路故障时要求最短时间内脱扣，并且具有优良的绝缘特性。检查和试验项目如下：

1. 外观检查

配电柜的表面是否清洁，有否碰伤、划伤、剥落，铭牌是否符合要求。

（1）各配电柜之间应有专用的公共接地母线。

（2）配电柜的柜门、底座均应设有接地线路，且用镀锌螺栓连接。

（3）抽屉式开关柜在推入或拉出时应灵活，机械联锁可靠。

2. 电流互感器的检测

（1）测量绝缘电阻。

互感器的绕组及其外露的表面做器身检查时，可接触到的铁心应测绝缘电阻。

（2）检查互感器变比。

检查互感器变比，应与制造厂铭牌值相符。

3. 低压开关柜公共母线检查和测试

（1）母线涂漆应均匀，无起层、皱皮等缺陷。

（2）母线的相序应按以下标准排列。

水平布置的交流母线，由盘后至盘面排列为 A、B、C 相，引下线的交流母线，由左至右排列为 A、B、C 相。

（3）母线颜色。

A 相为黄色，B 相为绿色，C 相为红色，中性线（不接地）为紫色。

（4）测量绝缘电阻。

开关柜主回路、辅助回路绝缘电阻测量主要是对开关柜回路绝缘的检查、绝缘受潮或有故障，例如各种短路、接地、绝缘子破裂等都能有效地反映出来。试验电压标准为 1 000 V；公共母线的相间及相地绝缘电阻值应不低 0.5 MΩ。

4. 二次回路的检查和试验

二次回路的试验项目如下：

1）测量绝缘电阻

二次回路的每一支路和断路、操动机构的电源回路的绝缘电阻值，均应不小于 1 MΩ；在比较潮湿处，可不小于 0.5 MΩ。

主回路、辅助回路的绝缘电阻测试时，使用 1 000 V 兆欧表进行，持续时间为 1 min，应无闪络及击穿现象。绝缘电阻均不小于 1 MΩ，在比较潮湿的地方，可不小于 0.5 MΩ。二次回路绝缘测量时应注意回路中是否有数字仪表或 PLC 等电子设备，试验时应将插件拔出或两端短路。

2）工频交流耐压试验

开关柜交流耐压试验主要是对开关柜主回路绝缘的检查、绝缘受潮或有故障，例如各种短路、接地、绝缘子破裂等都能有效地反映出来。

二次回路进行工频交流耐压试验时的要求如下：试验电压标准为 1 000 V，当回路的绝缘电阻在 10 MΩ以上时，可用 2 500 V 兆欧表代替工频交流耐压试验，试验时间为 1 min。

3）检查回路接线的正确性

对二次回路接线应进行检查，其具体要求如下：有回路接线应按图施工，接线正确，连接可靠，标志齐全清晰。二次回路接地应设专用螺栓。引入盘、柜的电缆应排列整齐，编号清晰，避免交叉，并应固定牢固，不得使所接的端子排受到机械应力。使用于静态保护、控制等逻辑回路的控制电缆，应采用屏蔽电缆，其屏蔽层应按设计要求的接地方式予以接地。强、弱电回路不应使用同一根电缆，应分别成束排列。

5. 馈电单元检查和测试

1）电器元件检查测试

交流接触器试验时，测量绝缘电阻，检查触头的同时性，检查操动机构，进行操动试验。

2）空气断路器试验

（1）电压线圈动作值校验。

电压线圈动作值的校验，应符合下述规定。线圈的吸合电压不应大于额定电压的85%，释放电压不应小于额定电压的5%，短时工作的合闸线圈应在额定电压的85%～110%内均能可靠工作。

（2）空气断路器脱扣器的整定及校验。

过电流脱扣器、失压和分励脱扣器、延时装置等，应按使用要求进行整定，其整定值误差不得超过产品技术条件的规定。

（3）空气断路器的动作性能校验（各分合5次）。

（4）机械联锁系统的检查。

3）模拟动作试验（分合各5次）

安装和接线经检验合格，按电气原理图进行模拟通电动作试验：

① 断路器合闸、分闸应正常。

② 按钮操作及相关的指示灯应正常。

③ 智能报警控制仪显示正常。

④ 各类传感器，控制仪工作正常。

⑤ 各类控制功能满足设计要求并正常工作。

⑥ 声光报警正常。

⑦ 变频器工作正常。

4）环控柜调试（分合各5次）

① 检查并清除环控柜表面及柜体内的灰尘和杂物。

② 用万用表检查总开关手动分、合闸是否正常。用500 V兆欧表对环控柜的开关各相绝缘进行检查，拆除环控柜内各个出线回路电缆并对各个出线回路电缆的绝缘进行测试，测试的绝缘电阻值必须满足规范要求。注意各个出线回路电缆的绝缘电阻值测试完毕后，不能马上接线，需待环控柜正式送电并调试完毕后，在设备单机调试时才能接上。

③ 向供电安装公司申请送电前须测试各个环控柜进线电源电缆的绝缘电阻值，符合要求才能正式送电。

④ 正式送电前必须抽出环控柜内所有出线回路的供电开关子抽屉。正式送电后，

应对环控柜内的单电源进线开关和双电源切换开关进线端的电压进行测试，需具体测量相与相间的三相电压及相对零及地间电压的是否正常。对有双电源切换开关的环控柜，需重点检查其进线端的三相电压的相序，确保三相电压相序的一致性。以上检查程序完后才能合上环控柜内的单电源进线总开关和双电源切换进线总开关，并再次测量相与相间及相对零间的电压。电压一切正常后才能对后面的各个子环控内的受电抽屉进行逐个送电检查并测试。

⑤ 将环控柜内各个受电抽屉进行逐个送电并对开关进行手动、电动分、合闸试验，开关分合闸动作必须正常，输出的电压值经测试必须符合要求。

注：以上测试工作进行时，必须要有环控柜厂家技术人员在现场督导进行。

二、动力配电箱及应急、照明配电箱本体检查调试

检查并清除动力配电箱及应急、照明配电箱表面及柜体内的灰尘和杂物。

用万用表检查总开关及各个分路开关分、合闸是否正常。用 500 V 兆欧表对动力配电箱及应急、照明配电箱总开关及分开关和箱体内相与相、相对零线及地间的绝缘电阻值，所测的绝缘电阻值必须合格。

向供电安装公司申请送电前需测试各个动力配电箱及应急、照明配电箱内的进线电源电缆的绝缘电阻值，绝缘电阻值合格后才能正式送电。

正式送电后，应对动力配电箱及应急、照明配电箱内的单电源进线开关和双电源切换开关进线端的电压进行测试，需具体测量相与相间的三相电压及相对零及地间电压的是否正常。对有双电源切换开关的动力配电箱及应急、照明配电箱，需重点检查其进线端的三相电压的相序，确保三相电压相序的一致性。以上检查程序完毕后，才能合上动力配电箱及照明配电箱内的单电源进线总开关和双电源切换总开关。

三、变频柜、控制箱（柜）调试

检查并测试变频柜和控制箱的进线电源电缆绝缘电阻值，确保所测的绝缘电阻值必须合格。变频柜和环控柜之间的控制线，变频柜和大风机之间的控制线；控制箱（柜）和环控柜之间的控制线以及变频柜和控制箱（柜）本体内各单元件（开关、接触器）等性能是否良好，此项工作均由厂家到现场检查核对。

单机设备的供电主回路电缆查验时，用 500 V 兆欧表检查各单机设备供电主回路电缆相间及相对地的绝缘电阻值，测得绝缘电阻值应符合有关规定。

用万用表检查各供电主回路相序及接线是否正确，是否有明显相序标示。

四、轨电位限制装置试验

在城轨直流牵引系统中，由于操作电流和短路电流存在，可能会引起回流回路和

大地间产生超出安全许可的接触电压，因此，需要在回流回路与大地间装配一套钢轨电位限制装置，当超出安全许可的接触电压，钢轨电位限制装置就会将钢轨与大地短接，从而保证人员与设施安全。

调试内容：保护继电器调试及整定、测试电压整定、各回路绝缘电阻和交流耐压试验、 二次回路及功能检查等。同意注意接线、闭锁开关、各种信号、表计检查，模拟动作及功能检查；钢轨电位限制装置投入运行是否正常；电压元器件、电流元器件动作是否准确；晶闸管导通值是否准确；信号及故障上传是否正确。

1. 测试主电路回路、辅助电路回路的绝缘电阻

1）试验原理

测量设备的绝缘电阻，能够有效地检查出设备本身的绝缘整体受潮、部件表面受潮或脏污，以及贯穿性的集中性缺陷，如引线接壳、金属接地等缺陷。

2）试验设备选择

电气设备绝缘电阻测试选择兆欧表，要求测试电压可选。兆欧表的电压等级应按下列规定执行：

（1）500 V 以下至 100 V 的电气设备或回路，采用 500 V；

（2）10 000 V 以下至 500 V 的电气设备或回路，采用 2 500 V；

（3）10 000 V 以上的电气设备或回路，采用 5 000 V。

3）试验方法

使用 2 500 V 兆欧表测试主回路对柜体外壳绝缘电阻 1 min（同时记录试验时的环境温度、湿度），应无闪络及击穿现象，阻值应大于 5 MΩ。

使用 500 V 兆欧表测试辅助回路对外壳绝缘电阻 1 min，阻值应大于 1 MΩ。在比较潮湿的地方，可大于 0.5 MΩ。

使用 500 V 兆欧表测试柜体框架对地的绝缘电阻 1 min，阻值应大于 1 MΩ。

2. 主回路、辅助回路的工频耐压

试验时，主回路试验电压 3 000 V，当回路绝缘电阻值在 10 MΩ以上时，可采用 2 500 V 兆欧表代替，试验持续时间为 1 min。

控制回路试验电压 1 000 V，1 min 应无闪络及击穿现象，电力电子件短接，控制线拆开。当绝缘电阻值在 10 MΩ以上时，可采用 2 500 V 兆欧表代替，试验持续时间为 1 min。

3. 检定钢轨电位一段 $U>$ 整定值

1）试验原理

如果电压大于或等于整定值，该装置将会经过一段时间合闸。此可调整的延时确保了在短期的允许的电压最大值下，不会发生不必要的短路。

2）试验方法

用三相继保仪输出直流电压的两根线分别加到 L 端与框架端的一次电压取样线

上，电压输出直流到 80 V，检查电压表指针指示是否与所加量一致，并与上传数值核对；将直流电压和时间输出到轨电位一段整定值，检查电压继电器 F21 是否吸合，同时观察直流接触器是否动作，接通指示灯是否变为绿色，告警指示灯是否亮起，操作计数器是否增加，如果不动作，继续增加输出值，直至将所加量增加到电压继电器动作为止，核对动作电压值及动作时间是否与设计定值一致，电压整定值可通过调节电压继电器 F21 的旋钮来实现。

当直流接触器把主电路短接后，经过 10 s，直流接触器自行断开，加量使其动作 *n* 次后（*n* 为整定闭锁次数），闭锁指示灯亮起，让后台遥控复归闭锁状态（此操作无法实现，即因多次连续短路的闭锁状态无法远方撤销闭锁），现场可按动复位按钮将其闭锁状态手动复归。

4. 检定钢轨电位二段 *U*> 整定值

1）试验原理

如果电压远大于整定值，该装置将无延时合闸，也即在 100 ms 之内合闸，将主电路短接。

2）试验方法

同 *U*> 整定值的检查方法，用三相继保仪将直流电压值和时间值加到钢轨电位二段定值，观察电压继电器 F22 是否动作，直流接触器是否动作，接通指示灯是否改变，告警指示灯是否亮起，操作计数器是否增加，电压表指针指示是否一致，闭锁指示灯是否亮起；然后将电压值依次增加，直至电压继电器 F22 动作为止，核对动作电压值及动作时间与设计定值是否一致。（电压整定值可通过调节电压继电器 F22 的旋钮来实现。）当直流接触器使主电路短接后，直接闭锁，可现场手动复归。

5. 检定晶闸管导通电压值

将机械式兆欧表（摇表）L 端和 E 端直接加到晶闸管两端，L 接钢轨端，E 接框架端，使晶闸管正向导通，核对导通电压值是否与设计定值一致；然后将摇表 L 端和 E 端调换，使晶闸管反向导通，核对导通值是否与设计定值一致（正反向定值相同），误差不应超过 5%。

6. 检查 *U*<动作值及动作时间

将 PLC 内动作时间参数设置为 00：01 h，将电压继电器 F24 设为 50 V，约 1 min 后，报警指示灯亮起，将转换开关向左或向右搬动一次，报警指示灯熄灭。测试完毕将 PLC 内动作值时间参数重新设置为 60 h、电压继电器 F24 设为 2 V。

7. 手动操作控制开关模拟测试

将装换开关 S24 向左搬动到 *U*> 动作值后迅速返回，F21 吸合，直流接触器动作，接通指示灯亮起，告警指示灯亮起，10 s 后直流接触器断开，接通指示灯熄灭，分闸指示灯亮起。

将转换开关 S24 向右搬动到 $U<$动作值后迅速返回，F22 吸合，直流接触器动作，接通指示灯亮起，告警指示灯亮起，闭锁指示灯亮起。

将转换开关打到远方位，让后台摇合、摇分。

8. 检查电流元器件

用毫伏电压发生器输出毫伏电压的两根线分别加到分流器 R10 两端的电流采样线上，查看变比，加毫伏电压，首先观察电流表指针指示是否与所加量一致，电流继电器 F23 是否动作，如果不动作，继续增大所加电流值直至其动作为止。

控制电源断电：模拟控制电源故障，主电路将直接短接，与后台核对信号是否正确。轨电位限制装置故障检测：模拟直流接触器故障，主电路会直接短接，经可调整时间，告警指示灯亮起。

五、空调机组、风机、泵、阀门电机等交流电机试验

用 500 V 兆欧表测量电机绕组的绝缘电阻，在常温下绝缘电阻值不应低于 0.5 MΩ。

电动机空载转动检查和空载电流测量时，启动前，先将与电动机相连的机械设备拆除，对难以拆除的机械，要尽量减小电动机的负载。用钳型电流表测量或观察盘柜上的电流表并记录电动机的启动电流和空载电流；电动机启动后，用硬木棍或螺丝刀靠在电机有关部位听电机内部声音，如果异常立即停机。电动机空载运行 2 h，运行一段时间后，用手触摸或用测温仪测量电动机轴承定子绕组等部位的温度，检查电机温升是否正常；记录电动机启动电流，空载电流，其数据合格。正常运行 2 h 后，如无异常即可认为电机试运转合格。

六、动力和照明配电线路及远程、就地控制线路检查和测试

（1）测量绝缘电阻。

其绝缘电阻值可参照表 4-33。

表 4-33　低压线路绝缘电阻值参考表

额定电压/kV	1	3
绝缘电阻值/MΩ	40	200

（2）电力电缆直流耐压试验和直流泄漏试验：塑料电缆 0.6 kV 额定电压，直流试验电压 2.4 kV，试验时间 15 min。

（3）测量线路的绝缘电阻时，应将与线路相连接的断路器、用电设备、用电器具及仪表等断开。

（4）检查相位。

采用万用表对装置各相两侧和线路各相的相位进行校对均应正确。

（5）线路校对。

对多芯控制电缆在接线前应进行线路校对，并对各控制线编号。

七、交流电动机试验

交流电动机试验项目，应包括下列内容：

（1）测量绕组的绝缘电阻和吸收比应符合下列规定：

① 额定电压为 1 000 V 以下，常温绝缘电阻值不应低于 0.5 MΩ；

② 额定电压为 1 000 V 及以上，在运行温度时的绝缘电阻值、定子绕组不应低于 1 MΩ/kV，转子绕子不应低于 0.5 MΩ/kV。

（2）空载试验。

电动机初步启动后应作空载运行试验，试验时间应不少于 2 h，检查电机转向符合要求，声音正常，测量并记录其空载电流及测量定子和轴承的温升。

（3）电动机转速测量。

电动机空载试运转时，应测量其转速是否符合其铭牌标定的额定转速。

八、低压电容柜检查

低压电容柜的检查意义能有效检查电容器、电抗器在安装运输中是否完好，也能检查低压电容柜功能是否正确。

该项试验应在开关设备安装就位后进行。低压电容柜检查使用电容电抗表以及绝缘电阻测试仪进行。

1. 电容检查

用电容电抗表测量电容值是否与铭牌一致，因为直接测量值不是单相电容值，必须经过计算得出单相值，明确换算关系以免计算错误。用 500 V 兆欧表测量电容器的绝缘电阻，应在电极和外壳之间进行。并联电容器交流耐压试验仪器采用 2 500 V 兆欧表代替。电容器冲击合闸试验应在电网额定电压下，对电力电容器组冲击合闸试验，应进行 3 次，熔断器不应熔断；电容器组中各相电容的最大值和最小值之比，不应超过 1.08。

2. 电抗检查

用电容电抗表测量电抗器的电抗值，所测数值应与铭牌一致。测量电抗器各相绕组的直流电阻值。

测量绕组及与铁心绝缘的各紧固件的绝缘电阻，试验仪器为 500 V 兆欧表。电抗器交流耐压试验仪器用 2 500 V 兆欧表代替。电容器柜辅助回路检查：应动作正常，功能正确。

项目诊断单

表 4-34　400 V 城轨低压设备试验故障一览表

序号	测试项目	设备						
		低压开关柜	电流互感器	空气断路器	环控柜	轨电位限制装置	交流电机	低压电缆
1	绝缘电阻	√	√	√	√	√	√	√
2	交流耐压试验	√				√		
3	分合闸速度、时间及同期性等机械特性试验			√		√		
4	直流耐压试验和直流泄漏	√						√
5	空载试验						√	
6	变　比		√					

复习与思考

1. 城轨供电系统中，环控电控柜及低压开关柜调试有哪些内容？
2. 轨电位限制装置有哪些试验？
3. 动力和照明配电线路及远程、就地控制线路检查和测试有哪些内容？

项目资讯单

表 4-35　城轨高压设备试验知识一览表

项目内容	城轨高压设备检测			
学习方式	通过教科书、图书馆、专业期刊、上网查询问题；分组讨论或咨询老师		学时	36
资讯要求	书面作业形式完成，在网络课程中提交。			
资讯问题	序号	资讯点		
	1	现行城轨供电方式有哪几种？各有什么优缺点？请举例说明。		
	2	请说明城轨供电中以下概念的区别：主变电所、牵引变电所、降压变电所、牵引降压混合变电所。		
	3	请用表格说明城轨电力系统中主要电气设备的绝缘预防性试验项目有哪些。		
	4	城轨变压器主要有哪几种？请说出其电压水平及常见的容量。		
	5	城轨主变压器、动力变压器和整流变压器有何不同？其试验项目是否一致？		
	6	变压器测量吸收比和极化指数的意义是什么？		

续表

	序号	资讯点
资讯问题	7	变压器直流电阻测试的目的是什么？在什么情况下需要测量？
	8	变压器变比组别测试目的是什么？
	9	变压器绕组和套管泄漏电流测量有何不同？
	10	介质损耗角正切值的测量是检测主变压器哪方面的绝缘问题？
	11	变压器感应耐压试验和工频耐压试验有何不同？
	12	城轨电网比国铁电网使用的电力变压器阻抗比大30%左右，是什么原因？
	13	请说明变压器型号为ZHST-6000/35的含义。
	14	GIS耐压试验是如何进行的？有哪些需要注意事项？
	15	GIS接地开关故障时应如何处理？
	16	GIS的英文是什么，代表什么含义？
	17	GIS里面充满的是什么气体？气压是多少？为什么设置这样的压力？
	18	GIS中互感器起到什么作用？断路器有何作用？氧化锌避雷器有何作用？
	19	互感器的电气特性试验的主要项目有哪些？
	20	电磁式电压互感器的试验项目和周期有哪些？
	21	城轨电缆试验项目有哪些？请制定城轨35 kV交流电缆试验项目方案书。
	22	城轨交流避雷器试验项目有哪些？请制定城轨35 kV避雷器试验项目方案书。
	23	直流开关柜按照用途可以分为哪四种基本类型？
	24	直流开关柜在城轨中主要用途是什么？
	25	排流柜的主要作用是什么？其排流原理是什么？
	26	城轨交流400 V的低压电气设备试验包括什么？
	27	检定钢轨电位的方法和标准是什么？
	28	110 kV GIS的试验项目有哪些？分别检测哪些绝缘问题？
	29	请说明氧化锌避雷器型号HY5WR-52/134各参数含义。
资讯引导		以上问题可以在本教程的学习信息、精品网站、教学资源网站、互联网、专业资料库等处查询学习

项目操作单

分组实操项目。全班分7组，每小组5～7人，通过抽签确认表4-35高压试验项目内容，自行安排负责人、操作员、记录员、接地及放电人员分工。考评员参考评分标准进行考核，时间50 min，其中实操时间30 min，理论问答20 min。

高压设备试验项目

序号	高压设备绝缘项目内容
项目 1	绝缘电阻、吸收比和极化指数测试
项目 2	变压器变比、极性和组别测量
项目 3	直流电阻测量
项目 4	泄漏电流测量
项目 5	介质损失正切 $\tan\delta$ 试验
项目 6	交流耐压试验
项目 7	变压器油色谱分析

项目编号		考核时限	50 min	得分	
开始时间		结束时间		用时	
作业项目	变压器试验项目 1～7				
项目要求	（1）说明高压设备绝缘试验原理 （2）现场就地操作演示并说明需要试验的绝缘结构及材料 （3）注意安全，操作过程符合安全规程 （4）编写试验报告 （5）实操时间不能超过 30 min，试验报告时间 20 min，实操试验提前完成的，其节省的时间可加到试验报告的编写时间中				
材料准备	（1）正确摆放被试品 （2）正确摆放试验设备 （3）准备绝缘工具、接地线、电工工具和试验用接线及接线钩叉、鳄鱼夹等 （4）其他工具，如绝缘胶带、万用表、温度计、湿度仪				

	序号	项目名称	质量要求	满分100分
评分标准	1	安全措施（14分）	（1）试验人员穿绝缘鞋、戴安全帽，工作服穿戴齐整	3
			（2）检查被试品是否带电（可口述）	2
			（3）接好接地线对试品进行充分放电（使用放电棒）	3
			（4）设置合适的围栏并悬挂标示牌	3
			（5）试验前，对试品外观进行检查（包括外观、附件、接线、开关、本体清洁度等），并向考评员汇报	3
	2	试品及仪器仪表铭牌参数抄录（7分）	（1）对与试验有关的试品铭牌参数进行抄录	2
			（2）选择合适的仪器仪表，并抄录仪器仪表参数、编号、厂家等	2
			（3）检查仪器仪表合格证是否在有效期内并向考评员汇报	2
			（4）向考评员索取历年试验数据	1
	3	试品外绝缘清擦（2分）	至少要有清擦意识或向考评员口述示意	2

续表

序号	高压设备绝缘项目内容			
评分标准	序号	项目名称	质量要求	满分100分
	4	温、湿度计的放置（4分）	（1）试品附近放置温湿度表，口述放置要求	2
			（2）在试品本体测温孔放置棒式温度计	2
	5	试验接线情况（9分）	（1）仪器摆放整齐规范	3
			（2）接线布局合理	3
			（3）仪器、试品地线连接牢固良好	3
	6	电源检查（2分）	用万用表检查试验电源	2
	7	试品带电试验（23分）	（1）试验前撤掉地线，并向考评员示意是否可以进行试验。简单预说一下操作步骤	2
			（2）接好试品，操作仪器，如果需要则缓慢升压	6
			（3）升压时进行呼唱	1
			（4）升压过程中注意表计指示	5
			（5）电压升到试验要求值，正确记录表计指数	3
			（6）读取数据后，仪器复位，断掉仪器开关，拉开电源刀闸，拔出仪器电源插头	3
			（7）用放电棒对被试品放电、挂接地线	3
	8	记录试验数据（3分）	准确记录试验时间、试验地点、温度、湿度、油温及试验数据	3
	9	整理试验现场（6分）	（1）将试验设备及部件整理恢复原状	4
			（2）恢复完毕，向考评员报告试验工作结束	2
	10	试验报告（20分）	（1）试验日期、试验人员、地点、环境温度、湿度、油温	3
			（2）试品铭牌数据：与试验有关的试品铭牌参数	3
			（3）使用仪器型号、编号	3
			（4）根据试验数据作出相应的判断	9
			（5）给出试验结论	2
	11	考评员提问（10分）	回答与试验相关的问题，考评员酌情给分	10
考评员项目验收签字				

项目考核单

一、选择题（在每小题中，只有一项符合题目要求，把所选选项的序号填在题中的括号内）

1. SF_6 设备工作区空气中 SF_6 气体含量不得超过（　　）ppm。

A. 500　　B. 1 000　　C. 1 500

2. 用直流电桥测量变压器绕组直流电阻的充电过程中，电桥指示的电阻值随时间增长而（　　）。

A. 增加　　B. 不变　　C. 减少

3. SF_6 设备运行稳定后方可（　　）检查一次 SF_6 气体含水量。

A. 三个月　　B. 半年　　C. 一年

4. 工作人员进入 SF_6 配电装置室，必须先通风（　　）min，并用检漏仪测量 SF_6 气体含量。

A. 5　　B. 10　　C. 15

5. SF_6 气体具有较高绝缘强度的主要原因之一是（　　）。

A. 无色无味性　　B. 不燃性

C. 无腐蚀性　　D. 电负性

6. 几个试品并联在一起进行工频交流耐压试验时，试验电压应按各试品试验电压的（　　）选取。

A. 平均值　　B. 最高值　　C. 最低值

7. 测得金属氧化物避雷器直流 1 mA 下的电压值，与初始值比较，其变化应不大于（　　）。

A. ±5%　　B. ±10%　　C. ±15%

二、填空题

1. 城轨供电方式可以分为：______________、_______________、 ______________三种基本类型。

2. 直流开关柜按照用途可以分为：____________、_____________、______________和______________四种基本类型。

3. 介质损耗角正切值的测量可以比较灵敏地反映___________________________。

4. 测量变压器绕组直流电阻的目的是：（1）____________________________；（2）____。

5. GIS（气体绝缘全封闭组合开关电器，它是由__________________________高压电器组合而成的高压配电装置。

三、判断题

1. SF_6 电气设备检修结束后，检修人员应洗澡。（　　）

2. SF_6 电气设备检修结束后，检修人员应把用过的工器具清洗干净。（　　）

3. 运行中，补偿用的电容器组不受雷电过电压的影响。(　　)

4. 高压断路器绝缘部分的技术数据是：最高工作电压、工频试验电压、全波和截波冲击试验电压、操作波试验电压等。(　　)

5. 变压器内部有潜伏性故障；变压器油中会含有气体；当有受潮、局部放电、过热故障时，一般都会产生 H_2。(　　)

6. 运行中的变压器在年检时，若直流电阻的不平衡系数不合格，油的色谱分析也一定不合格。(　　)

7. 变压器分接开关引起的故障全是裸金属过热。(　　)

8. 测量变压器的绝缘电阻和泄漏电流的方法不同，但表征的物理概念相同。(　　)

9. 进行工频耐压试验时，如果在试验变压器低压绕组上突然加试验电压的全电压，将会在试品上出现高电压。(　　)

10. 绝缘油的击穿电压与油中是否含水和杂质有关，而与电极的形状无关。(　　)

11. 不管大型变压器在试验前是否运行，其绕组温度和环境温度总是有差别的。(　　)

四、简答题

1. 说明为什么要测量变压器的变比？

2. 什么叫变压器的吸收比？测量吸收比的目的是什么？

3. 变压器的直流电阻试验目的是什么？

4. 变压器测量电阻目的是什么？

5. 影响变压器油击穿电压的因素有哪些？

6. 为什么说 SF_6 气体具有良好的绝缘特性和灭弧性能？

7. 为了保证变压器绕组在过电压作用时不损坏，必须采取哪些措施？

8. 现场试验记录一般应包括哪些内容？

9. 测量变压器绝缘电阻时，为什么要对非被试绕组短路接地？影响绝缘电阻测量结果的外界因素有哪些？

10. SF_6 全封闭电器与敞开式电器相比有什么优缺点？

11. 请说明以下概念的区别：主变电所、牵引变电所、降压变电所、牵引降压混合变电所、跟随式降压变电所。

第五章 城轨防雷接地

内容导读

在轨道交通系统中，雷击接触网会损坏绝缘子，破坏变电所设备，使行车中断，故障维修周期长，所以有必要提高防雷接地综合系统的可靠性，确保城轨交通运行安全。

知识要点

1. 掌握城轨系统的雷击破坏成因。
2. 掌握雷电种类及城轨避雷保护。
3. 掌握城轨避雷器预防性试验。
4. 了解城轨综合接地设计原则及要求。
5. 掌握城轨系统综合接地网验收和维护要点。

雷电引发的灾害是一种比较严重的气象灾害，中国气象局的统计表明，中国每年有将近 1 000 人遭雷击死亡，雷击造成的直接经济损失近 10 亿元。近几年，北京、广州、深圳、南京等地的城轨系统多次出现雷击故障事故，均造成了严重的城市交通拥堵，甚至造成部分城区的交通瘫痪，因此加强城轨系统的雷电防护非常必要。

城轨列车运行在数十米深的地下，通常采用“第三轨”馈电，供电轨道位于列车下方，一般人看来，不受雷电影响。但事实上，城轨位于地下的设备同样受到雷电威胁，而且作为公共交通的核心，城轨遭受雷击损害后果非常严重。随着城市建设扩容，新建的城轨采用了电压更高、动力更足的接触网馈电，输电线位于列车上方，遭受雷击概率也相应增加，给城轨防雷工作增添了更大的压力。据统计，在城轨总里程中，地上部分占到 1/5 左右。这些部位位于高处，高架桥上的灯杆、天线、运行的列车等毫无疑问容易成为雷击的目标。除去公众熟悉的高架线路之外，城轨系统还有许多组成部分位于地上，与普通建筑物一样受雷击威胁。

城轨系统是机电系统、电气系统、电子系统高度集中的工程建设项目，特别是信号、通信等弱电系统设备是其核心与关键，同时还是对雷电极为敏感的系统。城轨系统完善的防雷接地综合系统的可靠性能成为了城轨工程建设质量和后期运营安全的重要内容之一。

城轨雷击伤害，原因主要有以下三方面：

（1）绝缘水平低，绝缘子雷击冲击耐受电压，仅为 125 kV，同时受工程特性限制，不可能大幅提高。

（2）接触网绝缘子保护不到位，没有避雷线（架空地线），避雷器与带电侧直接相连无法形成保护反击。

（3）接地不畅，杂散电流防护要求支柱不能接地，雷击支柱时无法快速泄入大地。

城轨防雷具有非常重要的意义，雷击破坏主要体现在两个方面：一是接触网绝缘子损坏，使行车中断，旅客滞留，这是由于接触网是按区段布置的，导线上需要很大的张力，当绝缘子断裂时，可能导致一个区段的接触网坍塌，修复的时间长，费用高；二是会破坏变电所的设备，由于变电所设备数量多、单价高、维修周期长，在维修故障期间，可靠性降低。历年的雷击损坏故障统计表明，变电所遭受雷击损坏的部件主要是：电流互感器、电压互感器、断路器、隔离开关、避雷器等五大类。如图 5-1 所示为雷击导致支柱开裂，如图 5-2 所示为雷击损坏悬式绝缘子，如图 5-3 所示为雷击损坏电缆护套。

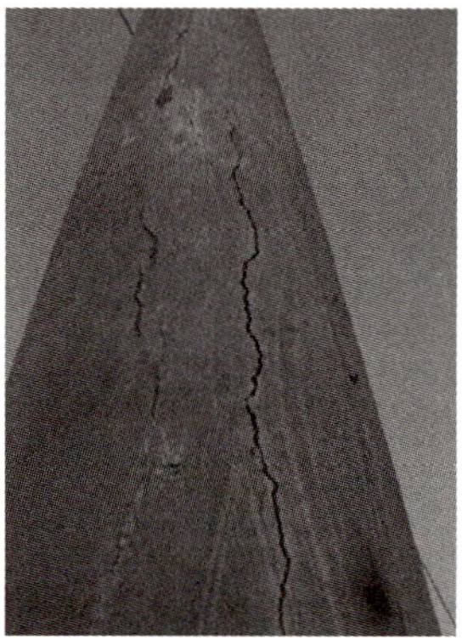

图 5-1　雷击导致支柱开裂

图 5-2　雷击损坏悬式绝缘子

图 5-3　雷击损坏电缆护套

防雷的主要工作包括电气设备的防雷和建筑的防雷。避雷针、避雷线、避雷带、避雷网、避雷器都是常用的防雷装置。目前直流牵引供电系统线路主要防雷措施有以下三种：

（1）部署避雷线：避雷线因简单有效，是防雷应用中最普遍的措施，主要运用其屏蔽作用，减少雷电与电流之间的感应，降低雷电击中线路的概率。

（2）采取保护间隙：采取保护间隙主要是疏导绝缘子闪络后的续流电弧，避免绝缘子炸裂和破损，减少非自动恢复性故障，促进重合闸成功，从而保证连续性供电。这种方式成本比较低，但是线路跳闸次数增加。

（3）增设避雷器：避雷器主要用于控制绝缘子两端的电压，减少绝缘子闪络。

本章着重详细叙述避雷设备以及综合接地系统。

第一节 雷电种类及城轨避雷保护

一、雷电种类与防护

雷电种类主要有直击雷、球形雷、感应雷、雷电侵入波。

1. 直击雷

直击雷是云层与地面凸出物之间的放电形成的，直击雷过电压可达到数千甚至数万千伏，其电流可达数百 kA，往往造成停电和设备损坏等重大事故，严重威胁供电系统的安全，巨大的雷电流流入地下，在雷击点连接的金属部分产生极高的对地电压，可能直接导致接触电压或跨步电压的触电事故，直击雷可在瞬间造成人员伤亡。

2. 感应雷

雷电感应分为静电感应和电磁感应两种。静电感应是由于雷云接近地面，在地面凸出物顶部感应出大量异性电荷，放电后凸出物顶部的电荷失去束缚，以雷电波形式沿突出物极快地传播。电磁感应是由于雷击后，巨大雷电流在周围空间产生迅速变化的强大磁场所致。这种磁场能在附近的金属导体上感应出很高的电压，造成对人体的二次放电，从而损坏电气设备。感应雷过电压虽然较直击雷过电压低，但其值亦达 300 ~ 400 kV，这对设计绝缘冲击闪络电压为 75 kV 的 10 kV 变电所仍然是一个很大的威胁。

3. 雷电侵入波

雷电冲击波是由于雷击在架空线路上或金属管道上，产生冲击电压沿线路迅速传播的雷电波。雷电可毁坏电气设备的绝缘，使高压窜入低压，造成严重的触电事故。例如，雷雨天室内电气设备突然爆炸起火或损坏，人在屋内使用电器或打电话时突然遭电击身亡都属于这类事故。

4. 球形雷

球形雷是一种球形、发光的火球，运动速度大约为 2 m/s。球形雷能从门、窗、烟囱等通道侵入室内，尤其对油库等场所，是极其危险的爆炸源。

不管雷电直接雷击高架线路，还是雷击线路附近产生的感应过电压，都可能引起线路绝缘子的闪络，使供电系统发生损坏，甚至瘫痪。防雷设计要根据当地气象资料，确定当地的雷电活动情况，根据保护对象要求，确定防雷等级，再根据所需防雷等级，制定防雷措施。

高压输电线遭受雷击的事故主要与四个因素有关：线路绝缘子的 50%放电电压、有无架空地线、雷电流强度、杆塔的接地电阻。

二、避雷线防护

城轨防雷以防直击雷为主。城轨采用架空地线兼作雷电防护作用时，架空地线应可靠接地，使雷电流就近泄入大地，以减少雷电过电压作用范围。但由于城轨供电系统是以架空接触网为正极、机车走行的钢轨为负极的不直接接地系统，所以从杂散电流防护角度上，要求架空地线不能直接接地。为了避免杂散电流泄漏入大地对系统以外设施形成电流腐蚀，城轨工程要求高架桥桥梁和敷设钢轨的道床可靠连接并与大地电气隔离，构成杂散电流收集网，杂散电流经引线汇集至牵引变电所集中收集。由于接触网安装用的钢支柱与桥梁钢筋是可靠连接的，如果架空地线直接接地，则杂散电流将通过钢柱、架空地线、接地极泄漏，造成杂散电流就近入地。所以城轨防雷与铁路防雷的处理方式不同。

城轨高架段接触网沿线架设架空地线，且架空地线通过金属抱箍与接触网下锚底座、支持装置等共支柱安装，架空地线在两侧车站直接引至牵引变电所的接地母排上，同时在区间每 200 m 通过地电位均衡器连接地极；接触网各类绝缘子接地端的金属底座、开关底座、腕臂底座等均与架空地线可靠连接；在高架桥梁设计中，接触网支柱没有有效接地；高架桥接触网每隔 200 m 设避雷器，并将桥墩内部钢筋网作为其接地体，接地电阻小于 0.5 Ω。

对于雷击接触网线路，形成过电压危害的情况概括起来可以划分为以下三种：

（1）雷击接触网附近的地面，在接触网上引起感应过电压。

（2）雷直接击于接触网导线（或腕臂），在接触网上产生过电压。

（3）雷击接触网支柱（或架空地线），在支柱顶端产生冲击过电压，造成接触网绝缘子的反击。

目前，国内城市轨道交通接触网系统主要采用 DC 1 500 V 或 DC 750 V 两级电压进行供电，列车取流较大，考虑架空地线与接触网导线平行架设，为避免感应电流及绝缘子泄漏电流形成的杂散电流，对城轨沿线建筑物或设备造成电腐蚀，根据《城轨杂散电流腐蚀防护技术规程》的要求，架空地线不能直接接地，需采用地电位均衡器将架空地线与接地极分开。高架段接触网沿线架设架空地线，且架空地线通过金属抱箍与接触网下锚底座、支持装置等共支柱安装，架空地线在两侧车站直接引至牵引变电所的接地母排上，同时在区间每 200 m 通过地电位均衡器连接地极；接触网各类绝缘子接地端的金属底座、开关底座、腕臂底座等均与架空地线可靠连接；在高架桥梁设计中，接触网支柱没有有效接地；高架桥接触网每隔 200 m 设避雷器，并将桥墩内部钢筋网作为其接地体，接地电阻小于 5 Ω。

避雷器和架空地线共接地极在雷电流作用时，能有效钳制绝缘子两端电压小于或等于避雷器残压，同时增加雷电流的泄流通道，有利于提高接触网系统的耐雷水平。避雷器与架空地线共接地极的示意图如图 5-4 所示。

根据架空接触网安装形式，雷电过电压会造成区间接触网腕臂绝缘子、下锚绝缘子及馈线绝缘子等绝缘部位的绝缘击穿，最终造成接触网线路失压，影响供电可靠性。其中，又以雷击接触网下锚处，造成下锚绝缘子击穿、补偿绳断裂或绝缘子爆裂影响最为严重。避雷器和架空地线共接地极在雷电流作用时，能有效钳制绝缘子两端电压小于或等于避雷器残压，同时增加雷电流的泄流通道，有利于提高接触网系统的耐雷水平。

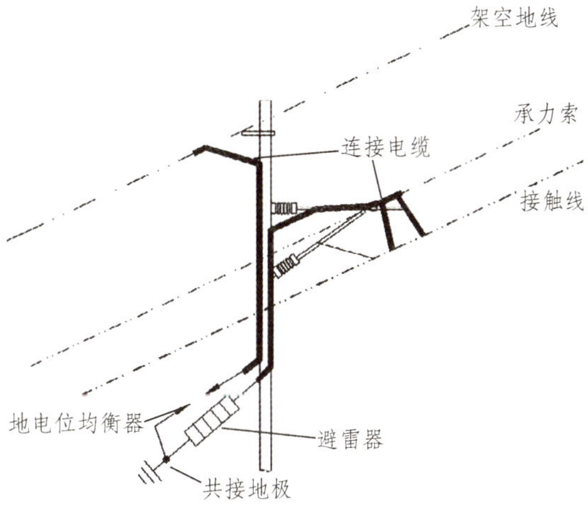

图 5-4 避雷器与架空地线共接地极的示意图

三、城轨架空地线设置

城轨架空地线的防雷应用设计原则：

（1）在不发生雷击时，架空地线与接地极之间须电气隔离，满足杂散电流防护要求。

（2）在雷击发生时，架空地线与接地极须导通，使雷电流就近尽快泄入大地。

（3）不应改变接触网系统电气回路模型，不影响系统短路保护参数配置。

（4）接地装置应运行安全、动作可靠，尽量减少维修及更换次数，降低运营维护成本。

国内城轨工程中架空地线防雷接地主要采用了放电间隙接地和电位均衡装置接地 2 种方案。

1. 放电间隙接地

放电间隙结构如图 5-5 所示，由 2 个角形电极与串联空气间隙构成，一端电极与架空地线相连，另一端电极通过接地引下线接至接地极。电极间空气间隙距离为 3 ~ 5 mm，其标称放电电压（1.2/50 μs）为 2.0 kV，标称放电（8/20 μs）电流为 20 kA。

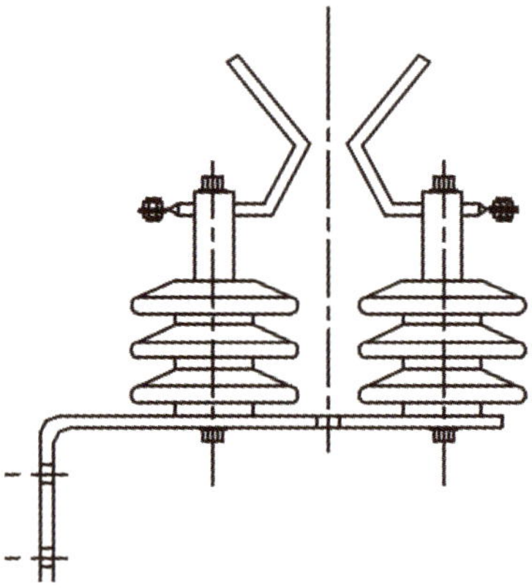

（a）结构图

（b）工程应用实例图

图 5-5　放电间隙

不发生雷击时，由于空气间隙的隔离能阻止杂散电流通过放电间隙泄漏，满足了杂散电流防护的要求；在雷击发生时，雷电过电压作用下放电间隙。迅速击穿，雷电流可通过放电间隙泄入大地，满足防雷接地要求。接触网最高系统运行电压为 1.8 kV，当接触网发生接地短路故障而接触网未遭受雷击时，2.0 kV 的标称放电电压保证了放电间隙不击穿动作。

2. 电位均衡装置接地

为了避免在雷击放电或感应过电压时，由于地电位太高而引起接触网设备损坏，城轨工程采用了一种电位均衡装置接地，使架空地线通过电压均衡实现接地。该装置主要构件是一个气体放电管，标称直流击穿电压为 350 V。正常工况下，钢轨对地电压不高于 120 V，电位均衡装置承受电压也不会大于 120 V，所以受电压不大于 350 V 时其呈现高阻状态，绝缘电阻达到 1 GΩ以上；当承受电压大于 350 V 时其呈现导通状态，将雷电流泄入大地，自身最大电压降不大于 20 V，这样两电极之间就会由原来的隔离状态转变为临时的电气连接状态。雷击状态下，使不同的接地系统迅速导通，两地线电压均衡，消除地电压反击，纳秒级导通。为了防止大电流的雷击，地电位均衡器的通流容量应足够大。接触网在地面段、高架段、出入线、车辆段试车线每隔一个支柱设置地电位均衡器。工程中电位均衡装置一端与钢支柱连接，另一端通过引下线接至接地极，如图 5-6 所示为电位均衡装置工程应用实例图。

图 5-6　电位均衡装置工程应用实例图

四、城轨避雷线防护效果

通过接触网防护的研究效果可知，避雷线放在支柱上方和通过接触网支柱上部弯曲内倾时效果基本相同，只设置避雷线方案可以有效地降低接触网遭受直击雷的次数，并有效降低牵引变电所的跳闸次数，降低效果地面可减少 15%，高架减少 30%，但当雷暴日数增大时，牵引所跳闸次数较高，并且由于存在电位反击后接触网绝缘子还存在大量烧损的可能性，事故还会依然大量地存在。通过计算表明，当避雷线高度比承力索高度略为增加时，防护效果要增加，当高度继续增加时，引雷效果增加，防护效果反而降低。因此，避雷线在支柱垂直上方时，存在一个最佳高度的配合问题。研究表明，当接触网在地面时，接触线高度高于承力索 0.4 m 时效果最好，当接触网在高架桥时，避雷线高度高于承力索 0.9 m 时效果最好，但是总体来看，避雷线高度变化对防护效果影响不大，实际工程上，高度在 0.4 ~ 1 m 范围内都是可行的。

沿线安装有架空地线的城市轨道接触网系统，可结合实际运营需求，充分考虑设备维修、故障恢复、气象条件及经济性等因素接触网避雷器应与架空地线共接地极，能有效降低绝缘子两端电压差，减少绝缘子击穿概率。针对接触网系统下锚等关键部位，宜采用不平衡的绝缘方式，减小事故影响。适当缩短接地极间距，能有效降低雷电反击事故的发生概率。

配套数字资源

视频 5.1.1　雷击津秦高铁

复习与思考

1. 雷电种类有哪些？轨道交通行业如何进行雷电防护？
2. 电位均衡装置有何作用？需要接地吗？
3. 城轨架空地线的防雷设置原则是什么？

第二节　城轨避雷器设备

避雷器是防止从线路侵入的雷电波和操作过电压损坏电气绝缘的保护电器。常用的有保护间隙（角型）、管型和阀型及金属氧化物避雷器。由于金属氧化物避雷器的优越性，城轨供电系统一般采用的是金属氧化物避雷器。

城轨供电系统从 35 kV（33 kV）电压等级到 1 500 V 电压等级均设置了避雷器，而由于各电压等级使用的避雷器种类、型号及规格有较大差别，城轨供电系统中设置的避雷器一方面保护了日常运营过程供电系统免遭受雷电过电压的危害，另一方面避免了操作过电压引起的人身及设备伤害。而城轨应用在直流系统上的串联间隙氧化物避雷器，是中性点非直接接地系统中理想的过电压保护器。城轨日常的维护及预防性试验是确保避雷器以良好的状态运行以及保护城轨供电设备和人员。

城轨 35 kV 电压系统通过 GIS 开关两路接入，在每段母线上设置一组避雷器交流 35 kV 电压母线上设置的避雷器一般采用 GIS 用金属氧化物避雷器城轨直流牵引供电系统中，每套整流机组的整流器直流侧与直流负母排之间设置一组避雷器，直流正母排对地设置一组避雷器，另外，正线接触网或接触轨每隔 500 m 设置一组避雷器。整流器及直流母排上设置的避雷器一般采用金属氧化物避雷器，正线接触网或接触轨上设置的避雷器既有金属氧化物避雷器，又有带串联间隙氧化物避雷器。如图 5-7 所示是一个典型的城轨牵引降压混合变电所的电气主接线，如图 5-8 所示是城轨电气设备布置线，从中可以掌握避雷器的设置方式。

避雷器种类的不同导致城轨运营日常检修及试验方法的不同，所以有必要对城轨供电系统采用的各种避雷器进行试验。

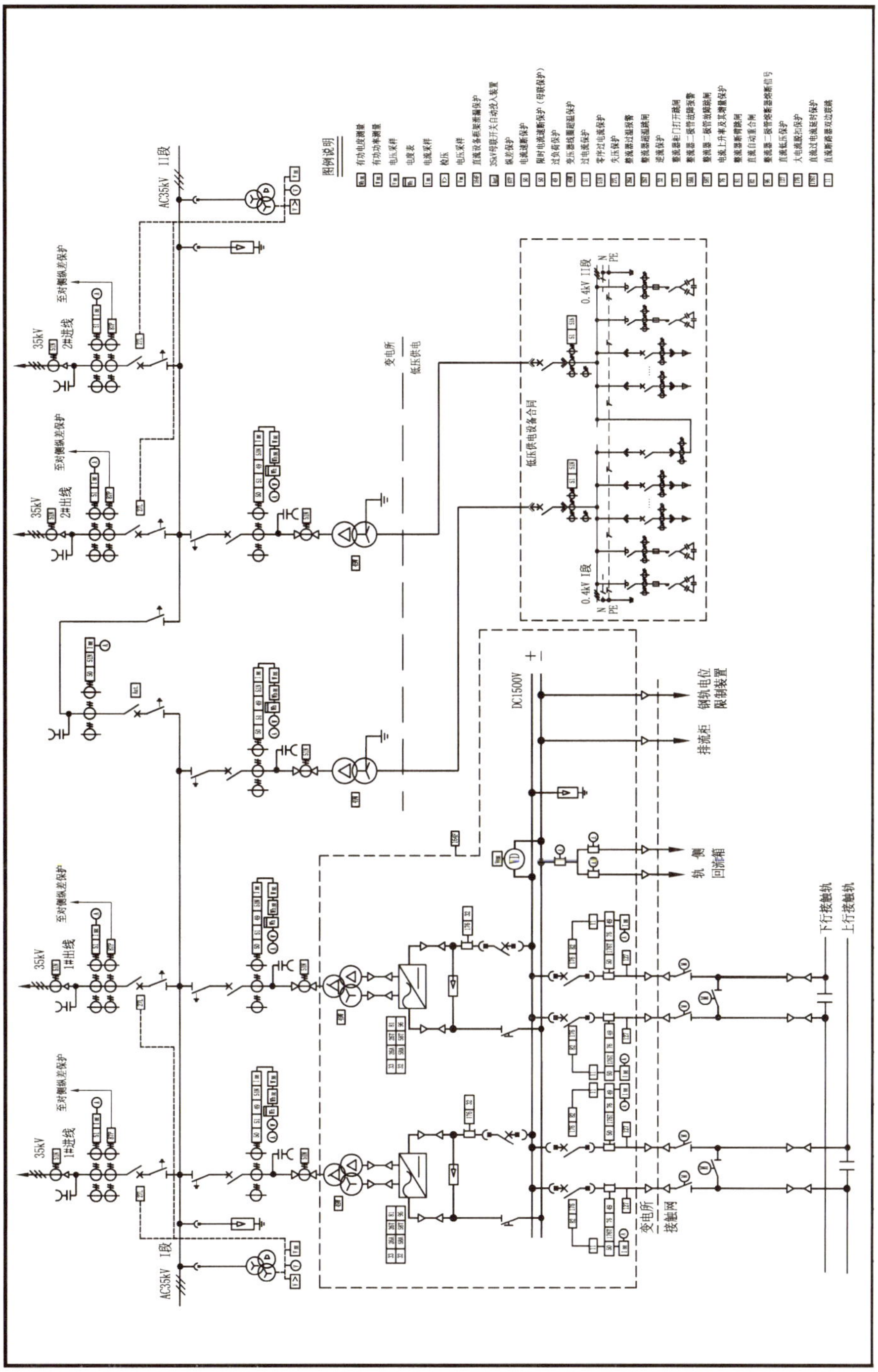

图 5-7　一个典型的城轨牵引降压混合变电所的电气主接线

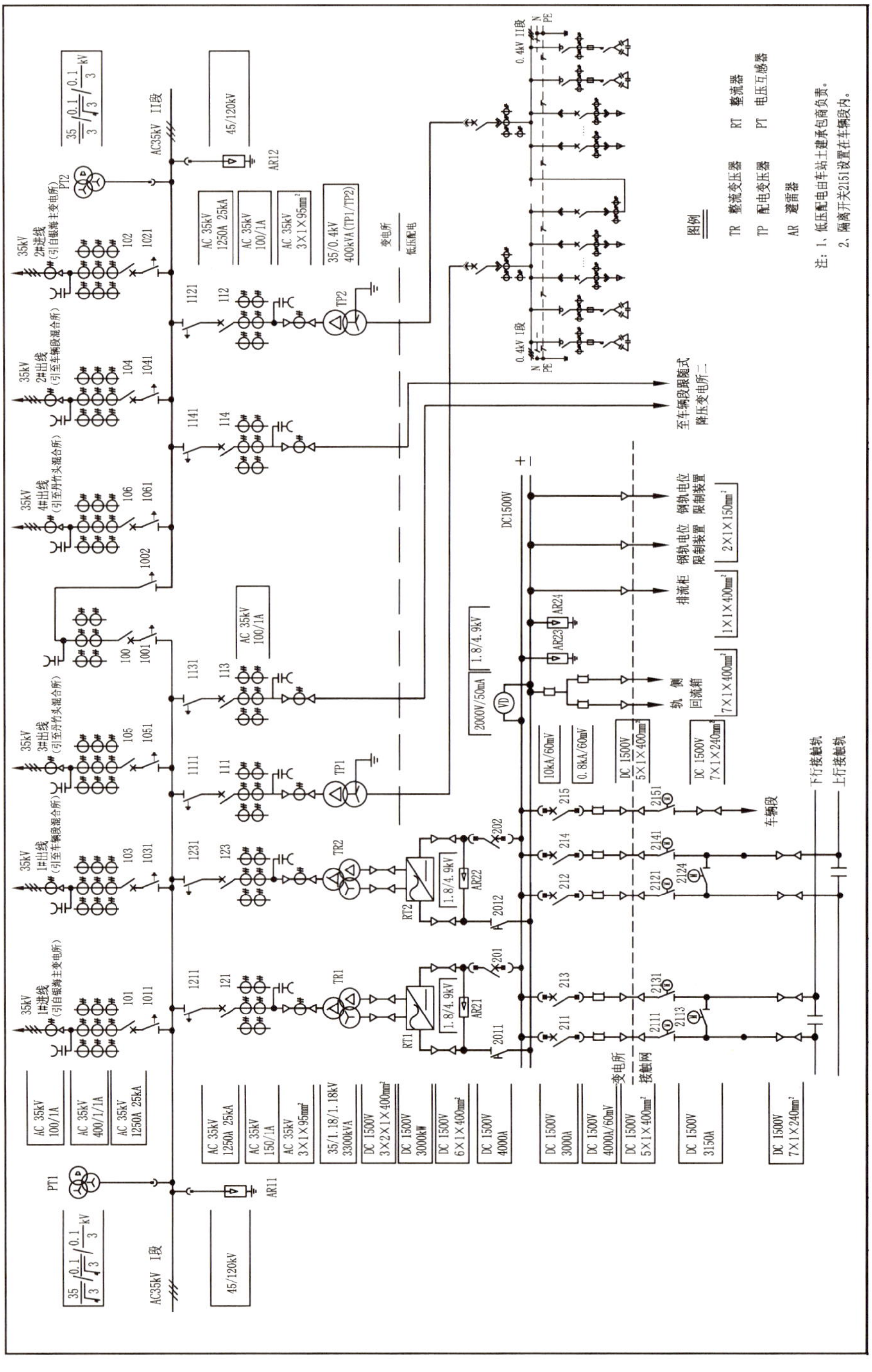

图 5-8　城轨电气设备布置线

一、城轨 35 kV 电压等级避雷器预防性试验

城轨 35 kV 电压等级避雷器一般采用 GIS 用金属氧化物避雷器，根据《规程》的规定，预防性试验项目一般包括：绝缘电阻测试、直流 1 mA 下的直流参考电压 $U_{1\,mA}$、$0.75U_{1\,mA}$ 直流电压下的泄漏电流 $I_{0.75U1\,mA}$ 测试、运行电压下的交流泄漏电流测试以及检验放电计数器动作情况。

（1）绝缘电阻测试。

测量避雷器的绝缘电阻，可以初步了解其内部是否受潮，还可以检查内部熔断件是否断掉，从而及时发现缺陷。《规程》规定对 35 kV 及以下的避雷器，用 2 500 V 兆欧表测量，测量的绝缘电阻值不应低于 1 000 MΩ。

（2）直流 1 mA 下的直流参考电压 $U_{1\,mA}$ 测试。

测量避雷器的 $U_{1\,mA}$ 主要是检查其阀片是否受潮，确定其动作性能是否符合要求。对测量结果采用比较法进行判断，《规程》规定，U 与初始值相比较，变化应不大于 5%。

（3）$0.75U_{1\,mA}$ 直流电压下的泄漏电流 $I_{0.75\,U1\,mA}$ 测试。

测量时应首先测出 $U_{1\,mA}$ 和 $0.75U_{1\,mA}$，然后在 $0.75U_{1\,mA}$ 下读取相应的泄漏电流值。根据《规程》规定，$0.75U_{1\,mA}$ 下的泄漏电流值应不大于 50 μA。

（4）运行电压下的交流泄漏电流。

在交流电压作用下，避雷器的总泄漏电流包含阻性电流（有功分量）和容性电流（无功分量）。在正常运行情况下，流过避雷器的主要电流为容性电流，阻性电流只占很小一部分，为 10% ~ 20%。但当阀片老化，避雷器受潮、内部绝缘部件受损以及表面严重污秽时，容性电流变化不多，而阻性电流却大大增加。根据《规程》规定，测量值与初始值比较，不应有明显变化。如果变化明显，则说明避雷器绝缘性能受到影响。

（5）放电计数器动作情况。

利用放电计数器校验仪器检验计数器动作情况。根据《规程》规定，测试 3 ~ 5 次，均应正常动作。

二、城轨 1 500 V 电压等级避雷器预防性试验

电力系统供电线路上，金属氧化物避雷器与绝缘子并联安装的，目的就是限制作用在绝缘子的过电压，从而达到对绝缘子的可靠保护。

DC 1 500 V 直流氧化锌避雷器适用于城市轨道交通架空接触网系统，用于防止大气过电压对被保护设备（接触网和牵引变电所设备）的侵害，所以避雷器应适合在室外高空中就近接触网设备安装。城轨直流 1 500 V 电压等级接触网或接触轨上设置的避雷器，既有普通的金属氧化物避雷器，也有带串联间隙氧化物避雷器，故其试验内容与金属氧化物避雷器有不同之处。城轨采用 DC 1 500V 直流氧化锌避雷器的额定电压 13 kV，标称电放电流为 5 kA，标称放电电流下的残压为 36 kV。

1. 金属氧化物避雷器

整流器及直流母排上设置的避雷器采用的是金属氧化物避雷器，故预防性试验项目及方法同 35 kV 电压等级避雷器基本相同，只是不需做运行电压下的交流泄漏电流。

在城市轨道交通架空触网采用直流金属氧化物避雷器，并没有与绝缘子并联安装，其一端与架空接触网带电导体相连，另一端通过电缆直接与大地连接，实际上并不能限制绝缘子两端的电压，因此，架空接触网绝缘子并联安装串联间隙金属氧化物是一种比较可靠的雷电过电压防护措施。因此，金属氧化物避雷器的安装方案也直接决定它的防护效果。

2. 间隙氧化物避雷器

现在城轨在装设避雷线的情况下，每间隔一个支柱绝缘子并联安装一个带间隙避雷器。

串联间隙氧化物避雷器，就是在一个无串联间隙氧化物避雷器的本体上，再串联一个间隙而构成。此间隙主要起到绝缘和放电的作用。串联间隙氧化锌避雷器一般预防性试验项目包括：绝缘电阻测试、泄漏电流测试、直流放电电压测试以及检验放电计数器动作情况。

绝缘电阻测试以及放电计数器动作情况测试方法如上文中所述。

（1）泄漏电流测试。

在避雷器两端施加直流系统额定电压，其电压脉动系数不得超过 3%，测量的泄漏电流值不得大于 10 μA。

（2）直流放电电压测试。

本试验使用的直流电压，其电压脉动系数不得超过 3%。试验应在完整的避雷器上进行，施加到试品上的电压应从零开始，在电压表能准确读数条件下均匀地升到试品放电为止，每次放电后，应在时间为 0.5 s 内切断电源，通过试品的直流电流应限制在 0.05 ~ 0.1 A，每次施加电压的时间间隔应小于 10 s。测试次数不少于 3 次，每次放电电压应不小于 3.6 V。

三、雷击闪络

雷击闪络是绝缘子损坏的主要原因，短路电流电弧是导致绝缘子永久性损坏的根本原因。当雷电过电流引起绝缘子沿面闪络后，通过雷电放电短路对大地释放能量，形成短路持续电流，电弧温度在几千到上万摄氏度，很容易使绝缘子伞裙局部受热不均匀而炸裂损坏，或烧蚀绝缘子底部金属部件和伞裙表面釉层，引发系统永久性接地故障。因此，设置绝缘子并联保护间隙，就是在绝缘子底部金属部件安装一对金属电极，金属电极能够使雷电放电和续流电弧作用于金属电极上，使电弧远离绝缘子端部金属部件和伞裙表面，绝缘子就不会发生损坏。尽管绝缘子并联保护间隙能够有效保护绝缘子免于雷击损坏，提高线路重合闸成功概率，并且结构简单，价格便宜，但其最大的缺点是不具有灭弧能力，需要牵引变电所重合闸配合才能使雷击引起的架空接触网短路故障快速消除，不影响架空接触网的正常供电。

防雷与线路所在地形、气象条件密切相关，不同的地域差异较大，同一地域中线路经过的不同地形也有一定差别，因此应在防雷设计时充分考虑这些因素。同时也应清楚认识到，由于雷击发生的时间和地点以及雷击强度的随机性，对雷击的防范难度很大，要达到阻止和完全避免雷击事故的发生是不可能的，只能将雷电灾害降低到最低限度，大大减小被保护的接触网和牵引变电设备遭受雷击损害的风险。在接触网上安装避雷器时，应根据线路及其具体情况，充分分析安装避雷器的利弊并综合考虑，适量安装。

配套数字资源

视频 5.2.1 雷击高铁变电所

复习与思考

1. 城轨 35 kV 电压等级避雷器预防性试验有哪些内容？

2. 从城轨的主接线图上找出避雷设备并说明其与其他设备的配合参数。

3. 金属氧化锌避雷器阀片老化的特征是什么？对其故障处理有哪些要求？其阻性电流在线检测方法是什么？

4. 避雷器故障类型、发生原因和诊断方法是什么？

第三节 城轨综合接地

一直以来接地技术都是人身安全、设备安全的重要保障措施之一。供电系统中的接地装置按照工作的性质可以分为工作性接地和保护性接地；按照接地形式可以分为正常接地和故障接地两种；按照接地的作用可以分为工作接地和安全性接地。

工作接地是指为了线路和设备达到一定的运行要求而采取的接地方式。不同的工作接地有着不同的特殊作用。其中系统中性点接地可以维持相线电压的相对稳定，而系统中性点经消弧线圈接地可以避免出现过电压的危害，但是单相接地时另两相对地电压将升高。

安全接地主要包括：

① 防止通信设备和供电设备绝缘损坏或者设备对人身安全造成伤害而采取的保护接地；

② 为了消除使用过程中产生的静电积累而引发的触电或者过电压的静电接地；

③ 防止雷电或者其他电器的电磁感应而对设备的屏蔽线外皮进行的屏蔽接地；

④ 为了防止光电缆腐蚀而采用的阴极保护或者牺牲阳极的保护接地等。

城轨综合接地系统核心是贯通地线，主要作用是减小接地电阻，降低钢轨电压，为沿线设备提供公共参考地电位。

1. 城轨综合接地设计原则及要求

（1）综合接地装置的设计在保证人身安全、设备安全及运营可靠性的基础上，尽可能减少投资。

（2）综合接地系统设计时，兼顾杂散电流防腐要求。当接地安全设计与杂散电流防腐设计发生矛盾时，优先考虑接地安全设计。

（3）综合接地系统设计同时满足强电设备、弱电设备及其他需要接地的车站设备对接地的要求。

（4）接地网设置在车站供电设备房间的下方，接地网接地电阻不大于 0.5 Ω，并应进行接触电势和跨步电势的实测校核。

（5）接地引出线应作出明确的标记，土建施工完成后移交机电设备安装单位。

（6）接地系统的设计及施工充分考虑了接地引出线穿越地下车站结构底板时的防水问题，做到不渗水、不漏水。

2. 铁路接地与城轨接地的差异

地网接地体除了增强地网散流能力、降低地网接地电阻之外，还主要起到限制地面的电位，确保发生短路故障时的人身与设备安全的作用。在高速铁路中，铁路的牵引负荷大，回流电流也随之增大，造成地网电位不相等，会对人身以及设备的安全造成威胁，影响保护、测量、信号装置，并有可能引发保护装置的误动或拒动，同时机车运行时起动、制动造成母线电流波动增大，产生的电磁信号对通信回路、测控保护装置造成干扰，并影响调度中心与变电所之间的通讯。“西电东送”输电网工程中，发电站、变电站、换流站以及输电线路主要位于山区，所处的地质结构复杂多样，部分地区的土壤电阻率达数千欧米，给接地带来了非常大的困难。

由于轨道交通使用直流牵引供电系统，正极接触网供电，负极走行轨回流，从走行轨向道床和地下结构泄漏杂散电流。若主体结构与人工接地网连接，会造成杂散电流经人工接地网流入大地，对人工接地网和地下市政金属管网造成腐蚀，不能满足杂散电流防护的要求，因此采用与主体结构隔离的人工接地网可以避免杂散电流的腐蚀。车站内强电、弱电、设备接地通过接地扁铜、电缆金属铠装及车站水平接地网连接成一体，形成一个高低压兼容、强弱电合一的综合接地系统。地上出入口采用金属框架结构，利用金属屋面作为接闪器，钢结构立柱作为防雷引下线，建筑物基础钢筋网作为接地极，形成独立的外部防雷接地网。为防止雷电流侵入干扰，地上、地下接地网严格绝缘开，不进行任何电气连接。

轨道交通采用第三轨供电，并采用走行轨回流的供电方式，按照国家标准《城轨直流牵引供电系统》的规定：直流馈电的正、负极线均不接地，即城轨直流牵引供电系统的正、负极对地都应是绝缘的。但由于运行线路长、且城轨经过长期运行后，走行轨对地存在泄漏电阻，走行轨对地也就存在电位差，在轨道上运行的电力机车的车身与走行轨是同电位，当线路上发生三轨接地故障时，正极电位降低，走行轨对地电位升高，致使运行在线路上的机车车身带危险电压。因此建议对车站靠隧道侧 2 m 范围内的站台进行绝缘处理，从而使上、下车人员处在与大地绝缘的地带，避免人员伤亡。

3. 综合接地的含义

1）城轨综合接地系统

城轨负荷具有波动性强、谐波含量丰富、电缆容性电流大等特点，威胁到电力系统的安全稳定运行。城轨接地工程是一项综合性的、复杂的系统工程。综合性表现在该系统提供了沿线建筑物、构筑物的防雷接地、强弱电设备的工作接地、保护接地、防过电压接地、防静电接地、屏蔽接地等，几乎涵盖了城轨线路一定范围内所有的系统设备接地和防雷接地。复杂性涉及的专业包括信号、通信、信息化、电气化、电力、机械、桥梁、隧道、路基、站场、轨道、环工、给排水、房建等。如图 5-9 所示为城轨综合接地系统与其他接地系统的连接。

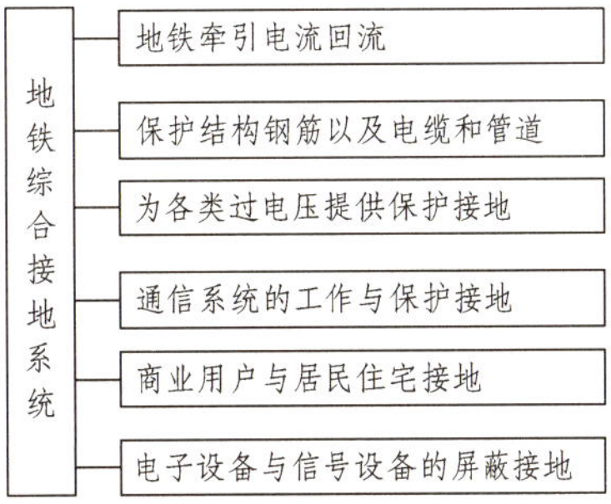

图 5-9　城轨综合接地系统与其他接地系统的连接

城轨综合接地系统就是将城轨沿线的牵引供电回流系统、电力供电系统、信号系统、通信及其他电子信息系统、建筑物、道床、站台、桥梁、隧道等需要接地的装置通过贯通地线连成一体的接地系统。接地系统由贯通地线、接地装置及引接线等构成，也是城轨回流的一个主要回路，从原理上来说，其实就是一个共用接地系统并通过等电位连接构成城轨的等电位体，如图 5-10 所示。

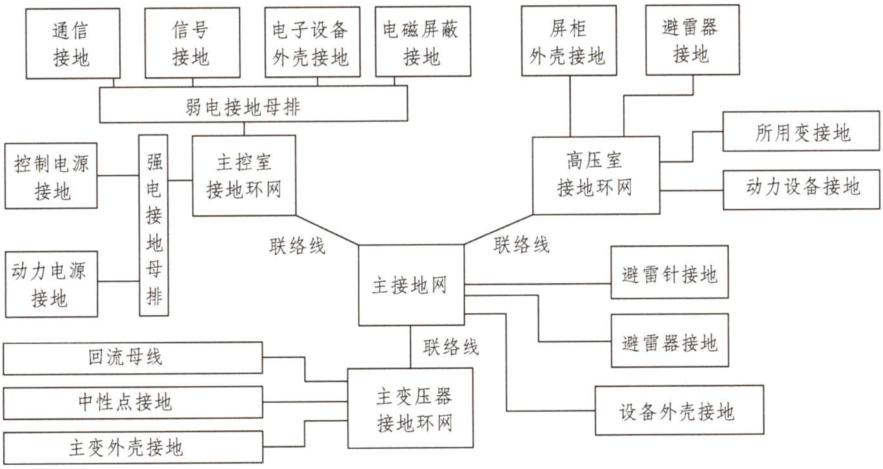

图 5-10　城轨综合接地系统

2）等电位连接

等电位连接是指为了达到等电位目的而进行的导体连接，目的是防止设备与设备之间、系统与系统之间的电位差，确保设备和操作人员的安全。国内外大量运行经验表明，等电位连接是设备过电压保护，同时也是防止触电的有效措施，等电位连接成为共用接地系统和铁路综合接地系统的主要措施。

地下车站接地网均设置强弱电接地引出端子，分别设置强电接地母排、弱电接地母排和设备接地母排，强弱电引出接地端子的距离按不小于 20 m 考虑；强电接地干线和弱电接地干线不再具有电气连接点，且相距应满足安全距离要求，最小不得小于 2 m。设备接地母排为车站内各金属构筑件、水管、机柜及进出建筑物的其他金属管等提供完善的接地保护；在车站各系统设备机房设置局部等电位连接端子排，重要设备机房还应根据接地需要设置汇流排或环形接地母线，供设备、SPD 接地、静电地板接地及等电位连接以降低在设备间可能产生的电位差，避免雷击电磁脉冲对电器装置造成危害。

在铁路综合接地系统中，距接触网 5 m 范围内需要接地的设施、线路两侧 20 m 内建筑的接地装置均应接入综合接地系统，形成一个良好的等电位体，沿线建筑物均应以最短的距离就近与贯通地线连接，不便与铁路综合接地系统等电位连接的第三方设施（路外公共建筑物、公共电力系统、金属管线等设施）必须采取可靠的隔离或绝缘等措施，综合贯通地线接入处电阻不超过 1 Ω。

4. 城轨综合接地设计

城轨综合接地系统，在设计时需要考虑周围建筑物、供电系统、地下管道等电气连接，如图 5-11 所示。

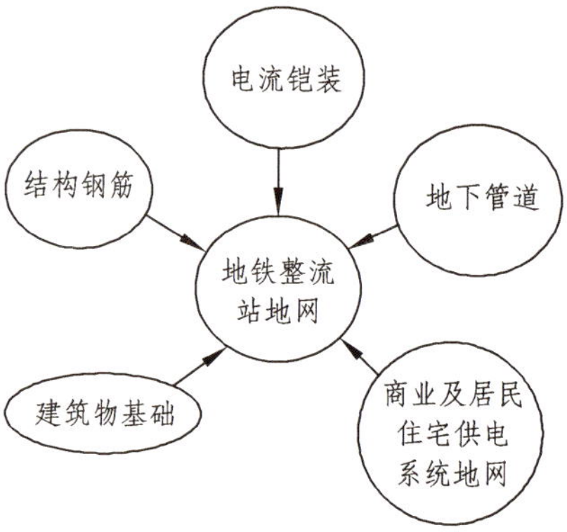

图 5-11　城轨综合接地系统与其他地下设备的关系

5. 城轨系统综合

1）城轨系统综合接地网

城轨系统全线设置统一的综合接地系统：各站分别设置的接地网应与结构钢筋相

互连接，实现城轨内部真正的等电位，各站接地网通过接地扁铁（铜）、电力电缆金属屏蔽及铠装层、接触网架空地线及隧道结构钢筋相互连接，如图 5-12 所示。

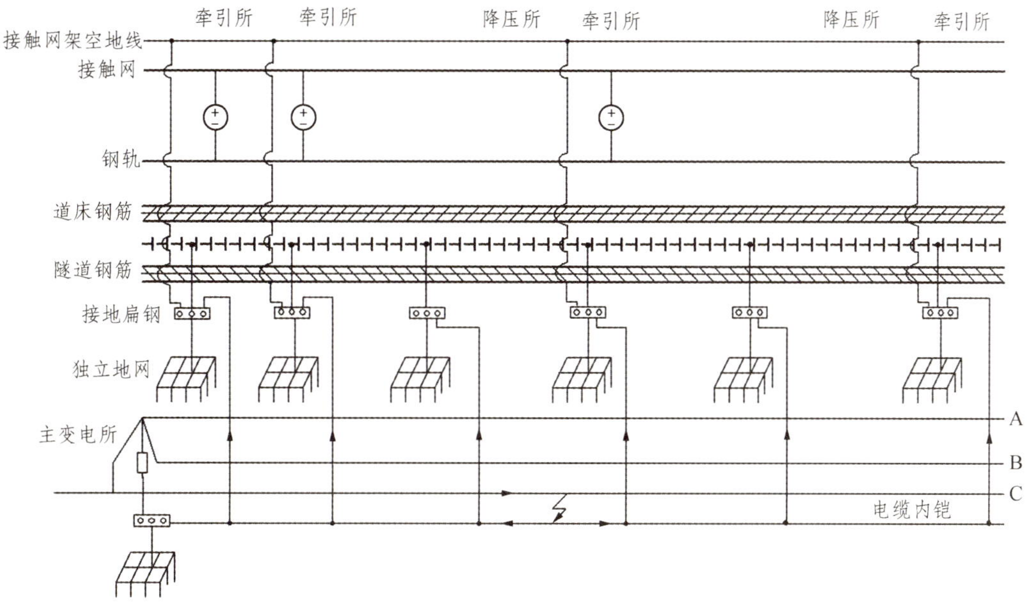

图 5-12 城轨系统综合接地网连接示意图

接地系统以综合贯通线为主干，充分利用沿线的接地体，构成综合接地平台。综合接地网主要由水平接地体和垂直接地体组成。接地装置在车站底板垫层下的埋设深度不小于 0.6 m，水平接地体为 40 mm × 4 mm 或 50 mm × 5 mm 紫铜排，垂直接地体为铜镀钢棒。综合接地主要器材综合接地系统主要器材包括贯通地线、接地端子、接地连接导线、C 形压接件、L 形连接器等。贯通地线的规格主要有铜截面积 35 mm^2、70 mm^2，如图 5-13 所示为贯通地线。

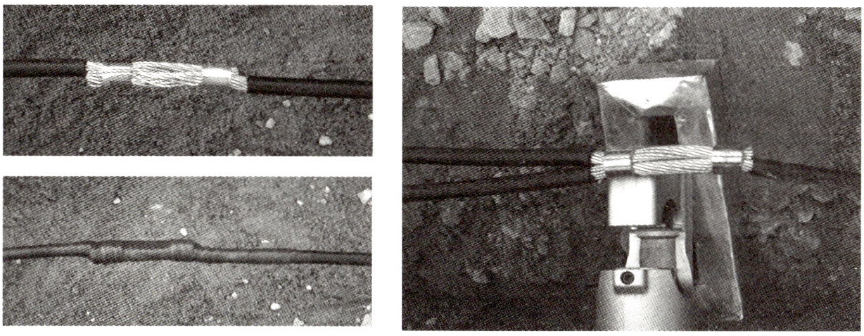

图 5-13 贯通地线

2）城轨车站综合接地系统

城轨高架车站设一组强电设备接地引出线及一组弱电设备接地引出线及一组备用引出线，共三组。每组接地引出线为三根，其中一根为备用，全部引出到站台板下夹层地面以上，引出车站结构底板以上的高度不小于 0.5 m；接地引出线的引出点位置应便于电缆连接，且应避开轨底风道、结构墙体及轨道等；接地引出线应妥善保护，不得丢失、断裂。

城轨高架车站采用金属屋面做接闪器，钢结构梁作引下线，柱内主筋和混凝土结构梁与钢结构梁下部相连，柱内主筋与混凝土结构梁通长焊接作防雷引下线的一部分。与普通建筑类似，每根引下线应充分利用承台结构主筋、桩基础等构成自然接地体，用作自然接地体的所有结构主钢筋均应始终贯通，应牢固焊接接地体。由于城轨高架车站包含多个弱电系统，因此应采用综合接地系统，直流工作接地、交流工作接地、防雷接地及安全保护接地等应共用接地装置。接地电阻一般不大于 0.5 Ω，特殊情况下，可适当地提高接地电阻，但应满足弱电系统的接地要求，原则上不大于 1 Ω，也要满足接触电压和跨步电压的要求。

城轨全线接地网通过铠装电缆、接地扁铜及车站水平接地网连接成一体，形成一个强弱电合一、高低压兼容的综合接地系统。进出车站的系统和金属管线做好等电位连接，可靠联结车站内各系统设备接地母线，并与综合接地网连接。城轨高架车站内弱电系统众多，为了防止雷电波入侵，车站电子系统宜安装多级 SPD（Surge Protection Device，电涌保护器）防护，第一级安装在配电系统总出线，第二级安装在各系统供配电柜，第三级安装在微电子设备前。通过级间配合，使入侵雷电波降低到电子设备的承受水平以下。

由于在城轨线路中，高架车站及高架线路地理位置的特殊性，很容易受到雷电的影响。可以通过安装接闪器、地电位均衡器及避雷器等有效的接地、提高绝缘子性能来确保线路不受雷电的影响。综合全面的防雷措施，保证城轨系统的可靠稳定运行，为人们的生活出行提供保障。

3）桥梁综合接地系统

对于高架线路，可以通过可靠接地、屏蔽及加装浪涌保护器的措施来综合防雷。

（1）桥梁地段贯通地线铺设在两侧的通信信号电缆槽内，接地极充分利用桥墩基础设置。

（2）桥梁结构的梁部、桥墩台、承台、基础以及接地系统的外部接口和各结构之间的连接均进行接地连接，以形成完善的接地系统并具备良好的接地性能。

（3）预应力钢筋不接入综合接地系统，保证桥梁结构在通过高电压、电流时结构本身的正常使用功能不受影响并安全传导电压、电流通过。

4）隧道综合接地系统

（1）贯通地线铺设于两侧通信电缆槽内。

（2）充分利用锚杆、底板钢筋、非预应力钢筋接地体，以满足接地电阻的需求。

（3）一般不增加专用接地钢筋。

如图 5-14 所示为隧道综合接地系统。

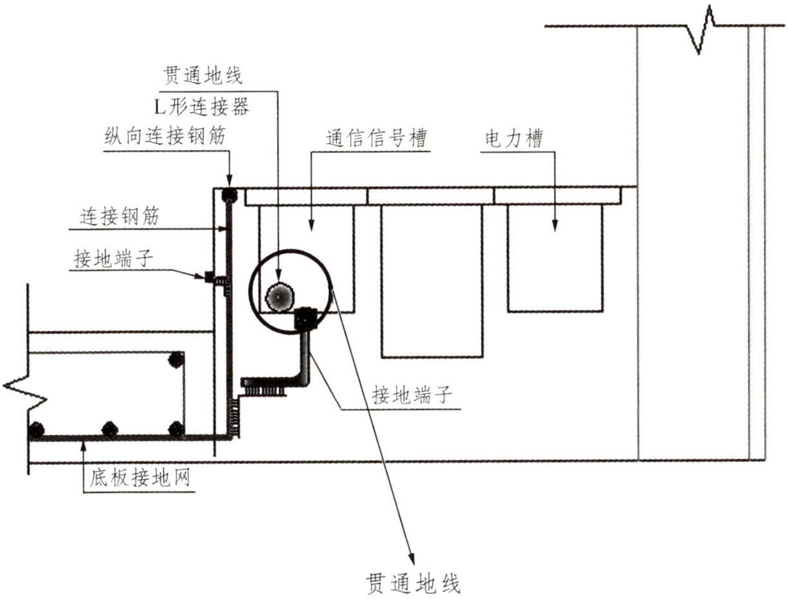

图 5-14　隧道综合接地系统

5）路基综合接地系统

（1）综合地线铺设于电缆槽正下方的基床底层中，并充分利用接触网支柱基础。

（2）埋设深度距基床底层顶面 – 0.3 ~ 0.4 m。

（3）长度超过 1 000 m 的路基地段，每间隔 500 m 左右将上下行贯通地线连接一次。

（4）长度为 500 ~ 1 000 m 的路基地段，在路基段中间将上下行贯通地线连接一次。

（5）长度小于 500 m 的路基地段，不考虑贯通地线的横向连接。

如图 5-15 所示为路基综合接地系统。

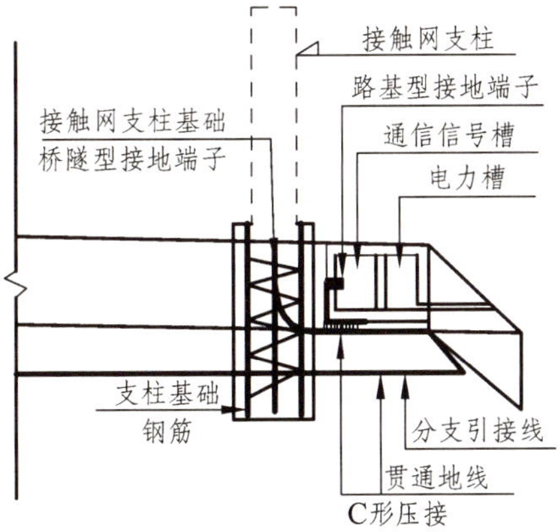

图 5-15　路基综合接地系统

6. 城轨设备接地要求

（1）接地干线、接地支线、接地电缆及接地引线所用材料的规格尺寸应符合设计要求，连接牢固、可靠、安全、接触良好。

（2）接地干线和接地支线敷设的位置应符合设计要求，便于检查，其位置不得妨碍设备装卸及维修。

（3）干线接地扁钢沿墙敷设，距地面垂直高度约 0.2 m，距墙水平距离约 0.02 m，如设有离壁墙，扁钢通过“L 形”卡子固定在地面上，非离壁墙段，扁钢通过“S 形”卡子固定在侧墙上，相邻固定点间，水平段约 1 m，转弯处为 0.3 ~ 0.5 m。

（4）干线接地扁钢表面均匀间隔刷涂黑黄条纹，条纹宽度约 0.05 m。干线接地扁钢穿墙时，应加钢管保护。

（5）接地体的连接采用电焊搭接连接时，其搭接长度：扁钢为其宽度的 2 倍且至少不少于三个棱边焊接，扁钢与角钢连接时，除应在扁钢两侧焊接外，还应将扁钢本体弯成直角形，或加上 L 形扁钢，与角钢焊接成一个整体。所有焊接处应牢固，不得有假焊或漏焊现象。

（6）每一设备的工作接地和保护接地应单独与接地干线可靠连接，严禁将几个部件串联接地。

（7）35 kV 电缆接地应符合下列规定：

① 各车站变电所间 35 kV 环网电缆（包括铠装层及屏蔽层）两端就近接地，如设有中间头，中间头两侧的电缆铠装层及屏蔽层应分别连接良好，不得中断，跨接线等效截面不应小于铠装层及屏蔽层截面。

② 变电所内部的 35 kV 馈线电缆（包括铠装层及屏蔽层）在始端就近接地。

③ 跟随式变电所或冷站的 35 kV 馈线电缆（包括铠装层及屏蔽层）在始端就近接地。

④ 由主站馈出的 35 kV 电缆，以主站为起点，每两段（配盘长）电缆为一组，在该组电缆（包括铠装层及屏蔽层）的始末两端接地，中间头处电缆铠装层及屏蔽层连通；如最后仅剩一段电缆（包括铠装层及屏蔽层），其两端均接地。

⑤ 35 kV 电缆单端接地时，非接地端电缆铠装层及屏蔽层处理同接地端，以便于电缆试验。

（8）低压电力电缆、控制电缆接地应符合下列要求：

① 低压电力电缆接地。

采用金属铠装的电力电缆，连接变电所内部设备时，铠装层要一端接地，另一端悬空；连接变电所内外设备时，铠装层要两端接地。铠装层一端接地时，交流设备与交流设备间的电缆在始端（指电源端）就近接地，交流设备与直流设备间的电缆在交流设备侧就近接地，直流设备与直流设备间的电缆在始端（指电源端）接地。电力电缆单芯截面不大于 4 mm^2 时，接地线截面为 4 mm^2；电缆截面大于 4 mm^2 而小于 120 mm^2 时，接地线截面为 16 mm^2。

② 控制电缆接地。

屏蔽层接地：均为一端接地。交流设备与交流设备间的电缆在始端（指电源端）就近接地，交流设备与直流设备间的电缆在交流侧就近接地，直流设备与直流设备间的电缆在始端（指电源端）接地。

铠装层接地：电缆连接变电所内部设备时，铠装层要一端接地，另一端悬空；连接变电所内外设备时，铠装层要两端接地。

铠装层一端接地时，交流设备与交流设备间的电缆在始端（指电源端）就近接地，交流设备与直流设备间的电缆在交流侧就近接地，直流设备与直流设备间的电缆在始端（指电源端）接地。

控制电缆接地线截面为 4 mm^2。

（9）不带铠装的 1 500 V 直流电缆不接地。

（10）通信光电缆接地。

钢带铠装光缆的铠装层双端接地。接地线截面为 4 mm^2。所内的屏蔽双绞线屏蔽层在控制信号盘单端接地，控制信号盘至通信设备室的屏蔽双绞线屏蔽层在控制信号盘和通信设备室双端接地。通信光电缆采用穿钢管敷设，钢管一端接地，另一端浮空。动力电缆的铠装屏蔽层在变电所两端接地。

配套数字资源

视频 5.3.1 避雷针地网测试

复习与思考

1. 城轨综合接地设计原则及要求是什么？
2. 城轨接地和国铁接地有什么不同的要求？
3. 城轨系统综合包括哪几个方面？
4. 什么是工作性接地？什么是保护性接地？两者有什么不同？
5. 为什么要对新安装的接地装置进行检验？如何验收？验收后如何定期检查试验？
6. 测量接地电阻应用直流还是交流？
7. 如何用电流电压表法测量大型地网的接地电阻？如何用变法频测量大型地网的接地电阻？
8. 地网腐蚀的机理是什么？主要部位在哪里？影响腐蚀的因素有哪些？

项目资讯单

城轨防雷接地

项目内容	城轨防雷接地试验			
学习方式	通过教科书、图书馆、专业期刊、上网查询问题；分组讨论或咨询老师		学时	14
资讯要求	书面作业形式完成，在网络课程中提交			
资讯问题	序号	资讯点		
	1	牵引供电系统线路主要防雷措施有哪三种？		
	2	你有没有经历过或者听说过城轨雷击事件？日常维护中应如何避免？		
	3	输电线路雷击有哪几种形式？可以采取哪些防护措施？		
	4	为何避雷线保护角不宜大于25°？		
	5	衡量线路防雷性能优劣的指标有哪些？应如何计算？		
	6	城轨线路在线监测主要有何作用？现有什么措施进行？		
	7	变电所防雷原则是什么？有哪些防雷措施？		
	8	接地电阻值要求为多少？应如何测量？		
	9	城轨35 kV电压等级避雷器预防性试验应如何进行？		
	10	查询一下本市是否属于多雷区？每年遭受雷击事件及伤亡情况？		
	11	避雷针避雷的原理是什么？请用一句话说出关键点。		
	12	请说明城轨综合接地设计原则及要求。		
	13	氧化锌避雷器的结构有什么特点和优势？		
	14	避雷器伏秒特性如何进行绝缘保护配合？		
	15	阀型避雷器的预防性试验主要有哪些？应如何实施？		
	16	试分析阀型避雷器运行中突然爆炸的原因，运行中阀型避雷器瓷套管有裂纹如何处理？		
	17	金属氧化物避雷器试验预防性试验主要有哪些？应如何实施？		
	18	对于MOA，为何要测量直流1 mA下电压值及75%该电压下的泄漏电流$I_{0.75U1\,mA}$？		
	19	防雷的基本措施有哪些？请简要说明。		
	20	电容器在直配电机防雷保护中的主要作用是什么？		
	21	城轨综合接地系统与其他接地系统是如何连接的？		
	22	简述城轨车站综合接地系统。		
	23	对于避雷器放电计数器运行中应如何检查和试验？		
	24	运行中的避雷器突然爆炸，应如何处理？		
	25	接地电阻参考值是多少？应如何测量？		
资讯引导	以上问题可以在本教程的学习信息、精品网站、教学资源网站、互联网、专业资料库等处查询学习			

项目操作单

分组实操项目。全班分 5 组，每小组 7～9 人，通过抽签确认下表避雷器试验项目内容，自行安排负责人、操作员、记录员、接地及放电人员分工。考评员参考评分标准进行考核，时间 50 min，其中实操时间 30 min，理论问答 20 min。

避雷器试验项目

序号	避雷器绝缘项目内容
项目 1	避雷器绝缘电阻测试
项目 2	直流 1 mA 临界电压（$U_{1\,mA}$）及 $0.75U_{1\,mA}$ 下的泄漏电流 $I_{0.75U1\,mA}$（氧化锌）
项目 3	运行电压下的交流泄漏电流
项目 4	避雷器耐压试验
项目 5	放电计数器动作测试

项目编号		考核时限	50 min	得分	
开始时间		结束时间		用时	
作业项目	避雷器试验项目 1～5				
项目要求	（1）说明避雷器绝缘试验原理 （2）现场就地操作演示并说明需要试验的绝缘结构及材料 （3）注意安全，操作过程符合安全规程 （4）编写试验报告 （5）实操时间不能超过 30 min，试验报告时间 20 min，实操试验提前完成的，其节省的时间可加到试验报告的编写时间中				
材料准备	1. 正确摆放被试品 2. 正确摆放试验设备 3. 准备绝缘工具、接地线、电工工具和试验用接线及接线钩叉、鳄鱼夹等 4. 其他工具，如绝缘胶带、万用表、温度计、湿度仪				

评分标准	序号	项目名称	质量要求	满分 100 分
评分标准	1	安全措施（14 分）	（1）试验人员穿绝缘鞋、戴安全帽，工作服穿戴齐整	3
			（2）检查被试品是否带电（可口述）	2
			（3）接好接地线对避雷器进行充分放电（使用放电棒）	3
			（4）设置合适的围栏并悬挂标示牌	3
			（5）试验前，对避雷器外观进行检查（包括瓷瓶、接线、本体清洁度等），并向考评员汇报	3
	2	避雷器及仪器仪表铭牌参数抄录（7 分）	（1）对与试验有关的避雷器铭牌参数进行抄录	2
			（2）选择合适的仪器仪表，并抄录仪器仪表参数、编号、厂家等	2
			（3）检查仪器仪表合格证是否在有效期内并向考评员汇报	2
			（4）向考评员索取历年试验数据	1

续表

	序号	项目名称	质量要求	满分 100 分
评分标准	3	避雷器外绝缘清擦(2 分)	至少要有清擦意识或向考评员口述示意	2
	4	温、湿度计的放置（4 分）	（1）试品附近放置温湿度表，口述放置要求	2
			（2）在避雷器本体测温孔放置棒式温度计	2
	5	试验接线情况（9 分）	（1）仪器摆放整齐规范	3
			（2）接线布局合理	3
			（3）仪器、避雷器地线连接牢固良好	3
	6	电源检查（2 分）	（1）用万用表检查试验电源	2
	7	试品带电试验（23 分）	（1）试验前撤掉地线，并向考评员示意是否可以进行试验。简单预说一下操作步骤	2
			（2）接好试品，操作仪器，如果需要则缓慢升压	6
			（3）升压时进行呼唱	1
			（4）升压过程中注意表计指示	5
			（5）电压升到试验要求值，正确记录表计指数	3
			（6）读取数据后，仪器复位，断掉仪器开关，拉开电源刀闸，拔出仪器电源插头	3
			（7）用放电棒对被试品放电、挂接地线	3
	8	记录试验数据（3 分）	准确记录试验时间、试验地点、温度、湿度、油温及试验数据	3
	9	整理试验现场（6 分）	（1）将试验设备及部件整理恢复原状	4
			（2）恢复完毕，向考评员报告试验工作结束	2
	10	试验报告（20 分）	（1）试验日期、试验人员、地点、环境温度、湿度、油温	3
			（2）试品铭牌数据：与试验有关的避雷器铭牌参数	3
			（3）使用仪器型号、编号	3
			（4）根据试验数据作出相应的判断	9
			（5）给出试验结论	2
	11	考评员提问（10 分）	提问与试验相关的问题，考评员酌情给分	10
考评员项目验收签字				

项目考核单

一、单项选择题（在每小题的四个选项中，只有一项符合题目要求，把所选选项的序号填在题中的括号内）

1. 以下几种方式中，属于提高线路耐雷水平的措施是（　　）。

A. 降低接地电阻　　B. 降低耦合系数

C. 降低线路绝缘　　D. 降低分流系数

2. 大气间游离放电的临界电场强度范围是（　　）。

A. 10 ~ 30 kV/cm　　B. 5 ~ 10 kV/cm

C. 30 ~ 40 kV/cm　　D. 40 ~ 50 kV/cm

3. 以下（　　）形式可以防止输电线路雷害的产生。

A. 避雷针　　B. 避雷线

C. 避雷器　　D. 以上都是

4. 输电线路上，发生雷害的形式有（　　）。

A. 雷击避雷线　　B. 直击杆塔

C. 绕击导线　　D. 以上都是

5. 反击过电压的保护措施有（　　）。

A. 降低杆塔的接地电阻　　B. 提高耦合系数

C. 绕击导线　　D. 以上都是

6. 从减少绕击率的观点出发，应尽量减少保护角和降低杆塔的高度，即采用双避雷线为宜，一般杆高超过 30 m 时，保护角不宜大于（　　）度。

A. 20　　B. 30

C. 45　　D. 60

7. 根据我国有关标准，220 kV 线路的绕击耐雷水平是（　　）。

A. 12 kA　　B. 16 kA

C. 80 kA　　D. 120 kA

8. 避雷器到变压器的最大允许距离（　　）。

A. 随变压器多次截波耐压值与避雷器残压的差值增大而增大

B. 随变压器冲击全波耐压值与避雷器冲击放电电压的差值增大而增大

C. 随来波陡度增大而增大

D. 随来波幅值增大而减小

9. 对于 500 kV 线路，一半悬挂的瓷绝缘子片数为（　　）。

A. 24　　B. 26

C. 28　　D. 30

10. 接地装置按工作特点可分为工作接地、保护接地和防雷接地。保护接地的电阻值对高压设备为（　　）。

A. 0.5 ~ 5 Ω　　B. 1 ~ 10 Ω

C. 10 ~ 100 Ω　　D 小于 1 Ω

11. 在发电厂和变电站中，对直击雷的保护通常采用（　　）方式。

A. 避雷针　　B. 避雷线

C. 并联电容器　　D. 接地装置

二、填空题

1. 当雷击于线路附近的建筑物或地面时，会在架空输电线的三相导线上出现__________。

2. 按架设的形式，输电线路分为__________和__________。按照输送电流的性质，输电分为__________和__________。

3. 线路上的雷过电压分为__________和__________两种。

4. 通常情况下变电所雷击有两种情况：__________、__________。

5. __________是变电所防直击雷的常用措施。

6. 变电站对侵入波的防护的主要措施是在其进线上装设__________。

7. 把电力设备与接地装置连接起来，称为__________。

8. 目前我国电力系统中运行的避雷器按结构和性能分为五大类：__________、__________、__________、__________、__________。

9. 伏秒特性是指在冲击电压波形一定的前提下，__________与__________的关系曲线。

10. 间隙伏秒特性的形状决定于__________。

三、简答题

1. 叙述感应过电压的产生过程。

2. 需要从哪些方面解决输电线路的防雷问题？

3. 简述耐雷水平的定义，并叙述有哪些因素可以影响输电线路的耐雷水平。

4. 叙述如何进行杆塔冲击接地电阻测试。

5. 输电线路在线监测的含义？包括哪些方面？有何作用？

6. 简述变电所雷害的主要来源。

7. 简述变电所防雷措施。

8. 简述测量接地电阻的原理。

9. 简述避雷针避雷的原理。

10. 普通阀式避雷器和磁吹阀式避雷器在运行中应注意哪些问题?

四、应用分析题

1. 何谓保护接地?何谓工作接地?何谓过电压保护接地?

2. 请比较高铁和城轨在防雷和接地的设计要求和实施标准方面的异同。